U0450328

梵汉佛经对勘丛书

梵汉对勘
入菩提行论

黄宝生 译注

中国社会科学出版社

图书在版编目(CIP)数据

梵汉对勘入菩提行论/黄宝生译注.—北京：中国社会科学出版社，2011.7（2025.3重印）

ISBN 978-7-5004-9597-0

Ⅰ.①梵… Ⅱ.①黄… Ⅲ.①佛经—校勘 Ⅳ.①B944

中国版本图书馆 CIP 数据核字（2011）第 044621 号

出 版 人	赵剑英
责任编辑	黄燕生
特约编辑	郑国栋
责任校对	李小冰
责任印制	戴　宽

出　　版	中国社会科学出版社
社　　址	北京鼓楼西大街甲 158 号
邮　　编	100720
网　　址	http://www.csspw.cn
发 行 部	010-84083685
门 市 部	010-84029450
经　　销	新华书店及其他书店
印刷装订	北京君升印刷有限公司
版　　次	2011 年 7 月第 1 版
印　　次	2025 年 3 月第 3 次印刷
开　　本	710×1000　1/16
印　　张	21.25
字　　数	255 千字
定　　价	48.00 元

凡购买中国社会科学出版社图书，如有质量问题请与本社营销中心联系调换

电话：010-84083683

版权所有　侵权必究

《梵汉佛经对勘丛书》总序

印度佛教自两汉之际传入中国,译经活动也随之开始。相传摄摩腾和竺法兰所译《四十二章经》是中国的第一部汉译佛经。这样,汉译佛经活动始于东汉,持续至宋代,历时千余年。同样,印度佛教自七世纪传入中国藏族地区,藏译佛经活动始于松赞干布时期,持续至十七世纪,也历时千余年。据赵朴初先生的说法,汉译佛经共有"一千六百九十余部",而藏译佛经共有"五千九百余种"。①中国的佛教译经活动历时之久,译本数量之多,而且以写本和雕版印刷的传承方式保存至今,堪称世界古代文化交流史上的一大奇观。

印度佛教在中国文化土壤中扎下根,长期与中国文化交流融合,已经成为中国传统文化的有机组成部分。就汉文化而言,最终形成的传统文化是以儒家为主干的儒道释文化复合体。汉译佛经和中国古代高僧的佛学著述合称汉文大藏经。它们与儒家典籍和道藏共同成为中华民族的宝贵文化遗产。为了更好地继承和利用文化遗产,我们必须依随时代发展,不断对这些文献资料进行整理和研究。儒家典籍在中国古代文献整理和研究中始终是强项,自不待言。相比之下,佛教典籍自近代以来,学术界重视不够,已经逐渐成为中国古代文献整理和

---

① 赵朴初著《佛教常识答问》,上海辞书出版社2009年,第147、150页。另据吕澂著《新编汉文大藏经》目录,汉译佛经有一千五百零四部。关于汉译和藏译佛经的数量迄今未有确切的统计数字。

研究中的薄弱环节。

　　二十世纪五十至七十年代，中国台湾地区编辑的《中华大藏经》是迄今为止汇集经文数量最多的一部汉文大藏经。其后，八九十年代，中国大陆地区也着手编辑《中华大藏经》，已经出版了"正编"。这部大陆版《中华大藏经》（正编）以《赵城金藏》为基础，以另外八种汉文大藏经为校本，在每卷经文后面列出"校勘记"。可惜，这部《大藏经》的编辑只完成了一半，也就是它的"续编"还有待时日。这种收集经文完备又附有"校勘记"的新编汉文大藏经是为汉传佛教文献的整理和研究奠定坚实的基础。在此基础上，可以进一步开展标点和注释工作。

　　与汉文大藏经的总量相比，出自现代中国学者之手的汉文佛经的标点本和注释本数量十分有限。为何这两种《中华大藏经》都采取影印本，而不同时进行标点工作？就是因为标点工作的前期积累太少，目前还没有条件全面进行。而对于中国现代学术来说，古籍整理中的标点和注释工作也是不可或缺的。因此，有计划地对汉文佛经进行标点和注释的工作应该提到日程上来。唯有这项工作有了相当的成果，并在工作实践中造就了一批人才，《中华大藏经》的标点工作才有希望全面展开。

　　对于佛经标点和注释的人才，素质要求其实是很高的：既要熟谙古代汉语，又要通晓佛学。同时，我们还应该注意到，在汉文大藏经中，汉译佛经的数量占据一多半。而汉译佛经大多译自梵文，因此，从事佛经标点和注释，具备一些梵文知识也是必要的。此外，有一些佛经还保存有梵文原典，那么，采用梵汉对勘的方法必然对这些汉译佛经的标点和注释大有裨益。这就需要通晓梵文的人才参与其中了。

过去国内有些佛教学者认为留存于世的梵文佛经数量很少,对汉文大藏经的校勘能起到的作用有限。而实际情况并非这么简单。自十九世纪以来,西方和印度学者发掘和整理梵文佛经抄本的工作持续至今。当代中国学者也开始重视西藏地区的梵文佛经抄本的发掘和整理。由于这些抄本分散收藏在各个国家和地区,目前没有确切的统计数字。虽然不能说所有的汉译佛经都能找到相应的梵文原典,实际上也不可能做到这样,但其数量仍然十分可观,超乎人们以往的想象。例如,在汉译佛经中占据庞大篇幅的《般若经》,其梵文原典《十万颂般若经》、《二万五千颂般若经》和《八千颂般若经》等均有完整的抄本。又如,印度出版的《梵文佛经丛刊》(*Buddhist Sanskrit Texts*)收有三十多种梵文佛经校刊本。其中与汉译佛经对应的梵文原典有《神通游戏》(《方广大庄严经》)、《三昧王经》(《月灯三昧经》)、《入楞伽经》、《华严经》、《妙法莲华经》、《十地经》、《金光明经》、《菩萨学集》(《大乘集菩萨学论》)、《入菩提行论》、《中论》、《经庄严论》(《大乘庄严经论》)、《根本说一切有部毗奈耶》、《阿弥陀经》、《庄严宝王经》、《护国菩萨经》、《稻秆经》、《悲华经》、《撰集百缘经》、《佛所行赞》、《如来秘密经》(《一切如来金刚三业最上秘密大教王经》)和《文殊师利根本仪轨经》等。此外,诸如《金刚经》、《维摩诘经》、《阿毗达磨俱舍论》、《因明入正理论》和《辨中边论》等这样一些重要的汉译佛经也都已经有梵文校刊本。因此,对于梵汉佛经对勘在汉文佛教文献整理和研究中的学术价值不能低估,相反,应该予以高度重视。

其实,梵汉佛经对勘不仅有助于汉文佛教文献的整理,也有助于梵文佛经抄本的整理。梵文佛经抄本整理的主要成果是编订校刊本。因为梵文佛经抄本在传抄过程中,必定会产生或多或少的文字脱误或变异。这需要依据多种抄本进行校勘，确定正确的或可取的读法，加以订正。除了利用同一佛经的多种梵文抄本进行校勘外，还可以利用同一佛经的平行译本进行对勘。尤其是在有的梵文佛经只有一个抄本的情况下，利用平行译本进行对勘就显得更为重要。正是这个原因，长期以来，西方、印度和日本学者在编订梵文佛经校刊本时，都十分重视利用梵文佛经的汉译本和藏译本。但对于西方学者来说，掌握古代汉语比较困难，因此，从发展趋势看，他们越来越倚重藏译本。相比之下，日本学者在利用汉译本方面做得更好。

近一百多年来，国际佛教学术界已经出版了不少梵文佛经校刊本，同时也出版了完整的巴利文三藏校刊本。这些校刊本为佛教研究提供了方便。学者们依据这些校刊本从事翻译和各种专题研究。在此基础上，撰写了大量的印度佛教论著和多种印度佛教史。如果没有这些校刊本，这些学术成果的产生是不可设想的。这从这些著作中引用的梵文佛经校刊本及其现代语言（英语、法语或日语）译本资料便可见出。同时，我们也应该注意到，有些重要佛经缺乏梵文原典，西方学者还依据汉译佛经转译成西方文字，如英译《佛所行赞》（梵文原典缺失后半）、德译《维摩诘经》（译于梵文原典发现前）、法译《成唯识论》、法译《大智度论》、法译《摄大乘论》、法译《那先比丘经》和英译《胜鬘师子吼一乘大方便方广经》等。又鉴于印度古代缺少历史文献，他们也先后将法显的《佛国记》、玄奘的《大唐西域记》、慧立和彦悰的《大慈恩寺三藏法师传》、义净的《大唐西域求法高僧传》和《南海寄归内法传》译成英文或法文。这些都说明国际佛教学术界对汉文佛教文献的高度重视。只是限于通晓古代汉语的佛教学者终究不多，他们对汉文佛教文献的利用还远不充分。

而中国学术界直至二十世纪上半叶，才注意到国际上利用梵文佛经原典研究佛教的"新潮流"。引进这种"新潮流"，利用梵文佛经原典研究与佛教相关的中国古代文献的先驱者是陈寅恪、汤用彤、季羡林和吕澂等先生。然而，当时国内缺少梵文人才，后继乏人。时光荏苒，到了近二三十年，才渐渐出现转机。因为国内已有一批青年学子在学习梵文后，有志于利用梵文从事佛教研究。这条研究道路在中国具有开拓性，研究者必定会备尝艰辛，但只要有锲而不舍的精神，前景是充满希望的。

利用梵文从事佛教研究的方法和途径多种多样，研究者完全可以依据自己的学术兴趣和专长选择研究领域。而梵汉佛经对勘研究应该是其中的一个重要选项。这项研究的学术价值至少体现在以下几个方面：

一、有助于读解汉译佛经。现代读者读解汉译佛经的难度既表现在义理上，也表现在语言上。佛教义理体现印度古代思维方式。尤其是大乘佛教的中观和唯识，更是体现印度古代哲学思辨方式。它们有别于中国传统的理论思维形态。而汉译佛经的语言对于现代读者，不仅有古今汉语的隔阂，还有佛经汉译受梵文影响而产生不同程度的变异，更增添一层读解难度。然而，通过梵汉佛经对勘，则可以针对汉译佛经中义理和语言两方面的读解难点，用现代汉语予以疏通和阐释。

二、有助于读解梵文佛经。佛教于十二世纪在印度本土消亡，佛经抄本大量散失，佛教学术也随之中断。近代以来，随着国际印度学的兴起，学者们重视发掘佛经原典，先后在尼泊尔和克什米尔等地，尤其是在中国西藏地区发现了数量可观的梵文佛经抄本。这样，印度佛教文献研究成了一个"新兴学科"。由于佛教学术在印度本上已经中断数百年之久，对于印度或西方学者来说，梵文佛经的读解也是印度古代文献研究中的一个难点。这与汉文佛教文献在现代中国古代文献研究中的情况类似。仅以梵文词典为例，著名的 M.威廉斯的《梵英词典》和 V. S.阿伯代的《实用梵英词典》基本上都没有收入佛教词汇。因此，才会有后来出现的 F.埃杰顿的《佛教混合梵语语法和词典》和荻原云来的《梵和大辞典》。尤其是《梵和大辞典》，充分利用了梵汉佛经对勘的成果。

现存的所有梵文佛经抄本都会存在或多或少的文字错乱或讹误，已经编订出版的校刊本也未必都能彻底予以纠正。校刊本质量的高低既取决于校刊者本人的学术造诣，也取决于所掌握抄本的数量和质量。同时，佛教梵语受方言俗语影响，在词汇、惯用语和句法上与古典梵语存在一些差异，以及经文中对一些义理的深邃思辨，都会形成梵文佛经读解中的难点。而梵汉佛经对勘能为扫除梵文佛经中的种种文字障碍，提供另一条有效途径。毫无疑问，在利用汉译佛经资料方面，中国学者具有得天独厚的优势。如果我们能在梵汉佛经对勘研究方面多做一些工作，也是对国际佛教学术作出应有的贡献。

三、有助于佛教汉语研究。现在国内汉语学界已经基本达成一个共识，即认为佛经汉语是中国古代汉语中的一个特殊类型。有的学者仿照"佛教混合梵语"（Buddhist Hybrid Sanskrit）的称谓，将它命名为"佛教混合汉语"。而时下比较简便的称谓则是"佛教汉语"。梵文佛经使用的语言在总体上属于通俗梵语，这是由佛教的口头传承方式决定的。而这种通俗梵语中含有佛教的种种特定词语，也夹杂有俗语语法成分，尤其是在经文的偈颂部分，因此，明显有别于传统的梵语。

同样，汉译佛经受梵文佛经影响，主要采用白话文体，较多采用口语用词。同时，在构词、词义、语法和句式上也受梵文影响，语言形态发生一些变异，有别于传统的汉语。这些特殊的语言现象需要汉语学者认真研究和诠释。近二三十年中，佛教汉语研究已成为一门"显学"。日本学者辛嶋静志和中国学者朱庆之是这个领域中的代表人物。

尽管国内佛教汉语研究已经取得了不少成绩，但研究队伍中存在一个明显的缺陷，也就是通晓梵语的学者很少。如果通晓梵语，直接运用梵汉佛经对勘研究的方法，就会方便得多，避免一些不必要的暗中摸索和无端臆测。辛嶋静志能在这个领域中取得大家公认的学术成就，是与他具备多方面的语言和知识学养分不开的，尤其是直接运用梵汉佛经对勘研究的方法。这是值得国内从事佛教汉语研究的年轻一代学者效仿的。希望在不久的将来，中国学者能在大量的梵汉佛经对勘研究的基础上，编出佛教汉语语法和词典。这样，不仅拓展和充实了中国汉语史，也能为现代学者阅读和研究汉文佛经提供方便实用的语言工具书。

四、有助于中国佛经翻译史研究。中国无论在古代或现代，都无愧为世界上的"翻译大国"。在浩瀚的汉文大藏经中，不仅保存有大量的汉译佛经，也保存有许多佛经翻译史料。现代学者经常依据这些史料撰写佛经翻译史论。但是，佛经翻译史研究若要进一步深入的话，也有赖于梵汉佛经对勘研究的展开。因为佛经翻译史中的一些重要论题，诸如佛经原文的文体和风格，翻译的方法和技巧，译文的质量，只有通过具体的梵汉佛经对勘研究，才会有比较切实的体认。在这样的基础上撰写佛经翻译史论，就能更加准确地把握和运用古代史料，并提供更多的实例，增添更多的新意。

鉴于上述学术理念，我们决定编辑出版《梵汉佛经对勘丛书》，由国内有志于从事梵汉佛经对勘的学者分工协作完成。这是一个长期计划，完成一部，出版一部，不追求一时的速度和数量。每部对勘著作的内容主要是提供梵文佛经的现代汉语今译，对梵文佛经和古代汉译进行对勘，作出注释。

其中，梵文佛经原文选用现已出版的校刊本。若有两个或两个以上校刊本，则选定一个校刊本作为底本，其他的校刊本用作参考。若有其他未经校勘的抄本，也可用作参考。而如果对勘者通晓藏文，也可将藏译本用作参考。当然，我们的主要任务是进行梵汉佛经对勘，而不是编订校刊本。因为编订校刊本是一项专门的工作，需要独立进行。编订校刊本的本意是为研究提供方便。前人已经编订出版的校刊本我们不应该"束之高阁"，而应该充分加以利用。在学术研究中，凡事不可能，也无必要从头做起，否则，就可能永远在原地踏步。正因为前人已经编订出版了不少梵文佛经校刊本，我们今天才有可能编辑出版《梵汉佛经对勘丛书》。而且，我们的梵汉佛经对勘研究也能在一定程度上起到改善前人校勘成果的作用。这也是我们对勘成果的一个组成部分。

梵汉佛经对勘的版面格式是将梵文佛经原文按照自然段落排列，依次附上相应段落的现代汉语今译和古代汉译。古代汉译若有多种译本，则选取其中在古代最通行和最接近现存梵本的译本一至两种，其他译本可以依据对勘需要用作参考。现代汉语今译指依据梵文佛经原文提供的新译。为何要提供现代汉语今译呢？因为这样便于同行们检验或核实对勘者对原文的读解是否正确。如果读解本身有误或出现偏差，势必会影响对勘的学术价值。另一方面，国内利用汉译佛经从事相关研究的学者大多不通晓梵文，或者只是掌握一些梵文基础知识，尚未达到读解原典的程度。那么，我们提供的现代汉语今译可以供他们参考，为他们的研究助一臂之力。

实际上，现代汉语今译本身也是对勘成果的重要体现。因为梵文佛经原文中的一些疑点或难点往往可以通过对勘加以解决。如果有的疑点或难点一时解决不了，我们可以暂不译出，或者提供参考译文，并在注释中注明。确实，如果我们能正确读解梵文佛经原文，并提供比较准确的现代汉语今译，便会对古代汉译佛经中一些文字晦涩或意义难解之处产生豁然开朗的感觉。通过梵汉佛经对勘，帮助读解梵文佛经和汉译佛经，这正是我们的工作目的。

对勘注释主要包括这几个方面：一、订正梵文佛经校刊本和汉译佛经中的文字讹误或提供可能的合理读法。二、指出梵文佛经与汉译佛经的文字差异之处。三、指出汉译佛经中的误译之处。四、疏通汉译佛经中的文字晦涩之处。五、诠释梵文佛经和汉译佛经中的一些特殊词语。由于我们已经提供了现代汉语今译，也就不需要逐句作出对勘说明，而可以依据实际需要，有重点和有选择地进行对勘注释。

同时，利用这次梵汉佛经对勘的机会，我们也对古代汉译佛经进行标点。梵文和古代汉语一样，没有现代形式的标点。但梵文在散文文体中，用符号|表示一句结束，||表示一个段落结束；在诗体中，用符号|表示半颂结束，||表示一颂结束。这样，参考梵文佛经，尤其是依靠读通句义，便有助于汉译佛经的标点。但古代汉语的行文毕竟具有自身的特点，不可能完全依据梵文原文进行标点。我们的标点也只是提供一个初步的样本，留待以后听取批评意见，加以完善。

以上是对《梵汉佛经对勘丛书》的基本学术设想。在实际工作中，对勘者可以根据自己的学术专长，在某些方面有所侧重。我们的共同宗旨是对中国古代佛教文献的整理和研究作出各自的创造性贡献。

千里之行，始于足下。不管前面的道路怎样艰难曲折，让我们现在就起步，登上征途吧！

黄宝生

2010 年 5 月 12 日

目　　录

导　言 1

入菩提行论 1

第一　赞菩提心品 1

第二　忏悔品 17

第三　受持菩提心品 37

第四　菩提心不放逸品 46

第五　守护正知品 59

第六　忍辱波罗蜜品 98

第七　精进波罗蜜品 145

第八　禅定波罗蜜品 172

第九　般若波罗蜜品 236

第十　回向品 296

导　　言

寂天（Śāntideva，七、八世纪）著有《菩萨学集》（Śikṣāsamuccaya）、《经集》（Sūtrasamuccaya）和《入菩提行论》（Bodhicaryāvatāra）。这一史实在中国藏族布顿的《佛教史大宝藏论》和多罗那它的《印度佛教史》中有明确记载。[①]寂天的这三部佛经中，现存《菩萨学集》和《入菩提行论》两种梵本，而且都有汉译本和藏译本。汉译本中，《菩萨学集》即法护译《大乘集菩萨学论》，《入菩提行论》即天息灾译《菩提行经》。虽然汉译《大乘集菩萨学论》的作者题名是"法称菩萨"，《菩提行经》的作者题名时"龙树菩萨"，但现存的梵本和藏译本的作者题名均为寂天。因此，现代佛学界依然确认这两部佛经的真正作者是寂天。而《经集》的梵本迄今尚未发现。吕澂在《印度佛学源流略讲》中指出，此经的藏译本"题名龙树著"，汉译本"名《大乘宝要义论》"，"无作者名"。[②]

《菩萨学集》的第一个梵文校刊本出版于 1897 年（Bibliotheca Buddhica, No.1），编定者是英国学者本达尔（C. Bendall）。同时，本达尔和劳斯（W. H. D. Rouse）还将它译成英文（1922）。第二个梵文

[①] 参阅布顿著《佛教史大宝藏论》（郭和卿译），民族出版社 1986 年，第 150 页；多罗那它著《印度佛教史》（张建木译），四川民族出版社 1988 年，第 165 页。

[②] 参阅吕澂著《吕澂佛学论著选集》卷四，齐鲁书社 1991 年，第 2293 页。

校刊本出版于 1961 年（*Buddhist Sanskrit Texts*, No. 11），编订者是印度学者维迪耶（P. L. Vaidya）。这部佛经可以说是一部大乘佛学手册。它以二十七首"本颂"（Kārikā）为纲要，在阐述中引用了一百多部佛经的经文。这些佛经的梵文原本大多已经失传，因此，它提供的这些引文受到现代学者格外重视。这两部校刊本都为这一百多部佛经的经名及其引文编制了索引。

《入菩提行论》的第一个梵文校刊本出版于 1889 年（*Russian Oriental Journal*, IV），编订者是俄国学者米纳耶夫（Minayef）。第二个梵文校刊本出版于 1894 年（*Journal of the Buddhist Text Society of India*, Vol. 2），编订者是印度学者夏斯特利（H. Śāstrī）。第三个校刊本出版于 1902-04 年（*Bibliotheca Indica*, Culcutta），编订者是法国学者普善（Poussin）。这个校刊本是附有智作慧（Prajñākaramati，约八、九世纪）注释的前九品。现存梵本智作慧的注释只涉及前九品，其中还存在一些缺失。这三个校刊本问世后，相继出现欧洲语言译本：巴奈特（L. D. Barnett）的英译本（1909）、普善的法译本（1912）、芬诺（L. Finot）的法译本（1920）、施密德（R. Schmidt）的德译本（1923）和图齐（G. Tucci）的意大利语译本（1925）。在印度国内则有高善必（Kosambi）的古吉拉提语和马拉提语译本。第四个梵文校刊本出版于 1960 年（*Buddhist Sanskrit Texts*, No. 12），编订者是印度学者维迪耶（P. L. Vaidya）。这个校刊本包含第十品和附有智作慧注释的前九品。

《入菩提行论》采用偈颂体，主要讲述达到菩提的修行方式。"达到菩提"也就是证得最高智慧，成就"无上正等觉"。全经共有九百多颂，分成十品。第一《赞菩提心品》赞颂菩提心，鼓励众生发起菩提心，实行菩提心。第二《忏悔品》讲述发起菩提心后，要虔诚皈依佛、法和僧三宝；要真心忏悔，涤除以往的一切罪业。第三《受持菩提心品》讲述实行菩提心，应该将自己所有的一切乃至生命奉献给众生，一心为众生谋利益。第四《菩提心不放逸品》讲述实行菩提心，应该遵循菩萨学，修习善法，坚忍不拔，勇往直前，断除一切烦恼。第五《守护正知品》讲述实行菩提心，奥秘在于守护心。而要守护心，就要努力守护忆念和正知。守护住心门，也就能守护和履行菩萨学。第六《忍辱波罗蜜品》讲述实行菩提心，必须克服憎恨和愤怒，忍受一切痛苦和屈辱，善待众生，一心为众生造福。第七《精进波罗蜜品》讲述实行菩提心，必须精进努力，摒弃懒惰和消沉，依靠意欲、勇猛、欢喜和舍弃，排除一切障碍，行善积德。第八《禅定波罗蜜品》讲述实行菩提心，要保持身心清净，修习禅定，摒弃一切贪欲和烦恼。而在禅定中，要注重修习自己和他人平等，将自己和他人进行换位思考。第九《般若波罗蜜品》讲述实行菩提心是为了获得最高智慧。而最高智慧是中观的"空性"，即"人无我"，"法无我"，"万法皆空"。本品依据空论，批判了教内外种种错误见解，确认唯有空论能消除烦恼，灭寂痛苦，获得解脱。第十《回向品》讲述将自己修习菩提心获得的一切功德回向奉献给一切受苦众生及佛和菩萨。

布顿的《佛教史大宝藏论》中提到，"关于《入行论》的释论，在印度就有百余种之多，而在西藏译成藏文的释论，只有八种。"在藏译中，《入菩提行论》通常称为《入菩萨行论》（*Bodhisattvacaryāvatāra*）。《佛教史大宝藏论》所附的《关于菩萨行的论著目录》中，列有《入菩萨行论》以及智作慧的《入菩萨行详解》、格尾拉的《入菩萨行释》和纳波色的《入菩萨行难义释》等多种注释本的藏译本。① 这些记载说明《入菩提行论》当时在印度很流行，而传入西藏地区后，也备受推崇。

《入菩提行论》的汉译本题名为《菩提行经》。译者天息灾出生在北印度迦湿弥罗国，后为印度惹烂驮罗国密林寺僧。他于宋朝太平兴国五年（即980年）与施护一同携带梵文佛经来华。当时，宋太宗效仿历代译场建制，设立译经院，供来华梵僧主持翻译佛经。吕澂在《中国佛教源流略讲》的附录《宋代佛教》中论及宋代佛经翻译。他说当时所译的佛经"总数是二百八十四部"。"其中以密教的典籍占最多数，论部最少"。这是因为当时"印度密教发达正盛"。此外，"从宋代译经的质量上看，也不能与前代相比，特别是有关义理的论书，常因笔受者理解不透，写成艰涩难懂的译文，还时有文段错落的情形。因此，尽管译本里也有中观一类的要籍（如龙树、陈那、安慧、寂天等的著作），但对当时义学界似未发生什么影响。"② 《菩提行经》就是其中具有代表性的一种。吕澂在《印度佛学源流略讲》中指出《菩提行经》"译文拙劣，错讹甚多"。③ 也在另一文中指出《菩提行经》等"译文晦涩，且多错误"，"因此译出之后，对于当时的佛教义学没有发生什么作用。"④

鉴于上述情况，我这次进行《入菩提行论》梵汉对勘的目的有两个：一是提供《入菩提行论》的现代汉语新译，让读者了解这部佛经的原貌。从翻译学上说，经典重译也是正常现象。或者因为语言随着时代变化，译文需要更新；或者因为旧译质量不佳，译文需要改进。

---

① 参阅布顿著《佛教大宝藏论》，第152、260、261页。
② 参阅吕澂著《吕澂佛学论著选集》卷四，第2293页。
③ 参阅吕澂著《吕澂佛学论著选集》卷五，第2994页。
④ 参阅中国佛教协会编《中国佛教》（二），知识出版社1982年，第236页。

就这部佛经而言，重译的这两种理由兼而有之。二是探索造成这部佛经"译文拙劣"或"晦涩"的具体原因何在？

对勘工作中，《入菩提行论》的梵文原本采用维迪耶编订本，并参考普善编订本。维迪耶编订本中有些文字讹误显然是在转录和排印中出现的，我主要依据普善本（简称 P 本）和智作慧的注释（简称 P 注）予以订正。但我不直接改动原文，而是在注释中注明。《入菩提行论》的天息灾译本采用《中华大藏经》（第六十三册）提供的文本。而为了保持文本的原貌，没有将其中的繁体字改成简体字。

通过对勘，我们可以知道，《入菩提行论》共有十品，而天息灾译本只有八品，缺失梵本中的第三和第四品，此外，梵本第二品共有 66 颂，而天息灾译本只有前 13 颂。除了这些缺失部分，天息灾译本其他各品中，每一颂都与现存梵本相对应。梵文抄本的书写材料主要是棕榈叶（"贝叶"）或桦树皮，在流传过程中很容易出现散失或损坏现象。估计天息灾译本依据的梵文抄本本身存在缺失，而非译者在翻译中故意删略。

通过对勘，我们可以发现，造成天息灾译本"译文拙劣"或"晦涩"的原因，从翻译的角度看，主要有两个：一是译者时常疏忽大意，没有正确辨认梵文句内或复合词内的连声，造成对一些词汇的误读；二是译者没有认真把握词语的语法形态及其体现的词与词之间的逻辑联系，造成对一些词句的误读。有些译文虽然也表达出基本意思，但由于对语法形态理解不精确，也就难免表达得不够顺畅清晰。前面提到吕澂指出"笔受者"对有关义理"理解不透，写成艰涩难懂的译文"。但《入菩提行论》是一部通俗佛经，弘扬大乘波罗蜜修行方式，有关中观空论的义理主要集中在第九《般若波罗蜜品》。而这个译本中"艰涩难懂的译文"并不局限于涉及义理的部分。这说明这个译本出现的问题不仅与理解能力有关，也与转梵为汉的翻译能力有关。

吕澂在论及宋代译经的质量问题时，特别点明"笔受者"的作用，这是很正确的。古代汉译佛经大多由中外僧人合译，但只署译主的名。汉译佛经的质量优劣，一般而言，"笔受"在其中起到关键的作用。鸠摩罗什的译本能成为汉译佛经中的上品，显然得益于诸如僧肇、僧睿和道生等这样一批优秀的"笔受"。宋代译经院的翻译机制从表面上看也很完善，设有译主、证梵义、证梵文、笔受、缀文、证义、参详、润文和监译。在《入菩提行论》的翻译中，天息灾作为译主，应该是通晓梵文经文的。证梵义和证梵文可能是来华僧人。这些僧人的佛学造诣和梵文水平也可能会参差不齐，尤其是汉语表达能力有限。他们通常会采取对梵文经文进行逐字解释的方法。笔受则是汉地僧人，一般不通晓梵文。这样，如果笔受与这些来华僧人交流不充分，便会不顾及那些词语之间的语法和逻辑关系，想当然地将它们拼凑串联成句。这就难免会偏离原意。再加上对一些词语的误读，甚至会译得面目全非。而那些来华僧人的汉语读解能力有限，也无法判断译文准确与否。在这种情况下，译文的质量自然不能得到保障。

《入菩提行论》天息灾译本中存在的这些问题，通过梵汉对勘，比较容易看出。对于不通晓梵文的读者，通过我提供的现代汉语译文，也能大体领会。为了便于对照，我的译文采取尽量贴近原文的翻译方法。通常，翻译允许译者保持一定的翻译自由度，因为与原文贴得太紧，译文往往会显得生硬滞涩。但出于对勘工作的需要，我觉得有必要适当限制这种翻译的自由度，同时仍要力求保持译文的明白顺畅。

正因为提供了《入菩提行论》的现代汉语译文，也就不必对天息灾译本逐颂做出对勘说明。而对勘的重点是探讨天息灾译本中译文失误或晦涩的原因。这一类的对勘说明前后共有百余处，数量已经足够。同时，这类对勘说明在前面部分做得多一些，因为后面部分中类似问题可以举一反三。事实证明，天息灾这个译本中的译文失误或晦涩之处确实很多，不胜枚举。因此，完全可以理解，这样的译本严重影响了这部佛经在汉地的流传。从中国佛经翻译史研究的角度看，古代译经正反两方面的经验都值得我们认真总结。

本书全部文稿主要由郑国栋帮助我输入电脑。这些年来，他经常为我做一些学术辅助工作，积极热情，认真负责。在此，我向他表示衷心感谢。

黄宝生

2010年4月22日

शान्तिदेवविरचितः

寂天著

बोधिचर्यावतारः।

今译：入菩提行论①

天译②：菩提行經

（聖龍樹菩薩集頌③　西天中印度惹爛馱囉國密林寺三藏明教大師賜紫沙門臣天息災奉　詔譯）

---

① 《入菩提行论》（Bodhicaryāvatāra）按原文也可译为《入菩提行》。而按佛教传统，通常将佛陀所说的经文称为"经"，而将后人阐释佛教的著作称为"论"。
② "天译"是"天息灾译"的简称。
③ 天息灾译本将《菩提行经》作者题为龙树，而现存梵文原本和藏译本均标明作者是寂天。

॥ओम् नमो बुद्धाय॥

唵，向佛陀致敬！

१ बोधिचित्तानुशंसो नाम प्रथमः परिच्छेदः।

今译：第一 赞菩提心品

天译：讚菩提心品第一

सुगतान् ससुतान् सधर्मकायान्
प्रति①पत्यादरतोऽखिलांश्च वन्द्यान्।
सुगतात्मजसंवरावतारं
कथयिष्यामि यथागमं समासात्॥ १॥

今译：怀着恭敬，向具有法身②的
众如来③和众菩萨以及所有
可敬者致敬，我将依照经典，
简要地讲述菩萨④律仪门径。（1）

天译：如佛妙法體無邊，佛子正心歸命禮，

---

① 据P本和P注，ति 应为णि。
② "法身"（dharmakāya）指蕴含和显现佛法或佛性的精神实体。
③ 这里译为"如来"的原词是 Sugata（"善逝"），两者均为佛陀的称号。因为"如来"这个称号比较通行，本译文中，将"如来"（Tathāgata）和"善逝"（Sugata）均译为"如来"。
④ 这里"菩萨"的原词是"如来子"，也就是佛子。

佛甘露戒垂覆護①，我今讚說悉依法。

न हि किंचिदपूर्वमत्र वाच्यं
　　न च संग्रथनकौशलं ममास्ति।
अत एव न मे परार्थचिन्ता
　　स्वमनो वासयितुं कृतं मयेदम्॥२॥

今译：这里没有任何前所未说者，
　　　我也并不擅长编撰著作，
　　　这样做也不是为他人着想，
　　　我只是为了熏陶自己的心。（2）

天译：此說無有未曾有，亦非自我而獨專，
　　　我無自他如是時，乃自思惟觀察作。

मम तावदनेन याति वृद्धिं
　　कुशलं भावयितुं प्रसादवेगः।
अथ मत्समधातुरेव पश्ये-
　　दपरोऽप्येनमतोऽपि सार्थकोऽयम्॥३॥

今译：通过它，我的清净力获得
　　　增长，从而促进我的善行，
　　　此后，若有其他与我秉性
　　　相同者看到它，也有意义。（3）

天译：如是發心觀察時，能令我此善增長，
　　　時見如是娑婆界②，此乃是彼佛世尊③。

---

① "覆护"指律仪。原词是 saṃvara，有"覆盖"和"禁止"的意义。
② 本颂中并无"娑婆界"一词。"娑婆界"的梵文是 sahālokadhātu。这里可能是对 matsama-dhātu（"与我秉性相同者"）的误读。
③ 本颂中也无"佛世尊"一词。这里可能是对 sārthaka（"有意义"）的误读。佛陀有个称号是 sārthavāha（"商主"），可译为"导师"。参阅本品第 11 颂。

क्षणसंपदियं सुदुर्लभा
    प्रतिलभ्य पुरुषार्थसाधनी।
यदि नात्र विचिन्त्यते हितं
    पुनरप्येष समागमः कुतः॥४॥

今译：这幸运的人身①十分难得，
　　　已获得实现人生目的机会，
　　　如果在这世不思考利益，
　　　哪里能再遇到这种机会？（4）

天译：此界剎那難得生，得生為人宜自慶，
　　　思惟若離菩提心，復次此來何以得？

रात्रौ यथा मेघघनान्धकारे
    विद्युत् क्षणं दर्शयति प्रकाशम्।
बुद्धानुभावेन तथा कदाचि-
    ल्लोकस्य पुण्येषु मतिः क्षणं स्यात्॥५॥

今译：正如乌云密布的黑夜，
　　　闪电刹那间展现光明，
　　　世人凭借佛陀的威力，
　　　有时刹那间产生善心。（5）

天译：如雲覆蔽夜黑暗，閃電光明剎那現，
　　　佛威德利亦復然，剎那發意人獲福。

तस्माच्छुभं दुर्बलमेव नित्यं
    बलं तु पापस्य महत्सुघोरम्।
तज्जीयतेऽन्येन शुभेन केन

---

① 这里译为"幸运的人身"的原词是 kṣaṇasampad，通常译为"暇满"。此词由 kṣaṇa（"刹那"）和 sampad（"成功"、"成就"或"圆满"）合成。具体的含义是指"幸运的人身"，即幸运地生而为人，并逢佛出世。

सर्वोपिर्जित यदि नाम न स्यात्॥६॥

今译：因此，善行向来力量薄弱，
　　　而罪恶的力量强大恐怖，
　　　如果不依靠菩提心[①]，还有
　　　什么其他善行能战胜它？（6）

天译：是故善少力雖劣，能破大惡之業力，[②]
　　　如是若發菩提心，此善勇進能超彼。

कल्पाननल्पान् प्रविचिन्तयद्भि-
र्दृष्टं मुनीन्द्रैर्हितमेतदेव।
यतः सुखेनैव सुखं प्रवृद्ध-
मुत्प्लावयत्यप्रमिताञ्जनौघान्॥७॥

今译：众牟尼王[③]已思考许多劫，
　　　他们确实见到这种利益，
　　　依靠它，幸福不断增长，
　　　将无数众生救出苦海。（7）

天译：思惟無量無邊劫，見佛咸說此真實，
　　　若不快樂得快樂，增長救度無邊眾。

भवदुःखशतानि तर्तुकामै-
रपि सत्त्वव्यसनानि हर्तुकामैः।
बहुसौख्यशतानि भोक्तुकामै-
र्न विमोच्यं हि सदैव बोधिचित्तम्॥८॥

[①] "菩提心"（sambodhicitta 或 bodhicitta）指觉悟的心。

[②] 这里原文是两个并列的短句：一是善行力量薄弱，二是恶行力量强大恐怖，其中没有"能破"一词。

[③] "牟尼王"（munīndra）指佛。"牟尼"（muni）指修行的圣人，也泛指佛。

今译：想要超越百千生死①痛苦，
　　　想要消除众生各种苦难，
　　　想要享受百千幸福快乐，
　　　则永远不能放弃菩提心。（8）

天译：為諸有情②處眾苦，令離百千諸苦怖，
　　　受多快樂百千種，為恒不離菩提心。

भवचारकबन्धनो वराकः
　सुगतानां सुत उच्यते क्षणेन।
सनरामरलोकवन्दनीयो
　भवति स्मोदित एव बोधिचित्ते॥९॥

今译：一旦因于生死狱中的
　　　可怜者，生起菩提心，
　　　他立刻得名为佛子，
　　　受到凡人和天神尊敬。（9）

天译：彼善逝子處纏蓋③，行在輪迴無所愛，
　　　若剎那說菩提心，人天歡喜悉歸命。

अशुचिप्रतिमामिमां गृहीत्वा
　जिनरत्नप्रतिमां करोत्यनर्घाम्।
रसजातमतीव वेधनीयं
　सुदृढं गृह्रत बोधिचित्तसंज्ञम्॥१०॥

今译：菩提心获得这个不洁形像④，

---

① 这里译为"生死"的原词是 bhava（"存在"或"生存"），具体是指生死轮回的生存方式。
② "有情"（sattva）指众生。
③ "处缠盖"的原词是 cārakabandhana，意谓"囚于牢狱"。
④ "不洁形像"指人的身体。

将它转变成无价佛宝形像,
犹如具有穿透力的炼金药,
你们要牢牢把握这菩提心。(10)

天译:若有受持不淨像,喻佛寶像而無價,
　　　如藥變化遍堅牢,等修持妙菩提心。

सुपरीक्षितमप्रमेयधीभि-
　बहुमूल्यं जगदेकसार्थवाहैः।
गतिपत्तनविप्रवासशीलाः
　सुदृढं गृह्णत बोधिचित्तरत्नम्॥११॥

今译:惟有世界导师们①凭借无量
　　　智慧,认识到它的珍贵价值,
　　　习惯住在轮回城中的人们啊,
　　　你们要牢牢把握菩提心宝。(11)

天译:菩提心寶驗無邊,價直世間無可喻,
　　　調御行人伴侶等②,悉使受持而堅牢。

कदलीव फलं विहाय याति
　क्षयमन्यत् कुशलं हि सर्वमेव।
सततं फलति क्षयं न याति
　प्रसवत्येव तु बोधिचित्तवृक्षः॥१२॥

今译:其他一切善行似芭蕉,
　　　结出果实后,就会凋谢,
　　　而菩提心树永远结果,
　　　它不会凋谢,继续结果。(12)

---

① "世界导师们"指众佛。
② 这句中,"调御"的原词是 śīla。此词有"戒行"或"戒律"的意思,而在这里,词意是"习惯"。而"行人伴侣",按原文应为"居住在轮回城中"。

天译：芭蕉不實而生實，生實芭蕉而身謝，
　　　菩提心樹而清淨，恒生勝果而不盡。

कृत्वापि पापानि सुदारुणानि
　　यदाश्रयादुत्तरति क्षणेन।
शूराश्रयेणेव महाभयानि
　　नाश्रीयते तत्कथमज्ञसत्त्वैः॥१३॥

今译：即使犯有种种可怕的罪恶，
　　　依靠它，刹那之间就能摆脱，
　　　犹如依靠勇士克服大恐怖，
　　　无知众生怎么能不依靠它？（13）

天译：已作暴惡眾罪業，依菩提心剎那脫，
　　　勇猛依託無大怖，彼癡有情何不依？

युगान्तकालानलवन्महान्ति
　　पापानि यन्निर्दहति क्षणेन।
यस्यानुशंसानमितानुवाच
　　मैत्रेयनाथः सुधनाय धीमान्॥१४॥

今译：它就像时代末日的劫火①，
　　　刹那间烧毁种种大罪恶，
　　　因此，聪明睿智的弥勒②护主，
　　　向善财③宣讲它的无量功德。（14）

天译：譬如劫盡時大火，剎那焚燒罪業薪，

---

① "劫火"指世界毁灭之时焚烧一切的大火，按照印度古代传说，世界处在不断创造和毁灭的循环中。从创造到毁灭的一个周期为一劫（kalpa），相当于一千两百万年。
② "弥勒"（Maitreya）是菩萨名，佛陀预言他未来成佛。
③ "善财"（Sudhana）是人名。弥勒菩萨向善财童子说法，参见《华严经》（Gaṇḍavyūha）。

若讚慈尊①無量言，是曰②善哉③之智者。

तद्बोधिचित्तं द्विविधं विज्ञातव्यं समासतः।
बोधिप्रणिधिचित्तं च बोधिप्रस्थानमेव च॥१५॥

今译：应该知道这菩提心，
　　　简单说来，分成两种：
　　　一种是发起菩提心，
　　　一种是实行菩提心。（15）

天译：彼種種覺心，正智而平等，④
　　　菩提誓願心，而行菩提行。

गन्तुकामस्य गन्तुश्च यथा भेदः प्रतीयते।
तथा भेदोऽनयोर्ज्ञेयो याथासंख्येन पण्डितैः॥१६॥

今译：正如人人都知道，
　　　想走和行走的区别，
　　　智者们也应知道，
　　　上述两者的区别。（16）

天译：喻⑤去者欲行，彼之分別說，
　　　智分別說已，所行如智用。

बोधिप्रणिधिचित्तस्य संसारेऽपि फलं महत्।
न त्वविच्छिन्नपुण्यत्वं यथा प्रस्थानचेतसः॥१७॥

今译：即使发起菩提心，也能

---

① "慈尊"指弥勒护主（Maitreyanātha）。弥勒也译"慈氏"。
② 此处"是日"，据《中华大藏经》校勘记，"诸本作'是曰'"。
③ 此处"善哉"的原词是 sudhana（"善财"）。
④ 本颂中并无"正智而平等"这个词组，这里可能将 vijñātavya（"应该知道"）误读为"正智"。又因 samāsataḥ（"简单说来"）一词中含有 sama（"平等"）这个音组，而误读为"平等"。
⑤ "喻"（yathā）指"如同"。

在轮回中获得大功果，
然而不如实行菩提心，
能获得无穷无尽功德。（17）

天译：菩提之願心，大果如輪迴①，
　　　福故不間斷，亦如彼行意。

यतः प्रभृत्यपर्यन्तसत्त्वधातुप्रमोक्षणे।
समाददाति तच्चित्तमनिवर्त्येन चेतसा॥१८॥

今译：一旦发起菩提心，
　　　思想坚定不退转，
　　　要让无边无际的
　　　众生界获得解脱。（18）

天译：若彼等無邊，有情界解脫，
　　　與彼心平等②，菩提願不退。

ततःप्रभृति सुप्तस्य प्रमत्तस्याप्यनेकशः।
अविच्छिन्नाः पुण्यधाराः प्रवर्तन्ते नभःसमाः॥१९॥

今译：从此，即使在睡眠中，
　　　乃至有时在放逸中，
　　　功德之流也会流淌，
　　　无穷无尽，如同天空。（19）

天译：彼等好睡眠，亦復多迷醉，
　　　間斷③於福流，喻空無所有。④

---

① 此处"轮回"原词 saṃsāre 是依格，意谓"在轮回中"。
② 本颂中并无"平等"一词。这里可能因 samādadāti（"发起"）一词中含有 sama（"平等"）这个音组，而误读为"平等"。
③ "间断"的原词是 avicchinna，应译为"不间断"（"无穷无尽"）。
④ 这里本来是以天空无边无际比喻福流无穷无尽。由于对原文读解有误，而在这里添加了"无所有"一词。

इदं सुबाहुपृच्छायां सोपपत्तिकमुक्तवान्।
हीनाधिमुक्तिसत्त्वार्थं स्वयमेव तथागतः॥२०॥

今译：为教导小乘信众，
如来已经亲自在
《妙臂所问经》[①]中，
对这点作了论证。（20）

天译：妙臂而問此，劣意之有情，
於解脫[②]得生，為自為如來。[③]

शिरःशूलानि सत्त्वानां नाशयामीति चिन्तयन्।
अप्रमेयेण पुण्येन गृह्यते स्म हिताशयः॥२१॥

今译：倘若心中想"我要
解除众生头痛病"，
这样的善心就能
让他获得无量功德。（21）

天译：乃思惟療除，苦惱之有情，
使苦惱盡已，獲得無邊福。

किमुताप्रतिमं शूलमेकैकस्य जिहीर्षतः।
अप्रमेयगुणं सत्त्वमेकैकं च चिकीर्षतः॥२२॥

今译：更何况想要一一
解除众生无量病痛，
以及想要为众生

[①]《妙臂所问经》(Subāhupṛcchā)，汉译中有唐输波迦罗共一行译《苏婆呼童子经》和宋法天译《妙臂菩萨所问经》等。

[②] 此处"解脱"的原词是 adhimukti，词义是"信仰"，而非"解脱"(mukti)。此词前与"小乘"一词相连，后与"众生"一词相连，意谓"信仰小乘的众生"（即"小乘信众"）。

[③] 这句原文中，svayam 是不变词，词义是"亲自"，指如来亲自讲述。

第一 赞菩提心品

一一造就无量功德。（22）

天译：有情無邊苦，云何①而療治，
　　　使一一安樂，獲無邊功德？

**कस्य मातुः पितुर्वापि हिताशंसेयमीदृशी।
देवतानामृषीणां वा ब्रह्मणां वा भविष्यति॥२३॥**

今译：哪位母亲或父亲，
　　　哪些天神和仙人，
　　　或者哪些婆罗门，
　　　会有这样的善心？（23）

天译：何以利父母，如是及眷屬，
　　　得天及仙人，淨行婆羅門？

**तेषामेव च सत्त्वानां स्वार्थेऽप्येष मनोरथः।
नोत्पन्नपूर्वः स्वप्नेऽपि परार्थे संभवः कुतः॥२४॥**

今译：这些众生甚至在梦中，
　　　也未曾为利己而产生
　　　这种心愿，又怎么可能
　　　为利他而产生这种心愿？（24）

天译：如是彼有情，乃過去睡夢，
　　　不願於自利，唯願②生利他。

**सत्त्वरत्नविशेषोऽयमपूर्वो जायते कथम्।
यत्परार्थाशयोऽन्येषां न स्वार्थेऽप्युपजायते॥२५॥**

今译：其他人即使为利己，
　　　也不会产生利他心，

---

① 此处"云何"的原词是 kim uta，意谓"何况"或"况且"。
② 此处"唯愿"的原词 kutaḥ 是疑问词，词义是"哪里"或"怎么"。

这种前所未有的
　　　众生瑰宝怎样产生？（25）

天译：有情最勝寶，希有何得生？
　　　種種意利他，不獨於自利。①

जगदानन्दबीजस्य जगदुःखौषधस्य च।
चित्तरत्नस्य यत्पुण्यं तत्कथं हि प्रमीयताम्॥२६॥

今译：世界欢乐的种子，
　　　世界病痛的良药，
　　　这种菩提心宝的
　　　功德，如何能测量？（26）

天译：歡喜世間種，精進世間藥，
　　　心寶與有福②，而彼云何說？

हिताशंसनमात्रेण बुद्धपूजा विशिष्यते।
किं पुनः सर्वसत्त्वानां सर्वसौख्यार्थमुद्यमात्॥२७॥

今译：只要有行善的心愿，
　　　就能胜过供养佛，
　　　更何况努力为一切
　　　众生谋求一切幸福。（27）

天译：云何③諸有情，得一切快樂？
　　　為發菩提心，供養於如來。④

---

① 此句中的"不"（na）与前面一句相连，指"不产生利他心"。
② 此句中的 cittaratnasya（"心宝"）一词是属格，与后面的 puṇya（"福德"）一词相连，意谓"心宝的福德"。
③ 此处"云何"的原词是 kim punaḥ，意谓"何况"或"况且"。
④ 这句中漏译"胜过"（viśiṣyate）一词。

दुःखमेवाभिधावन्ति दुःखनिःसरणाशया।
सुखेच्छयैव संमोहात् स्वसुखं घ्नन्ति शत्रुवत्॥२८॥

今译：人们想要摆脱痛苦，
　　　结果反而陷入痛苦，
　　　渴望幸福，却出于愚痴，
　　　毁灭自己幸福似敌人。（28）

天译：迷愛樂快樂，乃喻於冤嫌，
　　　遠離與隨行，悉從於自意。

यस्तेषां सुखरङ्काणां पीडितानामनेकशः।
तृप्तिं सर्वसुखैः कुर्यात्सर्वाः पीडाश्छिनत्ति च॥२९॥

今译：但见人们缺少幸福，
　　　一再遭受折磨，谁能
　　　满足他们一切幸福，
　　　解除他们一切折磨，（29）

天译：若彼求快樂，苦惱種無邊，
　　　積諸善快樂，諸苦惱消除。

नाशयत्यपि संमोहं साधुस्तेन समः कुतः।
कुतो वा तादृशं मित्रं पुण्यं वा तादृशं कुतः॥३०॥

今译：也消除他们的愚痴？
　　　哪里有这样的善人？
　　　哪里有这样的朋友？
　　　哪里有这样的功德？（30）

天译：破壞迷惑因，善哉①云何得？

---

① "善哉"的原词是 sādhu，这里用作名词，应译为"善人"。

親彼善知識①，彼福如是得。②

कृते यः प्रतिकुर्वीत सोऽपि तावत्प्रशस्यते।
अव्यापारितसाधुस्तु बोधिसत्त्वः किमुच्यताम्॥३१॥

今译：若有人知恩图报，
他就会获得赞扬，
而菩萨行善，无需
请求，还用说什么？（31）

天译：作利若迴向，彼必返讚歎，
作善不求利，說彼是菩薩。

कतिपयजनसत्त्वदायकः
कुशलकृदित्यभिपूज्यते जनैः।
क्षणमशनकमात्रदानतः
सपरिभवं दिवसार्धयापनात्॥३२॥

今译：祭祀中施舍很少一些人，
也是偶尔施舍一点食物，
只够吃半天，还带着轻蔑，
人们也将他尊为行善者。（32）

天译：若有布施於少食，修善供養於世間，
所施大小如蚊蚋，亦獲快樂得半日。

किमु निरवधिसत्त्वसंख्यया
निरवधिकालमनुप्रयच्छतः।
गगनजनपरिक्षयाक्षयं
सकलमनोरथसंप्रपूरणम्॥३३॥

---

① "善知识"的原词是 mitra（"朋友"），也译"善友"（全称为 kalyāṇamitra）。
② 这一行中的两句，原文中都有 kutaḥ（"哪里"）一词，是疑问句。

今译：更何况众生无量无数，
　　　在无限的时间中，恩赐
　　　天空般无穷尽的人们，
　　　满足他们的所有心愿。(33)

天译：云何獲得於能仁，要度無邊有情盡？
　　　有情無盡若虛空，一切智求①自圓滿。

इति सत्त्वपतौ जिनस्य पुत्रे
　　कलुषं स्वे हृदये करोति यश्च।
कलुषोदयसंख्यया स कल्पान्
　　नरकेष्वावसतीति नाथ आह॥३४॥

今译：对于这样的菩萨施主，
　　　若有人心中怀有恶念，
　　　世尊说他会堕入地狱，
　　　劫数与恶念数量相等。(34)

天译：佛子靜念而思惟②，若煩惱生自心作③
　　　數生煩惱復生疑④，佛說此人墮地獄。

अथ यस्य मनः प्रसादमेति
　　प्रसवेत्तस्य ततोऽधिकं फलम्।
महता हि बलेन पापकं
　　जिनपुत्रेषु शुभं त्वयह्नतः॥३५॥

---

① 此处"智求"的原词是 manoratha，词义是"心愿"。
② 这句中，"静念而思惟"的原词是 sattrapatau，词义是"施主"。此词与后面的"佛子"（即"菩萨"）一词同为依格，意谓"对于菩萨施主"。
③ 这句中，"烦恼"的原词是 kaluṣa，词义是"恶浊"，指"恶念"。"自心"的原词 sve hṛdaye 是依格，意谓"在自己心中"。这句的意思是"在自己心中产生恶念"。
④ 这句中，"数生烦恼"的原词 kaluṣodayasaṃkhyayā 是具格，意谓"与恶念产生的数量相当"。"疑"的原词是 kalpa，词义是"劫"。

今译：然后，若有人怀有清净心，
　　　他的功果就会日益增长，
　　　因为罪恶固然力量强大，
　　　而菩萨们行善轻而易举。（35）

天译：佛子若發菩提心，滅大罪力得勝果。

तेषां शरीराणि नमस्करोमि
　　यत्रोदितं तद्वरचित्तरत्नम्।
यत्रापकारोऽपि सुखानुबन्धी
　　सुखाकरांस्तान् शरणं प्रयामि॥३६॥

今译：我向这些产生菩提心
　　　瑰宝者的身体致敬！
　　　他们甚至能以德报怨，
　　　我皈依这些幸福的宝藏。（36）

天译：我今歸命摩尼心，救度有情得快樂。

२ पापदेशना नाम द्वितीयः परिच्छेदः।

今译：第二　忏悔品

天译：菩提心施供養品第二①

तच्चित्तरत्नग्रहणाय सम्यक्②
　पूजां करोम्येष तथागतानाम्।
सद्धर्मरत्नस्य च निर्मलस्य
　बुद्धात्मजानां च गुणोदधीनाम्॥ १॥

今译：为了正确掌握这菩提
　　　心宝，我供奉一切如来，
　　　供奉无垢的微妙法宝，
　　　供奉一切菩萨功德海。（1）

天译：端彼摩尼恭敬心③，用奉供養於如來，
　　　及彼清淨妙法寶，佛功德海量無邊。

यावन्ति पुष्पाणि फलानि चैव
　भैषज्यजातानि च यानि सन्ति।
रत्नानि यावन्ति च सन्ति लोके
　जलानि च स्वच्छमनोरमाणि॥ २॥

---

① 天息灾译本第2品题名为"菩提心施供养品"，而现存梵文原本题名为"忏悔品"。
② 据P本和P注，क应为क्。
③ 此句原文是个复合词，属于为格，意谓"为了掌握这心宝"。

今译：这些鲜花和果实，
　　　各种各样的药草，
　　　世上的这些珍宝，
　　　洁净而可口的水。（2）

天译：世間所有諸妙花，乃至妙菓及湯藥，
　　　所有珍寶澄清水，悉皆奉供而適意。

महीधरा रत्नमयास्तथान्ये
　　वनप्रदेशाश्च विवेकरम्याः।
लताः सपुष्पाभरणोज्ज्वलाश्च
　　द्रुमाश्च ये सत्फलनम्रशाखाः॥ ३॥

今译：同样还有这些宝石山，
　　　幽静可爱的林中胜地，
　　　鲜花灿烂绽放的蔓藤，
　　　枝条挂果低垂的树木。（3）

天译：山中之寶及眾寶，適悅樹林寂靜處，
　　　蔓花莊嚴樹光明，結菓低垂枝橾橾。

देवादिलोकेषु च गन्धधूपाः
　　कल्पद्रुमा रत्नमयाश्च वृक्षाः।
सरांसि चाम्भोरुहभूषणानि
　　हंसस्वनात्यन्तमनोहराणि॥ ४॥

今译：天国等等世界的香料，
　　　种种如意树和宝石树，
　　　以莲花为装饰的水池，
　　　天鹅无限迷人的鸣声。（4）

天译：人間天上香塗香，乃至劫樹及寶樹，

第二 忏悔品　19

池水清淨復莊嚴，鵝鴻好聲極適意。

अकृष्टजातानि च शस्यजाता-
　न्यन्यानि वा पूज्यविभूषणानि।
आकाशधातुप्रसरावधीनि
　सर्वाण्यपीमान्यपरिग्रहाणि॥५॥

今译：种种自然生长的谷物，
　　　或其他可供奉的饰品，
　　　这一切无人占有之物，
　　　广大无边直至天空界。（5）

天译：穀自然生非所種，別別莊嚴而供養，
　　　等虛空界量廣大，此一切有悉受用。

आदाय बुद्ध्या मुनिपुंगवेभ्यो
　निर्यातयाम्येष सपुत्रकेभ्यः।
गृह्णन्तु तन्मे वरदक्षिणीया
　महाकृपा मामनुकम्प्यमानाः॥६॥

今译：我凭意念获取这一切，
　　　献给众牟尼雄牛和菩萨，
　　　愿最应受供的大悲士们
　　　垂怜我，接受我的供奉。（6）

天译：我今所獻并子等[①]，供養最上佛牟尼，
　　　為我不捨於大悲，受彼最上之供養。[②]

[①] "并子等"（saputrakebhyaḥ）意谓"和众佛子"即"和众菩萨"。
[②] 这句中，"受彼"的原词是 gṛhṇantu，动词 grah 的命令式，第三人称，复数，意谓"请他们（即'大悲士们'）接受"。"最上之供养"的原词是 varadakṣiṇīyāḥ，词义是"最应该受供养的"，形容"大悲士们"。

अपुण्यवानास्मि महादरिद्रः
पूजार्थमन्यन्मम नास्ति किंचित्।
अतो ममार्थाय परार्थचित्ता
गृह्णन्तु नाथा इदमात्मशक्त्या ॥७॥

今译：我没有积累功德，极其贫困，
　　　没有其他任何可供奉之物，
　　　愿一心利他的护主们为了我，
　　　接受尽我所能供奉的这一切。(7)

天译：我以無福大貧窮，更無纖毫別供養，
　　　我今思惟為自他①，願佛受斯隨力施。

ददामि चात्मानमहं जिनेभ्यः
सर्वेण सर्वं च तदात्मजेभ्यः।
परिग्रहं मे कुरुताग्रसत्त्वा
युष्मासु दासत्वमुपैमि भक्त्या ॥८॥

今译：我将自己和所有一切，
　　　献给众佛和众菩萨，
　　　请至尊大士们接受我，
　　　我虔诚地为你们效劳。(8)

天译：我自身施一切佛，以自身等遍一切，
　　　加被我作上有情②，有情恒常佛教化。

परिग्रहेणास्मि भवत्कृतेन
निर्भीर्भवे सत्त्वहितं करोमि।

---

① 这句中，parārthacittāḥ（阳性，体格，复数）的词义是"一心利他的"，形容"护主们"（即"众佛"）；mama arthāya 的词义是"为了我"。由于不顾及原文语法形态，而误译为"我今思维为自他"。

② "上有情"（agrasattvāḥ）意谓"至尊大士们"，指众佛和众菩萨。

पूर्वं च पापं समतिक्रमामि
नान्यच्च पापं प्रकरोमि भूयः ॥९॥

今译：你们接受了我，我将无所
畏惧，在轮回中造福众生，
从此我摆脱过去的罪恶，
也不会再犯其他的罪恶。（9）

天译：我得如來加被已，化利有情無怖畏，
過去罪業悉遠離，未來眾罪不復作。

रत्नोज्ज्वलस्तम्भमनोरमेषु
मुक्तामयोद्भासिवितानकेषु।
स्वच्छोज्ज्वलस्फाटिककुट्टिमेषु
सुगन्धिषु स्नानगृहेषु तेषु ॥१०॥

今译：在那些散发香气的浴堂中，
宝石耀辉的柱子可爱迷人，
珍珠串连的帐幔闪闪发光，
水晶铺成的地面洁净明亮。（10）

天译：寶光明處甚適悅，天蓋莊嚴奉真如，
水精清淨復光明，種種妙堂香浴作。

मनोज्ञगन्धोदकपुष्पपूर्णैः
कुम्भैर्महारत्नमयैरनेकैः।
स्नानं करोम्येष तथागतानां
तदात्मजानां च सगीतिवाद्यम् ॥११॥

今译：我要用许多大宝瓶，
盛满迷人的香水和花，
伴随有歌唱和音乐，

为众如来和菩萨沐浴。(11)

天译：大寶瓶滿盛香水，復著適意諸妙花，
洗浴如來無垢身，我當讚詠獻歌樂。

प्रधूपितैर्धौतमलैरतुल्यै-
　　वर्स्त्रैश्च तेषां तनुमुन्मृषामि।
ततः सुरक्तानि सुधूपितानि
　　ददामि तेभ्यो वरचीवराणि॥१२॥

今译：我用芳香、洁净、无价的
　　　浴巾，为他们擦拭身体，
　　　然后，我献给他们染有
　　　妙色、熏有妙香的妙衣。(12)

天译：清淨香熏上妙衣，用蓋覆彼最上色，
　　　我今獻此上衣服，願佛慈悲哀納受。

दिव्यैर्मृदुश्लक्ष्णविचित्रशोभै-
　　वर्स्त्रैरलंकारवरैश्च तैस्तैः।
समन्तभद्राजितमञ्जुघोष-
　　लोकेश्वरादीनपि मण्डयामि॥१३॥

今译：我用柔软、细腻、绚丽的
　　　天衣和各种优美的饰品，
　　　装饰普贤、阿逸多、文殊
　　　和观自在等等诸位菩萨。(13)

天译：種種柔軟妙天衣，彼莊嚴中而最上，
　　　供養如來并普賢，及彼文殊觀自在。[①]

[①] 天息灾译本第2品至此结束。

सर्वत्रिसाहस्रविसारिगन्धै-
    र्गन्धोत्तमैस्तानलेपयामि।
सूत्तप्तसूनमृष्टसुधौतहेम-
    प्रभोज्ज्वलान् सर्वमुनीन्द्रकायान्॥१४॥

今译：我要用香遍整个三千世界的
　　　上等香料，为一切牟尼王抹身，
　　　他们的身体闪耀光芒，如同
　　　经过火烤、擦拭和清洗的金子。（14）

मान्दारवेन्दीवरमल्लिकाद्यैः
    सर्वैः सुगन्धैः कुसुमैर्मनोज्ञैः।
अभ्यर्चयाम्यर्च्यतमान् मुनीन्द्रान्
    स्रग्भिश्च संस्थानमनोरमाभिः॥१५॥

今译：我要用曼陀罗、青莲和茉莉
　　　等等一切芳香迷人的鲜花，
　　　用精心编制而成的可爱花环，
　　　供奉最值得供奉的众牟尼王。（15）

स्फीतस्फुरद्गन्धमनोरमैश्च
    तान् धूपमेघैरुपधूपयामि।
भोज्यैश्च खाद्यैर्विविधैश्च पेयै-
    स्तेभ्यो निवेद्यं च निवेदयामि॥१६॥

今译：我要用香气飘逸弥漫
　　　而迷人的香云熏染他们，
　　　我要供给他们各种食物，
　　　软食和硬食，还有饮料。（16）

रत्नप्रदीपाश्च निवेदयामि
	सुवर्णपद्मेषु निविष्टपङ्क्तीन्।
गन्ध्योपलिप्तेषु च कुट्टिमेषु
	किरामि पुष्पप्रकरान् मनोज्ञान्॥१७॥

今译：我要供奉许多宝石灯，
    　　排列在那些金莲花中；
    　　在涂抹香料的地面上，
    　　撒上各种可爱的鲜花。（17）

प्रलम्बमुक्तामणिहारशोभा-
	नाभास्वरान् दिङ्मुखमण्डनांस्तान्।
विमानमेघान् स्तुतिगीतरम्यान्
	मैत्रीमयेभ्योऽपि निवेदयामि॥१८॥

今译：还有悬挂珍珠和摩尼珠项链
    　　而绚丽的光音天①，四方的饰品，
    　　赞歌萦绕而可爱的天宫群落，
    　　我也要献给这些满怀慈悲者。（18）

सुवर्णदण्डैः कमनीयरूपैः
	संसक्तमुक्तानि समुच्छ्रितानि।
प्रधारयाम्येष महामुनीनां
	रत्नातपत्राण्यतिशोभनानि॥१९॥

今译：我要为大牟尼们撑起
    　　光彩夺目的宝石华盖，
    　　镶嵌珍珠，高耸挺拔，
    　　金制的伞柄形状优美。（19）

---

① 天分为天界和梵天界。"光音天"（Ābhāsvara）属于梵天界。

अतः परं प्रतिष्ठन्तां पूजामेघा मनोरमाः।
तूर्यसंगीतिमेघाश्च सर्वसत्त्वप्रहर्षणाः॥२०॥

今译：但愿从此保持这些
　　　可爱的供奉之云，
　　　令一切众生喜悦的
　　　音乐和歌唱之云。（20）

सर्वसद्धर्मरत्नेषु चैत्येषु प्रतिमासु च।
पुष्परत्नादिवर्षाश्च प्रवर्तन्तां निरन्तरम्॥२१॥

今译：但愿花雨和宝石雨
　　　等等永远也不间断，
　　　降落在一切妙法宝、
　　　一切佛塔和佛像上。（21）

मञ्जुघोषप्रभृतयः पूजयन्ति यथा जिनान्।
तथा तथागतान्नाथान् सपुत्रान् पूजयाम्यहम्॥२२॥

今译：正如文殊等等菩萨
　　　一向供奉诸位佛陀，
　　　同样，我也要供奉
　　　众如来护主和菩萨。（22）

स्वराङ्गसागरैः स्तोत्रैः स्तौमि चाहं गुणोदधीन्।
स्तुतिसंगीतिमेघाश्च संभवन्त्वेष्वनन्यथा॥२३॥

今译：我要用声音海合成
　　　赞歌，赞颂功德海，
　　　但愿这些赞歌之云，
　　　涌现在他们面前。（23）

सर्वक्षेत्राणुसंख्यैश्च प्रणामैः प्रणमाम्यहम्।

सर्वत्र्यध्वगतान् बुद्धान् सहधर्मगणोत्तमान् ॥ २४ ॥

今译：我要向三世^①一切佛、
　　　佛法和崇高的僧众，
　　　俯首行礼，行礼次数
　　　如同一切刹土^②微尘。（24）

सर्वचैत्यानि वन्देऽहं बोधिसत्त्वाश्रयांस्तथा ।
नमः करोम्युपाध्यायानभिवन्द्यान् यतींस्तथा ॥ २५ ॥

今译：我要顶礼敬拜一切
　　　佛塔和菩萨胜地，
　　　也要向尊敬的教师
　　　和那些出家人致敬。（25）

बुद्धं गच्छामि शरणं यावदा बोधिमण्डतः ।
धर्मं गच्छामि शरणं बोधिसत्त्वगणं तथा ॥ २६ ॥

今译：我要皈依佛陀，
　　　我要皈依佛法，
　　　皈依菩萨僧众，
　　　直至证得菩提。（26）

विज्ञापयामि संबुद्धान् सर्वदिक्षु व्यवस्थितान् ।
महाकारुणिकांश्चापि बोधिसत्त्वान् कृताञ्जलिः ॥ २७ ॥

今译：我要向安住所有
　　　十方的正觉者^③和
　　　大慈悲的众菩萨，

---

① "三世"（tryadhvan）指过去、现在和未来。
② "刹土"（kṣetra）指国土。
③ "正觉者"（sambuddha）指完全觉悟者，即佛陀。

双手合掌告白：(27)

अनादिमति संसारे जन्मन्यत्रैव वा पुनः।
यन्मया पशुना पापं कृतं कारितमेव वा॥२८॥

今译：在无始的轮回中，
　　　无论前生或今生，
　　　我这愚人犯下或者
　　　唆使他人犯下罪恶。(28)

यच्चानुमोदितं किंचिदात्मघाताय मोहतः।
तदत्ययं देशयामि पश्चात्तापेन तापितः॥२९॥

今译：出于愚痴，赞同别人
　　　犯罪，结果伤害自己，
　　　我坦白这些罪过，
　　　为造成的恶果后悔。(29)

रत्नत्रयेऽपकारो यो मातापितृषु वा मया।
गुरुष्वन्येषु वा क्षेपात् कायवाग्बुद्धिभिः कृतः॥३०॥

今译：我曾经恣意妄为，
　　　身体、语言和心智
　　　犯下过失，亵渎
　　　三宝[①]、父母和师长。(30)

अनेकदोषदुष्टेन मया पापेन नायकाः।
यत्कृतं दारुणं पापं तत्सर्वं देशयाम्यहम्॥३१॥

今译：我这罪人犯有许多
　　　过错，诸位导师啊！

[①] "三宝"（ratnatraya）指佛、法和僧。

我向你们坦白所有
我犯下的残酷罪恶。（31）

कथं च निःसराम्यस्मान्नित्योद्वेगोऽस्मि नायकाः।
मा भून्मे मृत्युरचिरादक्षीणे पापसंचये॥३२॥

今译：我一直焦躁不安，怎样
　　　消除罪业？诸位导师啊！
　　　我的罪业还没有消除，
　　　不要让我很快就死去。①（32）

कथं च निःसराम्यस्मात् परित्रायत सत्वरम्।
मा ममाक्षीणपापस्य मरणं शीघ्रमेष्यति॥३३॥

今译：我怎么样消除罪业？
　　　请你们赶快救助我！
　　　我的罪业尚未消除，
　　　别让我很快就死去。（33）

कृताकृतापरीक्षोऽयं मृत्युर्विश्रम्भघातकः।
स्वस्थास्वस्थैरविश्वास्य आकस्मिकमहाशनिः॥३४॥

今译：这死神是不可信任者，
　　　不考察你做了或没做，
　　　也不管你有病或无病，
　　　如同大雷杵突然降临。（34）

प्रियाप्रियनिमित्तेन पापं कृतमनेकधा।
सर्वमुत्सृज्य गन्तव्यमिति न ज्ञातमीदृशम्॥३५॥

今译：终将抛弃一切而去，

---

① 原编者将这颂作为衍文，放在脚注中。

我不懂得这个道理，
为了所爱和所憎，
我犯下不少罪业。（35）

**अप्रिया न भविष्यन्ति प्रियो मे न भविष्यति।
अहं च न भविष्यामि सर्वं च न भविष्यति॥३६॥**

今译：所憎者会消失，
　　　所爱者会消失，
　　　我自己会消失，
　　　一切都会消失。（36）

**तत्तत्स्मरणतां याति यद्यद्वस्त्वनुभूयते।
स्वप्नानुभूतवत्सर्वं गतं न पुनरीक्ष्यते॥३७॥**

今译：经历过的事情全都
　　　化为记忆，如同梦境，
　　　一切消失了的东西，
　　　再也不会重新见到。（37）

**इहैव तिष्ठतस्तवद्① गता नैके प्रियाप्रियाः।
तन्निमित्तं तु यत्पापं तत्तिष्ठतं घोरमग्रतः॥३८॥**

今译：眼看世上所爱和所憎的
　　　那些人大多已经去世，
　　　而为了他们犯下的罪业，
　　　仍然可怕地出现眼前。（38）

**एवमागन्तुकोऽस्मीति न मया प्रत्यवेक्षितम्।
मोहानुनयविद्वेषैः कृतं पापमनेकधा॥३९॥**

---

① 据 P 本，तवद् 应为 तावद्。

今译：我过去并不理解，
　　　我是这样的过客，
　　　而出于贪、嗔和痴，
　　　犯下了许多罪业。（39）

रात्रिंदिवमविश्राममायुषो वर्धते व्ययः।
आयस्य चागमो नास्ति न मरिष्यामि किं न्वहम्॥४०॥

今译：日夜不停地流逝，
　　　寿命不断地减损，
　　　只有消失无增长，
　　　我怎么会不死去？（40）

इह शय्यागतेनापि बन्धुमध्येऽपि तिष्ठता।
मयैवेकेन सोढव्या मर्मच्छेदादिवेदना॥४१॥

今译：即使我躺在床榻上，
　　　亲友们环绕在身旁，
　　　命终时的种种痛苦，
　　　只能由我一人承受。（41）

यमदूतैर्गृहीतस्य कुतो बन्धुः कुतः सुहृत्।
पुण्यमेकं तदा त्राणं मया तच्च न सेवितम्॥४२॥

今译：阎摩[①]差吏抓走我时，
　　　亲人和朋友在哪里？
　　　惟有功德能救我，
　　　而我恰恰无功德。（42）

अनित्यजीवितासङ्गादिदं भयमजानता।
प्रमत्तेन मया नाथा बहु पापमुपार्जितम्॥४३॥

---

① "阎摩"（yama，或译"阎罗"）是掌管地狱的死神。

今译：我执著无常的生命，
　　　并不知道这种恐惧，
　　　众位护主啊，我行为
　　　放逸，犯下许多罪业。（43）

अङ्गच्छेदार्थमप्यद्य नीयमानो विशुष्यति।
पिपासितो दीनदृष्टिरन्यदेवेक्षते जगत्॥४४॥

今译：甚至一个犯人被押去
　　　截肢，也会全身发干，
　　　唇焦口燥，目光凄惨，
　　　看到了另一个世界。（44）

किं पुनर्भैरवाकारैर्यमदूतैरधिष्ठितः।
महात्रासज्वरग्रस्तः पुरीषोत्सर्गवेष्टितः॥४५॥

今译：何况被面目狰狞的
　　　阎摩差吏们抓走，
　　　陷入灼热的大恐怖，
　　　沾满失禁的粪便。（45）

कातरैर्दृष्टिपातैश्च त्राणान्वेषी चतुर्दिशम्।
को मे महाभयादस्मात्साधुस्त्राणं भविष्यति॥४६॥

今译：惊恐慌乱的目光
　　　向四方寻求保护，
　　　有哪位善人能够
　　　救我摆脱大恐怖？（46）

त्राणशून्या दिशो दृष्ट्वा पुनः संमोहमागतः।
तदाहं किं करिष्यामि तस्मिन् स्थाने महाभये॥४७॥

今译：看到四方无人救护，

我又陷入困惑迷茫，
面临这样的大恐怖，
这时我还能做什么？（47）

अद्यैव शरणं यामि जगन्नाथान् महाबलान्।
जगद्रक्षार्थमुद्युक्तान् सर्वत्रासहरान् जिनान्॥४८॥

今译：如今我皈依众佛陀，
　　　他们是世界的护主，
　　　威力强大，努力保护
　　　世界，消除一切恐怖。（48）

तैश्चाप्यधिगतं धर्मं संसारभयनाशनम्।
शरणं यामि भावेन बोधिसत्त्वगणं तथा॥४९॥

今译：他们证得的佛法
　　　能消除轮回恐怖，
　　　我真心皈依佛法，
　　　也皈依菩萨僧众。（49）

समन्तभद्रायात्मानं ददामि भयविह्वलः।
पुनश्च मञ्जुघोषाय ददाम्यात्मानमात्मना॥५०॥

今译：我心中充满恐惧，
　　　将自己献给普贤，
　　　我也真心诚意，
　　　将自己献给文殊。（50）

तं चावलोकितं नाथं कृपाव्याकुलचारिणम्।
विरौम्यार्तरवं भीतः स मां रक्षतु पापिनम्॥५१॥

今译：我惶恐不安，向行为
　　　充满慈悲的观自在

护主，发出哀求呼声，
愿他保护我这罪人！（51）

आर्यमाकाशगर्भं च क्षितिगर्भं च भावतः।
सर्वान् महाकृपांश्चापि त्राणान्वेषी विरौम्यहम्॥५२॥

今译：我真诚地向高尚的
　　　虚空藏和地藏菩萨，
　　　以及所有的大悲士，
　　　发出哀告，寻求保护。（52）

यं दृष्ट्वैव च संत्रस्ताः पलायन्ते चतुर्दिशम्।
यमदूतादयो दुष्टास्तं नमस्यामि वज्रिणम्॥५३॥

今译：我也向持金刚菩萨
　　　致敬，那些阎摩差吏
　　　凶狠暴戾，而一见到他，
　　　则胆战心惊，逃向四方。（53）

अतीत्य युष्मद्वचनं सांप्रतं भयदर्शनात्।
शरणं यामि वो भीतो भयं नाशयत द्रुतम्॥५४॥

今译：因为我过去违背你们的
　　　教导，如今见到了恐怖，
　　　我心怀恐惧，皈依你们，
　　　愿你们迅速消除恐怖！（54）

इत्वरव्याधिभीतोऽपि वैद्यवाक्यं न लङ्घयेत्।
किमु व्याधिशतैर्ग्रस्तश्चतुर्भिश्चतुरुत्तरैः॥५५॥

今译：即使寻常的病痛，
　　　也不会违背医嘱，
　　　更何况遭受四百

又四种疾病①折磨。(55)

एकेनापि यतः सर्वे जम्बुद्वीपगता नराः।
नश्यन्ति येषां भैषज्यं सर्वदिक्षु न लभ्यते॥५६॥

今译：其中一种疾病也会
　　　毁灭所有瞻部洲②人，
　　　而疗治疾病的药方，
　　　遍求十方也不可得。(56)

तत्र सर्वज्ञवैद्यस्य सर्वशल्यापहारिणः।
वाक्यमुल्लङ्घयामीति धिङ् मामत्यन्तमोहितम्॥५७॥

今译：在这世上全知全能、
　　　拔除一切利箭的医生，
　　　我居然违背他的教导，
　　　唉，我真是愚昧透顶！(57)

अत्यप्रमत्तस्तिष्ठामि प्रपातेष्वितरेष्वपि।
किमु योजनसाहस्रे प्रपाते दीर्घकालिके॥५८॥

今译：遇到其他种种深坑，
　　　我尚且会小心翼翼，
　　　更何况面临这永久
　　　不得脱身的万丈深渊。(58)

अद्यैव मरणं नेति न युक्ता मे सुखासिका।
अवश्यमेति सा वेला न भविष्याम्यहं यदा॥५९॥

今译：即使今天不会死，
　　　我也不应安乐自在，

---

① "四百又四种疾病"喻指人间的各种痛苦。
② "瞻部洲"（Jambudvīpa）是印度古代传说中的四大洲之一，位于须弥山以南。

死期必然会降临，
那时我就不存在。（59）

अभयं केन मे दत्तं निःसरिष्यामि वा कथम्।
अवश्यं न भविष्यामि कस्मान्मे सुस्थितं मनः॥६०॥

今译：谁能赐予我无畏？
　　　我怎样能获得解脱？
　　　既然必定会死去，
　　　我心中怎么会安宁？（60）

पूर्वानुभूतनष्टेभ्यः किं मे सारमवस्थितम्।
येषु मेऽभिनिविष्टेन गुरूणां लङ्घितं वचः॥६१॥

今译：过去的经历已消失，
　　　如今我还留存什么？
　　　而我依然执著它们，
　　　违背导师们的教诲。（61）

जीवलोकमिमं त्यक्त्वा बन्धून् परिचितांस्तथा।
एकाकी कापि यास्यामि किं मे सर्वैः प्रियाप्रियैः॥६२॥

今译：抛弃这个生命世界，
　　　永别所有亲友和熟人，
　　　我独自前往，不知何处，
　　　那一切爱憎又何用？（62）

इयमेव तु मे चिन्ता युक्ता रात्रिंदिवं तदा।
अशुभान्नियतं दुःखं निःसरेयं ततः कथम्॥६३॥

今译：因此，我日日夜夜，
　　　思索考虑这个问题：
　　　恶业必定带来痛苦，

我怎样能获得解脱？（63）

मया बालेन मूढेन यत्किंचित्पापमाचितम्।
प्रकृत्या यच्च सावद्यं प्रज्ञप्त्यावद्यमेव च॥६४॥

今译：我出于愚昧无知，
　　　而犯下种种罪业，
　　　或者是自性罪，
　　　或者是禁戒罪。[①]（64）

तत्सर्वं देशयाम्येष नाथानामग्रतः स्थितः।
कृताञ्जलिर्दुःखभीतः प्रणिपत्य पुनः पुनः॥६५॥

今译：我心中惧怕痛苦，
　　　站在众位护主前，
　　　一次次合掌致敬，
　　　坦白所有这一切。（65）

अत्ययमत्ययत्वेन प्रतिगृह्णन्तु नायकाः।
न भद्रकमिदं नाथा न कर्तव्यं पुनर्मया॥६६॥

今译：但愿众位导师了解
　　　我犯下的这些恶业，
　　　众位护主啊，我以后
　　　不会再犯这种恶业。（66）

---

① "自性罪"（prakṛtyā sāvadyam，即 prakṛtisāvadya）指杀生、偷盗、邪淫和妄语等明显的罪恶。"禁戒罪"（prajñaptyāvadyam，即 prajñaptisāvadya）指违背佛所制定的各种戒律。

३ बोधिचित्तपरिग्रहो नाम तृतीयः परिच्छेदः।

今译：第三 受持菩提心品

अपायदुःखविश्रामं सर्वसत्त्वैः कृतं शुभम्।
अनुमोदे प्रमोदेन सुखं तिष्ठन्तु दुःखिताः॥१॥

今译：一切众生行善积德，
　　　从而止息恶道①痛苦，
　　　我会随同喜悦，但愿
　　　受苦者们获得幸福。（1）

संसारदुःखनिर्मोक्षमनुमोदे शरीरिणाम्।
बोधिसत्त्वबुद्धत्वमनुमोदे च तायिनाम्॥२॥

今译：众生摆脱轮回痛苦，
　　　我会随同他们高兴，
　　　我也为救度者们的
　　　菩萨性和佛性高兴。（2）

चित्तोत्पादसमुद्रांश्च सर्वसत्त्वसुखावहान्।
सर्वसत्त्वहिताधानाननुमोदे च शासिनाम्॥३॥

今译：发出心愿深广似海，
　　　带给一切众生幸福，
　　　为一切众生谋利益，

---

① 轮回转生的状态分成"恶道"（apāya）和"善道"（sugati）。"恶道"指地狱、饿鬼、畜生和阿修罗。"善道"指天神和人。

我为这些导师高兴。(3)

सर्वासु दिक्षु संबुद्धान् प्रार्थयामि कृताञ्जलिः।
धर्मप्रदीपं कुर्वन्तु मोह①दुःखप्रपातिनाम्॥४॥

今译：我向所有十方诸佛
合掌致敬，发出求告，
但愿他们成为陷入
愚痴痛苦者的法灯！(4)

निर्वातुकामांश्च जिनान् याचयामि कृताञ्जलिः।
कल्पानानन्तांस्तिष्ठन्तु मा भूदन्धमिदं जगत्॥५॥

今译：我向想要涅槃的诸佛
合掌致敬，发出求告，
但愿他们安住无数劫，
别让这世界陷入黑暗！(5)

एवं सर्वमिदं कृत्वा यन्मयासादितं शुभम्।
तेन स्यां सर्वसत्त्वानां सर्वदुःखप्रशान्तिकृत्॥६॥

今译：完成了所有这一切，
由此获得的功德，
我愿用于一切众生，
平息所有的痛苦。(6)

ग्लानानामस्मि भैषज्यं भवेयं वैद्य एव च।
तदुपस्थायकश्चैव यावद्रोगापुनर्भवः॥७॥

今译：我愿成为患病的
人们的药草和医生，
成为他们的看护，

---

① 据 P 本，मोहा 应为 मोहाद्।

क्षुत्पिपासाव्यथां हन्यामन्नपानप्रवर्षणैः।
दुर्भिक्षान्तरकल्पेषु भवेयं पानभोजनम्॥८॥

今译：我愿降下饮食雨，
　　　消除饥渴的痛苦，
　　　遇到饥荒时，我愿
　　　成为饮料和食物。（8）

दरिद्राणां च सत्त्वानां निधिः स्यामहमक्षयः।
नानोपकरणाकारैरुपतिष्ठेयमग्रतः॥९॥

今译：我愿成为贫困的
　　　众生的无尽宝藏，
　　　我愿让各种用品
　　　呈现在他们面前。（9）

आत्मभावांस्तथा भोगान् सर्वत्र्यध्वगतं शुभम्।
निरपेक्षस्त्यजाम्येष सर्वसत्त्वार्थसिद्धये॥१०॥

今译：为了一切众生的
　　　利益，我毫不顾惜，
　　　舍弃自身和资财，
　　　三世的一切善业。（10）

सर्वत्यागश्च निर्वाणं निर्वाणार्थि च मे मनः।
त्यक्तव्यं चेन्मया सर्वं वरं सत्त्वेषु दीयताम्॥११॥

今译：舍弃一切而涅槃，
　　　我的心向往涅槃，
　　　若我必定舍弃一切，
　　　那就施舍给众生吧！（11）

यश्चासुखीकृतश्चात्मा मयायं सर्वदेहिनाम्।
घ्नन्तु निन्दन्तु वा नित्यमाकिरन्तु च पांसुभिः॥१२॥

今译：我已经将这个身体
用于为一切众生造福，
那就永远任由他们
打骂或者抛撒尘土吧！（12）

क्रीडन्तु मम कायेन हसन्तु विलसन्तु च।
दत्तस्तेभ्यो मया कायश्चिन्तया किं ममानया॥१३॥

今译：任由他们玩耍、嘲笑
或戏弄我的身体吧！
我已将身体献给他们，
何必还要有所顾虑？（13）

कारयन्तु च कर्माणि यानि तेषां सुखावहम्।
अनर्थः कस्यचिन्मा भून्मामालम्ब्य कदाचन॥१४॥

今译：但愿他们做的事，
给他们带来快乐，
任何时候都不要
有人因我受损害。（14）

येषां क्रुद्धाप्रसन्ना वा मामालम्ब्य मतिर्भवेत्।
तेषां स एव हेतुः स्यान्नित्यं सर्वार्थसिद्धये॥१५॥

今译：如果他们心中的愤怒
或者不愉快缘我而起，
但愿永远能成为他们
实现一切愿望的导因。（15）

अभ्याख्यास्यन्ति मां ये च ये चान्येऽप्यपकारिणः।
उत्त्रासकास्तथान्येऽपि सर्वे स्युर्बोधिभागिनः॥१६॥

今译：那些责骂我的人，
　　　还有伤害或嘲讽
　　　我的人，但愿他们
　　　全都能分享菩提。（16）

अनाथानामहं नाथः सार्थवाहश्च यायिनाम्।
पारेप्सूनां च नौभूतः सेतुः संक्रम एव च॥ १७॥

今译：我愿成为孤苦者的
　　　护主，旅行者的向导，
　　　盼望达到彼岸者的
　　　船舶、桥梁和通道。（17）

दीपार्थिनामहं दीपः शय्या शय्यार्थिनामहम्।
दासार्थिनामहं दासो भवेयं सर्वदेहिनाम्॥ १८॥

今译：我愿成为一切众生中，
　　　需要明灯者的明灯，
　　　需要床榻者的床榻，
　　　需要奴仆者的奴仆。（18）

चिन्तामणिर्भद्रघटः सिद्धविद्या महौषधिः।
भवेयं कल्पवृक्षश्च कामधेनुश्च देहिनाम्॥ १९॥

今译：我愿成为众生的
　　　如意珠和妙贤瓶，
　　　神通术和大药草，
　　　如意树和如意牛。（19）

पृथिव्यादीनि भूतानि निःशेषाकाशवासिनाम्।
सत्त्वानामप्रमेयाणां यथा①भोगान्यनेकधा॥ २०॥

---

① 据 P 本，此处应断开。

今译：犹如地等等元素[①]，
　　　成为居住在无尽
　　　空间中无量众生的
　　　各种财物和资粮。（20）

एवमाकाशनिष्ठस्य सत्त्वधातोरनेकधा।
भवेयमुपजीव्योऽहं यावत्सर्वे न निर्वृताः॥२१॥

今译：同样，空间中的众生界，
　　　在尚未全部获得解脱前，
　　　我愿意成为他们各种
　　　财物和资粮的供给者。（21）

यथा गृहीतं सुगतैर्बोधिचित्तं पुरातनैः।
ते बोधिसत्त्वशिक्षायामानुपूर्व्या यथा स्थिताः॥२२॥

今译：正如过去诸如来，
　　　牢牢把握菩提心；
　　　正如他们能坚持，
　　　依次修习菩萨学。（22）

तद्वदुत्पादयाम्येष बोधिचित्तं जगद्धिते।
तद्वदेव च ताः शिक्षाः शिक्षिष्यामि यथाक्रमम्॥२३॥

今译：为了世界的利益，
　　　我也发起菩提心，
　　　同样，我也要依次
　　　修习种种菩萨学。（23）

एवं गृहीत्वा मतिमान् बोधिचित्तं प्रसादतः।
पुनः पृष्ट्यस्य पुष्ट्यर्थं चित्तमेवं प्रहर्षयेत्॥२४॥

[①] "地等等元素"指地、水、火和风四大元素。

今译：智者依靠清净心，
　　　获得这种菩提心，
　　　而为了增益求教者，
　　　他还要发扬菩提心。（24）

अद्य मे सफलं जन्म सुलब्धो मानुषो भवः।
अद्य बुद्धकुले जातो बुद्धपुत्रोऽस्मि सांप्रतम्॥२५॥

今译：如今我的一生有成果，
　　　有幸获得这样的人身；
　　　如今我生在佛陀家族，
　　　现在已成为佛子菩萨。（25）

तथाधुना मया कार्यं स्वकुलोचितकारिणाम्।
निर्मलस्य कुलस्यास्य कलङ्को न भवेद्यथा॥२६॥

今译：这样，我现在做事，
　　　应该符合自己的
　　　家族名分，而不能
　　　玷污无垢的家族。（26）

अन्धः संकारकूटेभ्यो यथा रत्नमवाप्नुयात्।
तथा कथंचिदप्येतद् बोधिचित्तं ममोदितम्॥२७॥

今译：犹如从垃圾堆中，
　　　瞎子捡到了宝石，
　　　同样，我何等幸运，
　　　生起这种菩提心。（27）

जगन्मृत्युविनाशाय जातमेतद्रसायनम्।
जगद्दारिद्र्यशमनं निधानमिदमक्षयम्॥२८॥

今译：产生这种甘露药，

为消除众生死亡;
它是无尽的宝藏,
消除众生的贫穷。(28)

जगद्व्याधिप्रशमनं भैषज्यमिदमुत्तमम्।
भवाध्वभ्रमणश्रान्तजगद्विश्रामपादपः॥२९॥

今译:它是珍贵的药草,
消除众生的病痛;
供疲于奔命三世的
众生休息的树荫。(29)

दुर्गत्युत्तरणे सेतुः सामान्यः सर्वयायिनाम्।
जगत्क्लेशोपशमन उदितश्चित्तचन्द्रमाः॥३०॥

今译:供一切行人越过
恶道的共同桥梁;
升起的一轮心月,
消除众生的烦恼。(30)

जगदज्ञानतिमिरप्रोत्सारणमहारविः।
सद्धर्मक्षीरमथनान्नवनीतं समुत्थितम्॥३१॥

今译:光辉灿烂的太阳,
驱除众生无知黑暗;
从正法的牛奶中,
搅出的新鲜酥油。(31)

सुखभोगबुभुक्षितस्य वा जनसार्थस्य भवाध्वचारिणः।
सुखसत्त्वमिदं ह्युपस्थितं सकलाभ्यागतसत्त्वतर्पणम्॥३२॥

今译:在生死道上奔波的
人们渴望享受幸福,

这是身边的庇护所，
满足所有众生过客。（32）

जगद्य निमन्त्रितं मया सुगतत्वेन सुखेन चान्तरा।
पुरतः खलु सर्वतायिनामभिनन्दन्तु सुरासुरादयः॥३३॥

今译：今天，我邀请众生，
　　　在一切救度者面前，
　　　享受如来性和幸福，
　　　愿神、魔和人都喜欢。（33）

४ बोधिचित्ताप्रमादो नाम चतुर्थः परिच्छेदः ।

今译：第四　菩提心不放逸品

एवं गृहीत्वा सुदृढं बोधिचित्तं जिनात्मजः ।
शिक्षानतिक्रमे यत्नं कुर्यान्नित्यमतन्द्रितः ॥१॥

今译：这样，佛子应该
　　　牢牢把握菩提心，
　　　永远勤奋努力，
　　　决不违背菩萨学。（1）

सहसा यत्समारब्धं सम्यग् यदविचारितम् ।
तत्र कुर्यान्न वेत्येवं प्रतिज्ञायापि युज्यते ॥२॥

今译：鲁莽地采取行动，
　　　不经过认真思考，
　　　即使已经立下誓言，
　　　也要考虑该不该做。（2）

विचारितं तु यद्बुद्धैर्महाप्राज्ञैश्च तत्सुतैः ।
मयापि च यथाशक्ति तत्र किं परिलम्ब्यते ॥३॥

今译：而这已经过大智慧的
　　　诸佛和佛子认真思考，
　　　我也同样尽我所能，
　　　那么，为何还要犹豫？（3）

यदि चैवं प्रतिज्ञाय साधयेयं न कर्मणा।
एतां सर्वां① विसंवाद्य का गतिर्मे भविष्यति॥४॥

今译：如果我已立下誓言，
　　　而不用行动去实现，
　　　那么，欺骗了所有人，
　　　我会堕入哪种恶道？（4）

मनसा चिन्तयित्वापि यो न दद्यात्पुनर्नरः।
स प्रेतो भवतीत्युक्तमल्पमात्रेऽपि वस्तुनि॥५॥

今译：即使些微的财物，
　　　有人心中想施舍，
　　　却又不施舍，据说
　　　他会堕入饿鬼道。（5）

किमुतानुत्तरं सौख्यमुच्चैरुद्घुष्य भावतः।
जगत्सर्वं विसंवाद्य का गतिर्मे भविष्यति॥६॥

今译：何况我已真诚地高声
　　　许诺赐予无上的幸福，
　　　却又失信欺骗众生，
　　　我会堕入哪种恶道？（6）

वेत्ति सर्वज्ञ एवैतामचिन्त्यां कर्मणो गतिम्।
यद्बोधिचित्तत्यागेऽपि मोचयत्येवं तां② नरान्॥७॥

今译：有些人舍弃菩提心，
　　　也让他们获得解脱，
　　　这不可思议的业道，
　　　惟有全知的佛知晓。（7）

---

① एतां सर्वां 应为 एतान् सर्वान्。
② तां 应为 तान्。

बोधिसत्त्वस्य तेनैवं सर्वापत्तिर्गरीयसी।
यस्मादापद्यमानोऽसौ सर्वसत्त्वार्थहानिकृत्॥८॥

今译：而菩萨若是这样，
　　　则是严重的过失，
　　　因为犯下这种过失，
　　　损害众生的利益。（8）

योऽप्यन्यः क्षणमप्यस्य पुण्यविघ्नं करिष्यति।
तस्य दुर्गतिपर्यन्तो नास्ति सत्त्वार्थघातिनः॥९॥

今译：而其他人即使只是
　　　刹那阻碍菩萨的善行，
　　　他也损害众生的利益，
　　　堕入无边无际的恶道。（9）

एकस्यापि हि सत्त्वस्य हितं हत्वा हतो भवेत्।
अशेषाकाशपर्यन्तवासिनां किमु देहिनाम्॥१०॥

今译：即使伤害一个众生，
　　　他自己也会受伤害，
　　　何况伤害住于无尽
　　　空间中的一切众生。（10）

एवमापत्तिबलतो बोधिचित्तबलेन च।
दोलायमानः संसारे भूमिप्राप्तौ चिरायते॥११॥

今译：这样，由于罪业力，
　　　也由于菩提心力，
　　　他在轮回和入地[①]
　　　之间摇摆延宕。（11）

---

① "入地"（bhūmiprāpti）指进入菩萨地。"地"（bhūmi）具体是指菩萨修行的阶位。

तस्माद्यथाप्रतिज्ञातं साधनीयं मयादरात्।
नाद्य चेत्क्रियते यत्नस्तलेनास्मि तलं गतः॥१२॥

今译：因此，我要忠诚地
　　　实现自己的誓言，
　　　如果我今天不努力，
　　　就会日益向下沉沦。（12）

अप्रमेया गता बुद्धाः सर्वसत्त्वगवेषकाः।
नैषामहं स्वदोषेण चिकित्सागोचरं गतः॥१३॥

今译：过去已有无数的佛，
　　　寻访救治一切众生，
　　　出于我自己的过失，
　　　没有获得他们救治。（13）

अद्यापि चेत्तथैव स्यां यथैवाहं पुनः पुनः।
दुर्गतिव्याधिमरणच्छेदभेदाद्यवाप्नुयाम्॥१४॥

今译：如果我今天还是那样，
　　　一次又一次失去机会，
　　　我仍会堕入恶道，遭受
　　　病痛、死亡和宰割之苦。（14）

कदा तथागतोत्पादं श्रद्धां मानुष्यमेव च।
कुस①लाभ्यासयोग्यत्वमेवं लप्स्येऽतिदुर्लभम्॥१५॥

今译：我什么时候能获得
　　　这难以获得的一切：
　　　如来出世，获得人身，
　　　信仰，适合修习善法？（15）

---

① स 应为 श。

आरोग्यं दिवसं चेदं सभक्तं निरुपद्रवम्।
आयुःक्षणं विसंवादि कायोपाचितकोपमः॥१६॥

今译：即使今天无病痛，
　　　有吃有喝无灾祸，
　　　身体如同堆积物，
　　　寿命刹那不可信。（16）

न हीदृशैरार्यचरितैर्मानुष्यं लभ्यते पुनः।
अलभ्यमाने मानुष्ये पापमेव कुतः शुभम्॥१७॥

今译：由于我的这类行为，
　　　不能再次获得人身；
　　　一旦人身不可获得，
　　　只有罪恶，哪来善行？（17）

यदा कुशलयोग्योऽपि कुशलं न करोम्यहम्।
अपायदुःखैः संमूढः किं करिष्याम्यहं तदा॥१८॥

今译：甚至适合行善时，
　　　我也没有做善事，
　　　一旦堕入恶道受苦，
　　　我还能够做什么？（18）

अकुर्वतश्च कुशलं पापं चाप्युपचिन्वतः।
हतः सुगतिशब्दोऽपि कल्पकोटिशतैरपि॥१९॥

今译：从来不做善事，
　　　长期积聚恶业，
　　　甚至在百亿劫中，
　　　不曾听说有善道。（19）

अत एवाह भगवान्मानुष्यमतिदुर्लभम्।
महार्णवयुगच्छिद्रकूर्मग्रीवार्पणोपमम्॥२०॥

今译：因此，世尊这样说道：
　　　人身极其难得，犹如
　　　大海中，乌龟的脖子
　　　伸进漂浮的车轭空隙。（20）

एकक्षणकृतात् पापादवीचौ कल्पमास्यते।
अनादिकालोपचित्तात्[①] **पापात् का सुगतौ कथा॥२१॥**

今译：即使犯下一刹那罪恶，
　　　也在无间地狱[②]呆一劫，
　　　那么，无始以来积下的
　　　罪恶，还能谈什么善道？（21）

न च तन्मात्रमेवासौ वेदयित्वा विमुच्यते।
तस्मात्[③] **तद्धेदयन्नेव पापमन्यत् प्रसूयते॥२२॥**

今译：并非仅仅经受了这些，
　　　他就肯定获得解脱，
　　　因为他在经受这些时，
　　　又犯下其他的罪恶。（22）

नातः परा वञ्चनास्ति न च मोहोऽस्त्यतः परः।
यदीदृशं क्षणं प्राप्य नाभ्यस्तं कुशलं मया॥२३॥

今译：有幸获得这样的人身，
　　　我却依然不修习善业，
　　　没有比这更大的欺诳，
　　　没有比这更大的愚痴。（23）

[①] त्तात् 应为 तात्。
[②] "无间地狱"（avīci，或译"阿鼻地狱"）是八大地狱之一。
[③] तस्मात् 应为 यस्मात्।

यदि चैव विमृश्यामि पुनः सीदामि मोहितः।
शोचिष्यामि चिरं भूया① यमदूतैः प्रचोदितः॥२४॥

今译：如果我还是这样犹疑，
　　　依然执迷不悟而消沉，
　　　阎摩差吏们前来催命，
　　　我会更长久陷入哀伤。（24）

चिरं धक्ष्यति मे कायं नारकाग्निः सुदुःसहः।
पश्चात्तापानलश्चित्तं चिरं धक्ष्यत्यशिक्षितम्॥२५॥

今译：地狱之火难以忍受，
　　　长久烧灼我的身体，
　　　悔恨之火长久烧灼
　　　我的缺乏学养的心。（25）

कथंचिदपि संप्राप्तो हितभूमिं सुदुर्लभाम्।
जानन्नपि च नीयेऽहं तानेव नरकान् पुनः॥२६॥

今译：尽管我好不容易到达
　　　难以到达的利益之地②，
　　　而且明白事理，却依然
　　　再次被引向那些地狱。（26）

अत्र मे चेतना नास्ति मन्त्रैरिव विमोहितः।
न जाने केन मुह्यामि कोऽत्रान्तर्मम तिष्ठति॥२७॥

今译：我对此毫不知觉，
　　　仿佛已被咒语迷住，
　　　不知道是谁蒙蔽我，

---

① **या** 应为 **यो**。
② "利益之地"（hitabhūmi）指生而为人，有认知能力，能做有益之事。

是谁占据了我的心？（27）

हस्तपादादिरहितास्तृष्णाद्वेषादिशत्रवः।
न शूरा न च ते प्राज्ञाः कथं दासीकृतोऽस्मि तैः॥२८॥

今译：贪和嗔等等这些敌人，
　　　既没有手，也没有脚，
　　　既非勇士，也非智者，
　　　怎会将我变成奴仆？（28）

मच्चित्तावस्थिता एव घ्नन्ति मामेव सुस्थिताः।
तत्राप्यहं न कुप्यामि धिगस्थानसहिष्णुताम्॥२९॥

今译：它们占据我的心，
　　　随心所欲伤害我，
　　　我居然还不发怒，
　　　呸，这种含垢忍辱！（29）

सर्वे देवा मनुष्याश्च यदि स्युर्मम शत्रवः।
तेऽपि नावीचिकं वह्निं समुदानयितुं क्षमाः॥३०॥

今译：任何天神和凡人，
　　　即使成为我的敌人，
　　　也不能将我投入
　　　无间地狱之火中。（30）

मेरोरपि यदासङ्गान्न भस्माप्युपलभ्यते।
क्षणात् क्षिपन्ति मां तत्र बलिनः क्लेशशत्रवः॥३१॥

今译：而烦恼敌人强大有力，
　　　刹那间将我投入那里，
　　　甚至须弥山接触这火，
　　　也会烧得灰烬也不剩。（31）

न हि सर्वान्यशत्रूणां दीर्घमायुरपीदृशम्।
अनाद्यन्तं महादीर्घं यन्मम क्लेशवैरिणाम्॥३२॥

今译：我的这些烦恼敌人，
　　　寿命之长无始无终，
　　　我的任何其他敌人，
　　　寿命不可能这么长。（32）

सर्वे हिताय कल्पन्ते आनुकूल्येन सेविताः।
सेव्यमानास्त्वमी क्लेशाः सुतरां दुःखकारकाः॥३३॥

今译：顺应侍奉通常的敌人，
　　　他们还会照顾你利益，
　　　而这些烦恼受到侍奉，
　　　却变本加厉制造痛苦。（33）

इति सततदीर्घवैरिषु व्यसनौघप्रसवैकहेतुषु।
हृदये निवसत्सु निर्भयं मम संसाररतिः कथं भवेत्॥३४॥

今译：这些烦恼敌人永久盘踞
　　　在我的心中，是大量痛苦
　　　滋生的唯一原因，我怎么
　　　可能热衷轮回，无所畏惧？（34）

भवचारकपालका इमे नरकादिष्वपि वध्यघातकाः।
मतिवेश्मनि लोभपञ्जरे यदि तिष्ठन्ति कुतः सुखं मम॥३५॥

今译：这些生死牢狱的看守，
　　　种种地狱中的刽子手，
　　　如果他们呆在我心中的
　　　欲笼，我怎么会有快乐？（35）

तस्मान्न तावदहमत्र धुरं क्षिपामि
　　यावन्न शत्रव इमे निहताः समक्षम्।
स्वल्पेऽपि तावदपकारिणि बद्धरोषा
　　मानोन्नतास्तमनिहत्य न यान्ति निद्राम्॥ ३६॥

今译：因此，只要眼前的这些敌人
　　　未被征服，我不能放弃责任，
　　　高傲者即使受到些微伤害，
　　　也会发怒，不回击不能入睡。（36）

प्रकृतिमरणदुःखितान्धकारान् रणशिरसि प्रसभं निहन्तुमुग्राः।
अगणितशरशक्तिघातदुःखा न विमुखतामुपयान्त्यसाधयित्वा॥ ३७॥

今译：勇士们在阵地前沿奋勇作战，
　　　杀死注定死亡受苦的愚昧者，
　　　忍受无数利箭和刀枪打击的
　　　痛苦，不达目的，绝不退缩。（37）

किमुत सततसर्वदुःखहेतून् प्रकृतिरिपूनुपहन्तुमुद्यतस्य।
भवति मम विषाददैन्यमद्य व्यसनशतैरपि केन हेतुना वै॥ ३८॥

今译：何况我现在正努力消灭这些
　　　天生的敌人，长期痛苦的原因，
　　　纵然遭受数以百计痛苦折磨，
　　　我能有什么理由沮丧和消沉？（38）

अकारणेनैव रिपुक्षतानि गात्रेष्वलंकारवदुद्वहन्ति।
महार्थसिद्ध्यै तु समुद्यतस्य दुःखानि कस्मान्मम बाधकानि॥ ३९॥

今译：无端被敌人刺伤，人们还将
　　　留在身上的伤疤视为装饰，
　　　而我为了实现伟大的目的，
　　　这些痛苦怎会成为我的障碍？（39）

स्वजीविकामात्रनिबद्धचित्ताः कैवर्तचण्डालकृषीवलाद्याः।
शीतातपादिव्यसनं सहन्ते जगद्धितार्थं न कथं सहेऽहम्॥४०॥

今译：渔夫、猎人、屠夫和农夫等等，
　　　只不过想要维持自己的生活，
　　　也能忍受寒冷和酷热种种艰辛，
　　　我为众生谋利益，为何不能忍受？（40）

दशदिग्व्योमपर्यन्तजगत्क्लेशविमोक्षणे।
प्रतिज्ञाय मदात्मापि न क्लेशेभ्यो विमोचितः॥४१॥

今译：直至天空边际的十方
　　　众生，我已发誓要为
　　　他们解除烦恼，而我
　　　自己还没有摆脱烦恼。（41）

आत्मप्रमाणमज्ञात्वा ब्रुवन्नुन्मत्तकस्तदा।
अनिवर्ती भविष्यामि तस्मात्क्लेशवधे सदा॥४२॥

今译：不知道自己的分量，
　　　已像狂人那样夸口，
　　　因此，我要消灭烦恼，
　　　坚持到底，永不退缩。（42）

अत्र ग्रही भविष्यामि बद्धवैरश्च विग्रही।
अन्यत्र तद्विधात्क्लेशात् क्लेशघातानुबन्धिनः॥४३॥

今译：对此，我会保持执著，
　　　怀着仇恨进行战斗，
　　　因为依靠这种烦恼，
　　　能够打击那种烦恼。（43）

गलन्त्वन्त्राणि मे कामं शिरः पततु नाम मे।
न त्वेवावनतिं यामि सर्वथा क्लेशवैरिणाम्॥४४॥

今译：我的内脏可以破裂，
　　　我的头颅可以落地，
　　　但我绝不会向这些
　　　烦恼敌人低头屈服！（44）

निर्वासितस्यापि तु नाम शत्रोर्देशान्तरे स्थानपरिग्रहः स्यात्।
यतः पुनः संभृतशक्तिरेति न क्लेशशत्रोर्गतिरीदृशी तु॥४५॥

今译：通常敌人被驱逐出境，
　　　还会在别处占据地盘，
　　　然后积聚力量卷土重来，
　　　但烦恼敌人并不能这样。（45）

कासौ यायान्मन्मनःस्थो निरस्तः
　　स्थित्वा यस्मिन् मद्वधार्थं यतेत।
नोद्योगो मे केवलं मन्दबुद्धेः
　　क्लेशाः प्रज्ञादृष्टिसाध्या वराकाः॥४६॥

今译：我心中的烦恼一旦被驱逐，
　　　还能去哪儿，在那里伤害我？
　　　凭慧眼能制伏卑劣的烦恼，
　　　只是我智慧浅薄，缺乏勇力。（46）

न क्लेशा विषयेषु नेन्द्रियगणे नाप्यन्तराले स्थिता
　　नातोऽन्यत्र कुह स्थिताः पुनरमी मघ्नन्ति कृत्स्नं जगत्।
मायैवेयमतो विमुञ्च हृदयं त्रासं भजस्वोद्यमं
　　प्रज्ञार्थं किमकाण्ड एव नरकेष्वात्मानमाबाधसे॥४७॥

今译：这些烦恼不在外境，不在

诸根,①也不在这两者之间,
也不在别处,那么,它们
在何处扰乱一切众生呢?
其实只是幻觉,因此,你要
摆脱心中恐惧,精进努力,
你要追求智慧,何必无端
在种种地狱中折磨自己?(47)

एवं विनिश्चित्य करोमि यत्नं
    यथोक्तशिक्षाप्रतिपत्तिहेतोः।
वैद्योपदेशाच्चलतः कुतोऽस्ति
    भैषज्यसाध्यस्य निरामयत्वम्॥४८॥

今译:这样思考决定,我要努力
    修习掌握上述的菩萨学,
    一个需要药物治疗的病人,
    不遵从医嘱,怎么能康复?(48)

---

① "外境"(viṣaya)指感觉对象。"诸根"(indriya)指感觉器官。

५ संप्रजन्यरक्षणं नाम पञ्चमः परिच्छेदः।

今译：第五 守护正知品

天译：護戒品第三[①]

**शिक्षां रक्षितुकामेन चित्तं रक्ष्यं प्रयत्नतः।
न शिक्षा रक्षितुं शक्या चलं चित्तमरक्षता॥१॥**

今译：想要守护菩萨学，
　　　就要努力守护心，
　　　守不住浮躁的心，
　　　就守不住菩萨学。（1）

天译：持戒為護心，護之使堅牢，
　　　此心不能護，云何能護戒？

**अदान्ता मत्तमातङ्गा न कुर्वन्तीह तां व्यथाम्।
करोति यामवीच्यादौ मुक्तश्चित्तमतङ्गजः॥२॥**

今译：世上不驯服的疯象，
　　　也不会像放纵的心象，
　　　造成诸如堕入无间
　　　地狱等等那样的痛苦。（2）

天译：喻醉象不降，不患於疼痛，
　　　放心如醉象，當招阿鼻等。

[①] 天息灾译本缺失现存梵文原本中的第三品和第四品，故而本品题为第三品。

बद्धश्चेचित्तमातङ्गः स्मृतिरज्ज्वा समन्ततः।
भयमस्तंगतं सर्वं कृत्स्नं कल्याणमागतम्॥३॥

今译：如果用忆念①绳索，
　　　牢牢地系住心象，
　　　所有恐惧会消除，
　　　一切福祉会降临。（3）

天译：念索常執持，繫縛於心象，
　　　得離放逸怖，獲一切安樂。

व्याघ्राः सिंहा गजा ऋक्षाः सर्पाः सर्वे च शत्रवः।
सर्वे नरकपालाश्च डाकिन्यो राक्षसास्तथा॥४॥

今译：狮虎、大象、熊罴、
　　　蟒蛇和一切怨敌，
　　　还有地狱的看守、
　　　荼吉尼女②和罗刹，（4）

天译：若能繫一心，一切皆能繫，
　　　若自降一心，一切自降伏。③

सर्वे बद्धा भवन्त्येते चित्तस्यैकस्य बन्धनात्।
चित्तस्यैकस्य दमनात् सर्वे दान्ता भवन्ति च॥५॥

今译：只要系住这颗心，
　　　他们也都被系住，
　　　只要调伏这颗心，
　　　他们也都被调伏。（5）

---

① "忆念"（smṛti）指忆念正法，消除邪念。
② "荼吉尼女"（ḍākinī）是一种女鬼。
③ 这颂与梵本第 5 颂对应。

天译：師子熊虎狼，夜叉羅剎等，
　　　一切地獄卒，皆悉是其冤。①

यस्माद्भयानि सर्वाणि दुःखान्यप्रमितानि च।
चित्तादेव भवन्तीति कथितं तत्त्ववादिना॥६॥

今译：因为宣示真谛的
　　　佛陀曾经这样说：
　　　一切恐惧和无量
　　　痛苦全都出自心。（6）

天译：若怖一切冤，無邊苦惱集，
　　　皆因心所得，佛世尊正說。

शस्त्राणि केन नरके घटितानि प्रयत्नतः।
तप्तायःकुट्टिमं केन कुतो जाताश्च ता② स्त्रियः॥७॥

今译：地狱中的那些兵器，
　　　还有灼热的铁地板，
　　　是谁竭尽努力造出？
　　　妇女们又来自哪里？（7）

天译：地獄眾苦器，及熱鐵丸等，
　　　誰作復何生，貪嗔癡③所有？

पापचित्तसमुद्भूतं तत्तत्सर्वं जगौ मुनिः।
तस्मान्न कश्चित् त्रैलोक्ये चित्तादन्यो भयानकः॥८॥

今译：牟尼宣称这一切，

---

① 这颂与梵本第4颂对应。
② 据P本和P注，ता应为ताः。
③ 此处"贪嗔痴"的原词是striyaḥ（"妇女们"）。此词可能与trayaḥ（"三"）混淆，而将"三"理解为"三毒"，即"贪嗔痴"。

　　　　　全都出自罪恶心，
　　　　　因此三界除了心，
　　　　　没有其他恐怖者。（8）

天译：由彼諸罪心，佛生諸世間①，
　　　　三界心滅故，是故無怖畏。

अदरिद्रं जगत्कृत्वा दानपारमिता यदि।
जगद्दरिद्रमद्यापि सा कथं पूर्वतायिनाम्॥९॥

今译：如果说解除众生贫困，
　　　　才是完成布施波罗蜜②，
　　　　那么，至今众生仍贫困，
　　　　过去诸佛怎能说完成？（9）

天译：若昔行檀施③，今世而不貧，
　　　　今貧勿煩惱，過去云何悔？

फलेन सह सर्वस्वत्यागचित्ताजनेऽखिले।
दानपारमिता प्रोक्ता तस्मात्सा चित्तमेव तु॥१०॥

今译：心中舍弃一切财物和
　　　　功果，施与一切众生，
　　　　这被称为布施波罗蜜，
　　　　因此，说的是这种心。（10）

天译：若人心少分，行檀波羅蜜，
　　　　是故說果報，同一切布施。

---

① 本颂中并无"世间"一词。这里可能将 jagau（"说"）一词误读为 jaga 或 jagat（"世间"）。与此相同的误读也见于第 7 品第 40 颂和第 9 品第 1 颂等。

② "波罗蜜"（pāramitā）指到达彼岸，即获得解脱的方法，一般分为布施、持戒、忍辱、精进、禅定和般若（智慧）六种波罗蜜。

③ "檀施"的原词是 dāna，意译"布施"，音译"檀那"。"檀施"是音译和意译的结合。

मत्स्यादयः क्व नीयन्तां मारयेयं यतो न तान्।
लब्धे विरतिचित्ते तु शीलपारमिता मता॥११॥

今译：将鱼儿等等引往哪里，
　　　才能让它们免遭捕杀？
　　　而心中只要克服贪欲，
　　　就被称为持戒波罗蜜。（11）

天译：若人心持戒，嫌誰而牽殺？

कियतो मारयिष्यामि दुर्जनान् गगनोपमान्।
मारिते क्रोधचित्ते तु मारिताः सर्वशत्रवः॥१२॥

今译：恶人遍布，如同天空，
　　　我又能降伏其中多少？
　　　而只要降伏心中愤怒，
　　　也就降伏了一切敌人。（12）

天译：嗔心之冤家，殺盡等虛空。

भूमिं छादयितुं सर्वां कुतश्चर्म भविष्यति।
उपानच्चर्ममात्रेण छन्ना भवति मेदिनी॥१३॥

今译：怎么可能用皮革，
　　　覆盖这整个大地？
　　　而只要穿上革履，
　　　也就覆盖这大地。（13）

天译：大地量無邊，何皮而能蓋？
　　　履用皮少分，隨行處處覆。

बाह्या भावा मया तद्वच्छक्या वारयितुं न हि।
स्वचित्तं वारयिष्यामि किं ममान्यैर्निवारितैः॥१४॥

今译：同样，我不能挡住

外界的种种事物,
而我挡住自己的心,
何必还用挡住其他?(14)

天译:外我性①亦然,所有誰能勸?
但勸於自心,外我而自伏。

सहापि वाक्शरीराभ्यां मन्दवृत्तेन तत्फलम्।
यत्पटोरेककस्यापि चित्तस्य ब्रह्मतादिकम्॥१५॥

今译:明智的心独自就能
获得梵性②等等成果,
而迟钝的心即使有
言和身协助也不行。(15)

天译:身貧而無福,彼果同所行,
若心施一衣,感果而增福。③

जपास्तपांसि सर्वाणि दीर्घकालकृतान्यपि।
अन्यचित्तेन मन्देन वृथैवेत्याह सर्ववित्॥१६॥

今译:全知的佛陀这样说:
迟钝的心不能专注,
即使长期念诵咒语,
修苦行,也徒劳无益。(16)

---

① "性"的原词是 bhāva,可译为"性"、"有"和"事物"等。
② "梵性"(Brahmatā)指与梵同一。梵(Brahman)是婆罗门教的观念,指世界本原。这里是泛指达到至高境界。
③ 这颂完全没有译出原意。例如,"一衣"这个词,可能是将 paṭu("明智的")一词误读为 paṭa("衣"),而与 ekaka("独自"或"单独")一词合读为"一衣"。又如,"增福"这个词,可能是将 brahmatā("梵性")一词理解为"福",又将 ādika("等等")一词误读为 adhika("增加"),合读为"增福"。

天译：諸行若修持，心念恒不捨，
　　　一切無利心，虛假宜遠離。

**दुःखं हन्तुं सुखं प्राप्तुं ते भ्रमन्ति मुधाम्बरे।
यैरेतद्धर्मसर्वस्वं चित्तं गुह्यं न भावितम्॥१७॥**

今译：如果人们不能把握
　　　一切法的奥秘在于心，
　　　那么，想要灭苦得福，
　　　也只是在虚空中流转。（17）

天译：一切心法財，宜祕密觀察，
　　　離苦獲安樂，彼得超世間。①

**तस्मात्स्वधिष्ठितं चित्तं मया कार्यं सुरक्षितम्।
चित्तरक्षाव्रतं मुक्त्वा बहुभिः किं मम व्रतैः॥१८॥**

今译：因此，我应该牢牢把握，
　　　好好守护我的这颗心，
　　　抛弃了守护心的誓愿，
　　　其他许多誓愿有何用？（18）

天译：我云何修行？修行唯護心，
　　　是故我觀心，恒時而作護。

**यथा चपलमध्यस्थो रक्षति व्रणमादरात्।
एवं दुर्जनमध्यस्थो रक्षेच्चित्तव्रणं सदा॥१९॥**

今译：犹如处在混乱人群中，
　　　会小心保护自己伤口，
　　　同样，处在众多恶人中，

---

① 此处"超世间"的原词是 mudhāmbale，词义是"在虚空中"。此外，这颂原文中还有一个否定词 na（"不"）。

要始终保护心的伤口。（19）

天译：喻猕猴①身瘡，一心而將護，
　　　人中惡如是，恒常而護心。

व्रणदुःखल्वाद्भीतो रक्षामि व्रणमादरात्।
संघातपर्वताघाताद्भीतश्चित्तव्रणं न किम्॥२०॥

今译：惧怕伤口轻微的疼痛，
　　　我也会小心地保护伤口，
　　　而惧怕众合地狱②山压顶，
　　　怎么会不保护心的伤口？（20）

天译：怖苦惱之瘡，我一心常護，
　　　破壞於眾合，心瘡乃無怖。③

अनेन हि विहारेण विहरन् दुर्जनेष्वपि।
प्रमदाजनमध्येऽपि यतिर्धीरो न खण्ड्यते॥२१॥

今译：只要能这样修行，
　　　即使身处恶人或
　　　美女中，意志坚定，
　　　出家人不会受伤害。（21）

天译：常作如是行，不行人中惡，
　　　人中罪不犯，自然而不怖。

लाभा नश्यन्तु मे कामं सत्कारः कायजीवितम्।

---

① 本颂中并无"猕猴"一词。这里可能是将 capala（"躁动"或"混乱"）一词引申译为"猕猴"。

② "众合地狱"（saṅghāta）是八大地狱之一。

③ 这一行的原文是疑问句，其中的"无"与上一行中的"护"一词合用，意谓"怎么会不保护（心疮）？"其中的"怖"与"众合山的打击"（从格）相连，意谓"惧怕众合地狱山压顶"。

नश्यत्वन्यच्च कुशलं मा तु चित्तं कदाचन॥२२॥

今译：我的财物、待遇和
　　　身体性命尽可失去，
　　　其他一切也可失去，
　　　但善心绝不能失去。（22）

天译：我欲盡身命，利行而供養，
　　　別別身命盡，善心而不退。

चित्तं रक्षितुकामानां मयैष क्रियतेऽञ्जलिः।
स्मृतिं च संप्रजन्यं च सर्वयत्नेन रक्षत॥२३॥

今译：我双手合掌，恭请
　　　想要守护心的人们：
　　　你们要竭尽全力，
　　　守护忆念和正知①。（23）

天译：我欲守護心②，合掌今專作，
　　　心念念之中，一切方便護。

व्याध्याकुलो नरो यद्वन्न क्षमः सर्वकर्मसु।
तथाभ्यां विकलं चित्तं न क्षमं सर्वकर्मसु॥२४॥

今译：如同疾病缠身的人，
　　　不再能承担任何事，
　　　此心缺少了这两者，
　　　也不能承担任何事。（24）

天译：喻於重病人，諸事不寧忍，
　　　散亂心亦然，不堪諸事業。

---

① "正知"（samprajanya）指正确的观察和认知。参阅本品第108颂。
② 此处"欲守护心"的原文是复数，属格，指"欲守护心的人们"。

असंप्रजन्यचित्तस्य श्रुतचिन्तितभावितम्।
सच्छिद्रकुम्भजलवन्न स्मृताववतिष्ठते॥ २५॥

今译：如果此心缺乏正知，
　　　凡所闻、所思和所修，
　　　犹如装入漏罐的水，
　　　不能保留在忆念中。（25）

天译：心散亂不定，聞思惟觀察，
　　　如器之滲漏，於水不能盛。

अनेके श्रुतवन्तोऽपि श्रद्धा यत्नपरा अपि।
असंप्रजन्यदोषेण भवन्त्यापत्तिकश्मलाः॥ २६॥

今译：许多人即使博学，
　　　有信仰，勤奋努力，
　　　只因为缺乏正知，
　　　依然会沾染罪恶。（26）

天译：由多聞之人，於信方便等，
　　　過失心不定，獲不寂靜罪。

असंप्रजन्यचौरेण स्मृतिमोषानुसारिणा।
उपचित्यापि पुण्यानि मुषिता यान्ति दुर्गतिम्॥ २७॥

今译：缺乏正知如同窃贼，
　　　专门窃取忆念，人们
　　　即使积累功德，却遭
　　　盗窃，依然堕入恶道。（27）

天译：心不決定故[①]，迷惑賊所得，

[①] 此处"故"字，据《中华大藏经》校勘记，"《南》作'念'"。本颂原文中，有 smṛti（"念"或"忆念"）一词。

所有之福善，偷墮於惡處。

क्लेष①तस्करसंघोऽयमवतारगवेषकः।
प्राप्या②वतारं मुष्णाति हन्ति सद्गतिजीवितम्॥२८॥

今译：这群烦恼窃贼，四处
　　　寻找机会，一旦获得
　　　机会，便盗窃和伤害
　　　善道上的众生生命。(28)

天译：煩惱眾盜賊，魔著故得便，
　　　由魔羅③發起，破壞善生命。

तस्मात्स्मृतिर्मनोद्वारान्नापनेया कदाचन।
गतापि प्रत्युपस्थाप्या संस्मृत्यापायिकीं व्यथाम्॥२९॥

今译：因此，忆念任何时候
　　　都不能够离开心门，
　　　一旦离开，也要回忆
　　　恶道痛苦，将它挡回。(29)

天译：守彼意根門，惡不能牽去，
　　　念彼罪苦惱，次復獲安住。

उपाध्यायानुशासन्या भीत्याप्यादरकारिणाम्।
धन्यानां गुरुसंवासात्सुकरं जायते स्मृतिः॥३०॥

今译：怀着敬畏，听取导师的
　　　教诲，与导师保持亲近，
　　　恭顺敬信，吉祥幸运，

---

① 据 P 本，क्लेष 应为 क्लेश。
② 据 P 本和 P 注，प्राप्या 应为 प्राप्या。
③ "魔罗"（māra，或译"摩罗"）是破坏佛菩萨修行的恶魔。但本颂原文中并无此词。

这样，忆念就不难产生。（30）

天译：善哉隨師教，獲得善念生，
奉於教誨師，當一心供給。

बुद्धाश्च बोधिसत्त्वाश्च सर्वत्राव्याहतेक्षणाः।
सर्वमेवाग्रतस्तेषां तेषामस्मि पुरः स्थितः॥३१॥

今译：众佛和众菩萨的眼光
遍及一切，无所障碍，
一切呈现在他们面前，
我也同样在他们面前。（31）

天译：於諸佛菩薩，刹那心決定。[①]

इति ध्यात्वा तथा तिष्ठेत् त्रपादरभयान्वितः।
बुद्धानुस्मृतिरप्येवं भवेत्तस्य मुहुर्मुहुः॥३२॥

今译：想到这些，就会产生
惭愧、恭敬和畏惧，
这样，也就会经常
不断思念一切佛。（32）

天译：當怖畏憶念，慈哀現面前。

संप्रजन्यं तदा[②]याति न च यात्यागतं पुनः।
स्मृतिर्यदा मनोद्वारे रक्षार्थमवतिष्ठते॥३३॥

今译：一旦忆念能安住，
旨在守护住心门，

[①] 本颂中并无"刹那心决定"这个词组。原文中的 avyāhatekṣaṇāḥ 是由 avyāhata（"无障碍"）和 īkṣaṇa（"眼光"）组成的复合词。这里可能是将 īkṣaṇa（"眼光"）一词误读为 kṣaṇa（"刹那"）。

[②] 此处应断开。

正知也就不会离开,
即使离开,也会返回。(33)

天译:塵心而不定,去去不復還[①],
若能守意門,護之住不散。

पूर्वं तावदिदं चित्तं सदोपस्थाप्यमीदृशम्।
निरिन्द्रियेणेव मया स्थातव्यं काष्ठवत्सदा॥३४॥

今译:应该让此心自始
至终这样保持稳定,
我应该始终安住,
如同木头无知无觉。(34)

天译:我今護此心,恒常如是住,
喻木之無根,不生惡枝葉。

निष्फला नेत्रविक्षेपा न कर्तव्याः कदाचन।
निध्यायन्तीव सततं कार्या दृष्टिरधोगता॥३५॥

今译:任何时候都不应该
毫无目的转动眼睛,
目光永远应该下垂,
如同正在沉思入定。(35)

天译:眼觀於色相,知虛假不實,
物物恒諦觀,是故而不著。

दृष्टिविश्रामहेतोस्तु दिशः पश्येत्कदाचन।
आभासमात्रं दृष्ट्वा च स्वगतार्थं[②] विलोकयेत्॥३६॥

[①] 这里原文中有两个"去"(yāti):前一个"去"指"正知不会离去",后一个"去"指"离去也会返回"。

[②] 据 P 本和 P 注,स्वगतार्थं 应为 स्वागतार्थं。

今译：为让目光放松休息，
　　　有时可以观看四方，
　　　即使只是看到身影，
　　　也要正视表示欢迎。（36）

天译：因见而觀察，觀之令不惑，
　　　所來觀見已，安畏以善來。

मार्गादौ भयबोधार्थं मुहुः पश्येच्चतुर्दिशम्।
दिशो विश्रम्य वीक्षेत परावृत्यैव पृष्ठतः॥३७॥

今译：为警觉道路上的危险，
　　　也应该时时观察四方，
　　　休息之后又动身，应该
　　　转身后顾，再观察四方。（37）

天译：欲行不知道，望四方生怖，
　　　决定知方已，觀心行亦然。

सरेदपसरेद्वापि पुरः पश्चान्निरूप्य च।
एवं सर्वास्ववस्थासु कार्यं बुद्ध्वा समाचरेत्॥३८॥

今译：确定应该向前行进，
　　　还是应该向后转回，
　　　这样，明了任何情况
　　　怎样做，再采取行动。（38）

天译：智者之所行，思惟於前後，
　　　是善是惡等，如是事不失。

कायेनैवमवस्थेयमित्याक्षिप्य क्रियां पुनः।
कथं कायः स्थित इति द्रष्टव्यं पुनरन्तरा॥३९॥

今译：确定身体应保持的

姿势，然后开始做事，
其间还要随时观察，
身体是否保持姿势。（39）

天译：不住於此身，離此復何作？
云何住此身？當復觀中間。

निरूप्यः सव①**यत्नेन चित्तमत्तद्विपस्तथा।
धर्मचिन्तामहास्तम्भे यथा बद्धो न मुच्यते॥४०॥**

今译：应该确定已经竭尽
全力，将疯狂的心象
系在正法大柱上，
而没有将它释放。（40）

天译：觀內心亦然，而用諸方便，
以法為大柱，縛之令不脫。

**कुत्र मे वर्तत इति प्रत्यवेक्ष्यं तथा मनः।
समाधानधुरं नैव क्षणमप्युत्सृजेद्यथा॥४१॥**

今译：同样应该仔细观察，
我的心在哪里活动？
即使刹那间，也不能
让它脱离禅定之轭。（41）

天译：當以如是意，觀我之所在，
諸識皆如是，攝令刹那住。

**भयोत्सवादिसंबन्धे यद्यशक्तो यथासुखम्।
दानकाले तु शीलस्य यस्मादुक्तमुपेक्षणम्॥४२॥**

---

① 据 P 本，सव 应为 सर्व。

今译：遇到恐怖或喜庆时，
　　　不能安定，则可随意，
　　　因为佛说在布施时，
　　　可以暂时放松戒律。(42)

天译：若怖因業力，能趣求快樂，
　　　修彼檀戒度，乃至大捨等。

यद् बुद्ध्वा कर्तुमारब्धं ततोऽन्यत्र विचिन्तयेत्।
तदेव तावन्निष्पाद्यं तद्गतेनान्तरात्मना॥४३॥

今译：应该明确先做已经
　　　开始的事，然后考虑
　　　其他，应该专心致志，
　　　直至完成这开始的事。(43)

天译：若修菩提①因，彼別不思惟，
　　　一向修自心，當起如是見。

एवं हि सुकृतं सर्वमन्यथा नोभयं भवेत्।
असंप्रजन्यक्लेशोऽपि वृद्धिं चैवं गमिष्यति॥४४॥

今译：这样才能做好一切事，
　　　否则，两边都会落空，
　　　缺乏正知造成的烦恼，
　　　也会由此获得增长。(44)

天译：如是修諸善，不起於怖畏②，
　　　而令諸煩惱，決定不增長。

---

① 这颂原文中并无"菩提"一词。这里可能是将 buddhvā（"知道"）一词误读为 bodhi（"菩提"）。

② 本颂中并无"不起于怖畏"这个词组。这里可能是将 na ubhayam bhavet（"两边都会落空"）误读为 na bhayam bhavet（"不起于怖畏"）。

नानाविधप्रलापेषु वर्तमानेष्वनेकधा।
कौतूहलेषु सर्वेषु हन्यादौत्सुक्यमागतम्॥४५॥

今译：种种戏笑闲谈，
　　　一切好奇事物，
　　　经常出现面前，
　　　应该断除贪念。（45）

天译：種種正言說，見在而甚多，
　　　觀覽悉決了，破疑網得果。

मृन्मर्दनतृणच्छेदरेखाद्यफलमागतम्।
स्मृत्वा तथागतीं शिक्षां भीतस्तत्क्षणमुत्सृजेत्॥४६॥

今译：无端毁坏泥土和草，
　　　或者在地面上刻划，
　　　应该记起如来教诲，
　　　心生畏惧，立即停止。（46）

天译：如草被割截，念佛戒能忍，
　　　剎那行此行，獲得殊勝果。

यदा चलितुकामः स्याद्वक्तुकामोऽपि वा भवेत्।
स्वचित्तं प्रत्यवेक्ष्यादौ कुर्याद्धैर्येण युक्तिमत्॥४७॥

今译：如果想要活动，或者
　　　想要说话，应该首先
　　　观察自己的心，然后
　　　沉着坚定，依理而行。（47）

天译：欲於諸正說，皆悉得通達，
　　　當觀照自心，常修於精進。

अनुनीतं प्रतिहतं यदा पश्येत्स्वकं मनः।

न कर्तव्यं न वक्तव्यं स्थातव्यं काष्ठवत्तदा॥४८॥

今译：如果发现自己的心，
　　　怀有贪欲或憎恨，
　　　那就不应该行动或
　　　说话，静止如同木头。（48）

天译：喻木之無情，無言無所作，
　　　見自心亦然，決定令如是。

उद्धतं सोपहासं वा यदा मानमदान्वितम्।
सोत्त्रासातिशयं वक्रं वञ्चकं च मनो भवेत्॥४९॥

今译：如果趾高气扬，嘲笑
　　　他人，骄傲和狂妄，
　　　讽刺愚弄他人，心中
　　　充满诡诈和欺诳。（49）

天译：心起於輕慢，如彼迷醉人，
　　　惟求自讚譽，非彼修行者。

यदात्मोत्कर्षणाभासं परपंसनमेव वा।
साधिक्षपं① ससंरम्भं स्थातव्यं काष्ठवत्तदा॥५०॥

今译：如果想要炫耀自己，
　　　或者想要毁谤他人，
　　　侮辱他人，逞强好斗，
　　　则应静止如同木头。（50）

天译：若他人於我，而生於毁謗，
　　　謂是嗔癡等，住心恒似木。

---

① 据 P 本和 P 注，**साधिक्षपं** 应为 **साधिक्षेपं**。

लाभसत्कारकीर्त्यर्थं परिवारार्थं वा पुनः।
उपस्थानार्थं मे चित्तं तस्मात्तिष्ठामि काष्ठवत्॥५१॥

今译：如果我的心中渴望
　　　财物、待遇和名声，
　　　渴望随从和侍奉，
　　　则应静止如同木头。（51）

天译：如木不分別，利養尊卑稱，
　　　亦不為眷屬，乃至承事等。

परार्थरूक्षं स्वार्थार्थं परिषत्काममेव वा।
वक्तुमिच्छति मे चित्तं तस्मात्तिष्ठामि काष्ठवत्॥५२॥

今译：如果我的心无视他人
　　　利益，追求自己利益，
　　　热衷集会，盼望说话，
　　　则应静止如同木头。（52）

天译：利他不自利，但欲為一切，
　　　是故說我心，堅住恒如木。

असहिष्ण्वलसं भीतं प्रगल्भं मुखरं तथा।
स्वपक्षाभिनिविष्टं च तस्मात्तिष्ठामि काष्ठवत्॥५३॥

今译：缺乏忍耐力，懒散，
　　　怯懦，狂妄，饶舌，
　　　偏袒自己一方的人，
　　　则应静止如同木头。（53）

天译：一心住如木，於尊親朋友，
　　　乃至於三業，不生憎愛怖。

एवं संक्लिष्टमालोक्य निष्फलारम्भि वा मनः।
निगृह्णीयाद् दृढं शूरः प्रतिपक्षेण तत्सदा॥५४॥

今译：发现此心受到污染，
　　　热衷徒劳无益的事，
　　　勇士就会采取对策，
　　　顽强不息地制伏它。（54）

天译：觀察於煩惱，如空而不著[①]，
　　　當勇猛堅牢，受持為恒常。

सुनिश्चितं सुप्रसन्नं धीरं सादरगौरवम्।
सलज्जं सभयं शान्तं पराराधनतत्परम्॥५५॥

今译：明辨而果断，内心
　　　清净，坚定，恭顺，
　　　知耻，敬畏，平静，
　　　一心令他人喜悦。（55）

天译：無善慚可怖，當一心求他，
　　　清淨住三昧，為他所尊重。

परस्परविरुद्धाभिर्बालेच्छाभिरखेदितम्।
क्लेशोत्पादादिदं ह्येतदेषामिति दयान्वितम्॥५६॥

今译：不会为愚夫们的愿望
　　　互相冲突而感到苦恼，
　　　想到这正是由他们的
　　　烦恼造成，便心生慈悲。（56）

天译：雖居童稚位，不使他瞋惱，
　　　自亦不瞋他，慈悲恒若此。

---

① "如空而不著"的原文是 niṣphalārambhi，词义是"从事徒劳无益的事"。

आत्मसत्त्ववशं नित्यमनवद्येषु वस्तुषु।
निर्माणमिव निर्मानं धारयाम्येष मानसम्॥५७॥

今译：永远为了自己和众生，
　　　不做会遭受非议的事，
　　　我要把握这如同幻化
　　　而成的心，摒弃骄傲。（57）

天译：我受持禪那①，使意恆寂靜，
　　　為一切有情，恆居無罪處。

चिरात्प्राप्तं क्षणवरं स्मृत्वा स्मृत्वा मुहुर्मुहुः।
धारयामीदृशं चित्तमप्रकम्प्यं सुमेरुवत्॥५८॥

今译：要经常记住，历时长久，
　　　才有幸获得这个人身，
　　　我应该把握这心，让它
　　　屹立不动，犹如须弥山。（58）

天译：念念須臾間，多時為最勝，
　　　如是受持心，不動如須弥。

गृध्रैरामिषसंगृद्धैः कृष्यमाण इतस्ततः।
न करोत्यन्यथा कायः कस्मादत्र प्रतिक्रियाम्॥५९॥

今译：食肉的兀鹰将这个
　　　身体拖来拖去时，
　　　为何它毫无反应，
　　　没有采取任何对策？（59）

天译：鷲貪肉不厭，人貪善亦然，
　　　身心不修行，云何能出離？

---

① "禪那"或"禪"是 dhyāna（"禪定"或"沉思"）一词的音译。但本颂中并无此词。

रक्षसीमं मनः कस्मादात्मीकृत्य समुच्छ्रयम्।
त्वत्तश्चेत्पृथगेवायं तेनात्र तव को व्ययः॥६०॥

今译：心啊，你为何要将这个
　　　身体认作自己，保护它？
　　　如果它原本有别于你，
　　　这对你会有什么损失？（60）

天译：云何護身意？一切時自勤。①
　　　汝等何所行？各各專一心。②

न स्वीकरोषि हे मूढ काष्ठपुत्तलकं शुचिम्।
अमेध्यघटितं यन्त्रं कस्मादक्षसि पूतिकम्॥६१॥

今译：傻瓜啊，你没有将
　　　清净纯洁的木偶认作
　　　自己，为何要保护
　　　这具污秽结聚的机械？（61）

天译：迷愚不自制③，妄貪如木身，
　　　此身不淨作，云何返愛戀？

इमं चर्मपुटं तावत्स्वबुद्ध्यैव पृथक्कुरु।
अस्थिपञ्जरतो मांसं प्रज्ञाशस्त्रेण मोचय॥६२॥

今译：你要用自己的智慧，
　　　解剖这个臭皮囊，
　　　用智慧之刀剔下

---

① 这一行中，"意"的原词是 manaḥ，即 manas（"心"）的呼格，意谓"心啊！""自勤"的原词是 ātmīkṛtya，意谓"认作自己"。

② 这一行中，"行"的原词是 vyaya，词义是"损失"。"各各"的原词是 pṛthak，这里应该读作"有别于"。

③ "不自制"的原词是 na svīkroṣi，应该读作"没有认作自己"。

骨骼上的那些肉。（62）

天译：骨鑱肉連持，外皮而莊飾，
　　　自覺令不貪，解脫於慧刃。

**अस्थीन्यपि पृथक्कृत्वा पश्य मज्जानमन्ततः।
किमत्र सारमस्तीति स्वयमेव विचारय॥६३॥**

今译：再剖开这些骨头，
　　　看看里面的骨髓，
　　　要亲自仔细观察，
　　　这里有什么精华？（63）

天译：割截諸身分，令見中精髓，
　　　審觀察思惟，云何見有人？

**एवमन्विष्य यत्नेन न दृष्टं सारमत्र ते।
अधुना वद कस्मात्त्वं कायमद्यापि रक्षसि॥६४॥**

今译：你经过努力搜寻，
　　　并没有发现精华，
　　　现在请说吧，为何
　　　你至今还保护它？（64）

天译：一心如是觀，審諦不見人，
　　　云何不淨身，貪愛而守護？

**न खादितव्यमशुचि त्वया पेयं न शोणितम्।
नान्त्राणि चूषितव्यानि किं कायेन करिष्यसि॥६५॥**

今译：你不会吃那些污秽，
　　　也不会去喝它的血，
　　　也不吸吮它的内脏，
　　　这身体对你有何用？（65）

天译：處胎食不淨，出胎歠血乳，
　　　不如是食飲，云何作此身？[1]

युक्तं गृध्रश्रृगालादेराहारार्थं तु रक्षितुम्[2]।
कर्मोपकरणं त्वेतन्मनुष्याणां शरीरकम्॥६६॥

今译：这样保护它，最终
　　　供兀鹰和豺狼捕食，
　　　因此，人的这个身体，
　　　只是用作做事的工具。（66）

天译：豺鷲等貪食，不分善與惡，
　　　要同人愛身，受用成業累。

एतं ते रक्षतश्चापि मृत्युराच्छिद्य निर्दयः।
कायं दास्यति गृध्रेभ्यस्तदा त्वं किं करिष्यसि॥६७॥

今译：你保护它，无情的
　　　死神仍然会夺走它，
　　　将这身体扔给兀鹰，
　　　那时，你能怎么办？（67）

天译：但如是護身，至死[3]無慈忍，
　　　與豺鷲無別，汝何恒此作？

न स्थास्यतीति भृत्याय न वस्त्रादि प्रदीयते।
कायो यास्यति खादित्वा कस्मात्त्वं कुरुषे व्ययम्॥६८॥

今译：仆从如果不久留，

---

[1] 这颂中的"食"（khāditavyam）和"饮"（peyam）都是动形容词，与"不"（na）相连，指"不会吃不净物"和"不会饮血"。原文中没有"处胎"和"乳"这两个词。第三句"不会吸吮内脏"也是同样句式。

[2] 据 P 本校注，रक्षितुम् 在 M 本中为 रक्षितम्。

[3] "至死"的原词是 mṛtyu，这里应该译作"死神"。

主人不会给他衣物，
身体吃饱后离去，
你为何要受此损失？（68）

天译：身死識^①不住，衣食寧可留？
　　　身謝識必往，受用云何貪？

दत्वा^②स्मै वेतनं तस्मात्स्वार्थं कुरु मनोऽधुना।
न हि वैतनिकोपात्तं सर्वं तस्मै प्रदीयते॥६९॥

今译：心啊，你给了它酬劳，
　　　就要获取自己利益，
　　　不能因为雇佣仆从，
　　　就需要给予他一切。（69）

天译：是故今作意，不貪如是事，
　　　如是不遠離，得彼諸不善。

काये नौबुद्धिमाधाय गत्यागमननिश्रयात्।
यथाकामंगमं कायं कुरु सत्त्वार्थसिद्धये॥७०॥

今译：你要将这身体视为
　　　船舶，依靠它来和去，
　　　这样，按照自己心愿，
　　　让它为众生谋福利。（70）

天译：如似人生身，肢體求成就，
　　　受身智不增^③，輪還徒自困。

---

① 本颂中并无"识"这个词。而关键的 bhṛtya（"仆从"）一词没有译出。
② 据 P 本，दत्वा 应为 दत्त्वा。
③ 这句的原文是 kāye（"身体"，依格） naubudhim（"视为船舶"，业格） ādhāya（"采取"，独立词），意谓"将身体视为船舶"。这里译成"受身智不增"，显然是将关键的 nau（"船舶"）一词误读为 na（"不"）。

एवं वशीकृतस्वात्मा नित्यं स्मितमुखो भवेत्।
त्यजेद् भृकुटिसंकोचं पूर्वाभासी① जगत्सुहृत्॥७१॥

今译：你要控制自己身体，
要摒弃皱眉和蹙额，
经常面带微笑，主动
招呼，成为众生朋友。（71）

天译：於世親非親，悅顏先慰喻，
如是常自制，心念恒不捨。

सशब्दपातं सहसा न पीठादीन् विनिक्षिपेत्।
नास्फालयेत्कपाटं च स्यान्निःशब्दरुचिः सदा॥७२॥

今译：不应该乱扔坐具，
发出剧烈的响声，
也不应该拍打房门，
始终喜欢静默无声。（72）

天译：笑②不得高聲，不戲擲坐具，
輕手擊他門，諦信恒自執。

बको बिडालश्चौरश्च निःशब्दो निभृतश्चरन्।
प्राप्नोत्यभिमतं कार्यमेवं नित्यं यतिश्चरेत्॥७३॥

今译：苍鹭、猫儿和窃贼，
出行无声，而达到
愿望目的，出家人
永远应该这样行动。（73）

天译：如盜如猫鷺，求事行無聲，

---

① 据 P 本，**पूर्वाभासी** 应为 **पूर्वाभाषी**。
② 本颂中并无"笑"这个词。这里可能是将 sahasā（"剧烈"）一词误读为 hāsa（"笑"）。

修心亦如此，當離於麁獷。

परचोदनदक्षाणामनधीष्टोपकारिणाम्।
प्रतीच्छेच्छिरसा वाक्यं सर्वशिष्यः सदा भवेत्॥७४॥

今译：对善于勉励他人者，
　　　对不请自动施恩者，
　　　要俯首听取他们的话，
　　　永远虚心向众人学习。（74）

天译：他人之所嫌，無義利不說，
　　　恒得諸弟子，言上而尊愛。

सुभाषितेषु सर्वेषु साधुकारमुदीरयेत्।
पुण्यकारिणमालोक्य स्तुतिभिः संप्रहर्षयेत्॥७५॥

今译：对一切益世妙言，
　　　应该称道"善哉"，
　　　看见行善积德者，
　　　应该赞美鼓励。（75）

天译：一切所言說，聞之使稱善，
　　　觀彼作福事，稱讚令歡喜。

परोक्षं च गुणान् ब्रूयादनुब्रूयाच्च तोषतः।
स्वगुणे भाष्यमाणे च भावयेत्तद्गुणज्ञताम्॥७६॥

今译：暗暗称赞他人功德，
　　　或高兴地随人称赞，
　　　一旦自己受到赞美，
　　　应该记取他人美德。（76）

天译：衷私說彼德，彼聞心必喜，
　　　欲讚說彼時，先觀彼德行。

सर्वारम्भा हि तुष्ट्यर्थाः① सा वित्तैर②पि दुर्लभा।
भोक्ष्ये तुष्टिसुखं तस्मात्परश्रमकृतैर्गुणैः॥७७॥

今译：所作所为都为了欢喜，
　　　这种欢喜千金也难买，
　　　他人努力获取了功德，
　　　我也享受欢喜的快乐。（77）

天译：修諸歡喜事，難得彼誠心③，
　　　勤修利他德，當受快樂報。

न चात्र मे व्ययः कश्चित्परत्र च महत्सुखम्।
अप्रीतिदुःखं द्वेषैस्तु महदुःखं परत्र च॥७८॥

今译：我在这世毫无损失，
　　　在来世也快乐无边，
　　　若满怀忌恨而痛苦，
　　　来世也会痛苦无边。（78）

天译：憎愛苦宜捨，來生大苦故，
　　　此苦我不住，來生大快樂。

विश्वस्तविन्यस्तपदं विस्पष्टार्थं मनोरमम्।
श्रुतिसौख्यं कृपामूलं मृदुमन्दस्वरं वदेत्॥७९॥

今译：说话应该言词可信，
　　　意义清晰，令人喜悦，
　　　话中蕴含慈悲心怀，
　　　声音悦耳，柔和轻缓。（79）

---

① 据 P 本和 P 注，तुष्ट्यर्थाः 应为 तुष्ट्यर्थाः。
② 据 P 本，वित्तैर 应为 वित्तैर。
③ 本颂中并无"诚心"一词。这里可能是将 vitta（"钱财"）一词误读为 citta（"心"）。

天译：善言聲柔軟，悲根聞生喜，
　　　顯彼適意事，當信真實語。

ऋजु पश्येत्सदा सत्त्वांश्चक्षुषा संपिवन्®व।
एतानेव समाश्रित्य बुद्धत्वं मे भविष्यति॥८०॥

今译：经常正眼观众生，
　　　如同渴者喝到水，
　　　确实要依靠他们，
　　　我才会获得佛性。（80）

天译：恒悲念有情，愛護如愛眼，
　　　為彼住真實，必當得成佛。

सातत्याभिनिवेशोत्थं प्रतिपक्षोत्थमेव च।
गुणोपकारिक्षेत्रे च दुःखिते च महच्छुभम्॥८१॥

今译：经常生起进取心，
　　　经常运用对治法，
　　　依靠德田、恩田和
　　　苦田②，成就大善业。（81）

天译：彼真實得成，各此利朋友，
　　　剎那③修功德，離苦大安樂。

दक्ष उत्थानसंपन्नः स्वयंकारी सदा भवेत्।
नावकाशः प्रदातव्यः कस्यचित्सर्वकर्मसु॥८२॥

今译：具备能力，富有勇气，

---

① 据 P 本，संपिवन् 应为 संपिबन्。但 व 和 ब 常常可以混用。
② "福田、恩田和苦田" 分别指佛、父母和众生。
③ 本颂中并无"刹那"一词。这里可能是将 kṣetra（"田"）一词误读为 kṣaṇa（"刹那"）。因此，没有读出"德田、恩田和苦田"。

　　　　经常依靠自己修行，
　　　　任何事情都不应该
　　　　留给其他的人去做。（82）

天译：功德殷勤修，恒作而自得，
　　　　不衒不覆藏，誰云諸事等？①

उत्तरोत्तरतः श्रेष्ठा दानपारमितादयः।
नेतरार्थं त्यजेच्छ्रेष्ठामन्यत्राचारसेतुतः॥८३॥

今译：布施等等波罗蜜，依次
　　　　向上最优胜②，不应为了
　　　　其他事，抛弃最优胜者，
　　　　因为它是修行的桥梁。（83）

天译：檀波羅蜜等，殊妙而最上，
　　　　別行非最上，利下無遠離。

एवं बुद्ध्वा परार्थेषु भवेत्सततमुत्थितः।
निषिद्धमप्यनुज्ञातं कृपालोरर्थदर्शिनः॥८४॥

今译：知道这些，应该永远
　　　　努力为他人谋利益，
　　　　佛陀慈悲，洞悉利益，
　　　　甚至允许违反禁戒。（84）

天译：佛③如是利他，恒常之所切，
　　　　如來之教中，見彼慈悲事。

---

① 这句原文不是疑问句。其中"谁云"的原词是 kasyacit，词义是"某个"，这里意谓"某个其他人"。
② 这里意谓布施、持戒、忍辱、精进、禅定和般若（智慧）六种波罗蜜依次更优胜。
③ 此处"佛"的原词是 buddhvā，动词 budh（"知道"）的独立词，而非名词 buddha（"佛"）。

विनिपातगतानाथव्रतस्थान् संविभज्य च।
भुञ्जीत मध्यमां मात्रां त्रिचीवरबहिस्त्यजेत्॥८५॥

今译：与落难者、孤苦者
　　　或苦行者分享所有，
　　　只吃适量的食物，
　　　舍弃三衣①外的一切。(85)

天译：三界師入滅②，分別出家人，
　　　食有可不可，不離三衣等。

सद्धर्मसेवकं कायमितरार्थं न पीडयेत्।
एवमेव हि सत्त्वानामाशामाशु प्रपूरयेत्॥८६॥

今译：不必为琐事，折磨
　　　奉行正法的身体，
　　　唯有这样，能迅速
　　　实现众生的愿望。(86)

天译：將求妙法身，不苦惱眾生，③
　　　於眾生如是，隨意獲圓滿。

त्यजेन्न जीवितं तस्मादशुद्धे करुणाशये।
तुल्याशये तु तत्त्याज्यमित्थं न परिहीयते॥८७॥

今译：不应该为了不纯洁的
　　　悲愿，舍弃自己的生命，

---

① "三衣"指正衣、上衣和外衣。
② 本颂中并无"三界师入灭"这个词组。这里可能是将 vinipātagata（"落难者"）-anātha（"孤苦无助者"）这个词组中的 anātha 误读为 nātha（"导师"）。
③ 这里的两句是按照原文中的一些词语拼凑成句，没有译出原意。例如，其中的"求"字与原文中的 artham 对应，但原文中的此词与 itara（"他事"或"琐事"）组成复合词 itarārtham，意谓"为了琐事"。

只有相称的誓愿，方可
舍弃，而不能这样舍弃。（87）

天译：捨非須盡命，彼捨要平等，
悲心當清淨，果報自圓滿。

धर्मं निगौरवे स्वस्थे न शिरोवेष्टिते वदेत्।
सच्छत्रदण्डशास्त्रे① च नावगुण्ठतमस्तके॥८८॥

今译：没有病痛，却以布缠头，
手持伞盖、棍杖或兵器，
蒙住头面，缺乏恭敬心，
不应该对这些人说法。（88）

天译：淨心而重法，不執器杖等，
不持傘蓋頭，無諸輕慢事。

गम्भीरोदारमल्पेषु न स्त्रीषु पुरुषं विना।
हीनोत्कृष्टेषु धर्मेषु समं गौरवमाचरेत्॥८९॥

今译：对智慧浅薄者和无男子
陪伴的妇女，不宜宣示
深广的法；对于小乘法
或大乘法，应同样尊重。（89）

天译：為男子女人②，說法深廣大，
不分人勝劣，令彼重平等。

नोदारधर्मपात्रं च हीने धर्मे नियोजयेत्।
न चाचारं परित्यज्य सूत्रमन्त्रैः प्रलोभयेत्॥९०॥

---

① 据 P 本，शास्त्रे 应为 शस्त्रे。
② 这句的原文是 na（"不"） strīṣu（"女人"，复数，依格） puruṣam（"男子"，单数，业格） vinā（"没有"），意思是"不为无男子陪伴的女人"。

今译：若适合接受大乘法，
　　　　不应该授以小乘法，
　　　　也不应该抛弃戒行，
　　　　利用经咒迷惑他人。（90）

天译：法之不廣大，乃及非法行，
　　　　遠離不敬禮，樂說於大乘。

दन्तकाष्ठस्य खेटस्य विसर्जनमपावृतम्।
नेष्टं जले स्थले भोग्ये मूत्रादेश्चापि गर्हितम्॥९१॥

今译：不能乱扔净齿的
　　　　齿木①或随地吐痰；
　　　　在净水中或场地上
　　　　大小便，应受谴责。（91）

天译：齒木及洟唾，不棄於淨地，
　　　　淨水及淨舍，勿得棄便痢。

मुखपूरं न भुञ्जीत सशब्दं प्रसृताननम्।
प्रलम्बपादं नासीत न बाहू मर्दयेत्समम्॥९२॥

今译：进食不要塞满嘴，
　　　　不要张口咀嚼出声，
　　　　坐着不要伸出脚，
　　　　不要同时摩擦双臂。（92）

天译：喫食勿滿口，食勿令有聲，
　　　　食時不語言，亦勿大開口，
　　　　坐不得垂足，行亦不挑臂。

---

① "齿木"（dantakāṣṭha，或译"杨枝"）是用于咀嚼净齿的小木片或小枝条。

नैकयान्यस्त्रिया कुर्यान् यानं शयनमासनम्।
लोकाप्रसादकं सर्वं दृष्ट्वा पृष्ट्वा च वर्जयेत्॥९३॥

今译：不要单独与他人妻子
　　　同行、同卧或者同坐，
　　　看到或了解世上一切
　　　不清净的事，应该回避。（93）

天译：不與女同乘，亦不同坐臥，
　　　諸所不律事，人見心不喜，
　　　一切人既覩，遠離而不敬。

नाङ्गुल्या कारयेत्किंचिद्दक्षिणेन तु सादरम्।
समस्तेनैव हस्तेन मार्गमप्येवमादिशेत्॥९४॥

今译：不要用一个手指，
　　　而要怀着恭敬心，
　　　用整个右手示意，
　　　给人指路也这样。（94）

天译：人問於道路，不得一手指，
　　　雙手而指之，示其道所至。

न बाहूत्क्षेपकं कंचिच्छब्दयेदल्पसंभ्रमे।
अच्छटादि तु कर्तव्यमन्यथा स्यादसंवृतः॥९५॥

今译：如果没有急事，不要
　　　高举手臂，高声呼叫，
　　　只须弹指等等即可，
　　　否则就会失去威仪。（95）

天译：凡所諸行步，不弄臂作聲，
　　　亦勿妄彈指，威儀如是守。

नाथनिर्वाणशय्यावच्छय्यीतेप्सितया दिशा।
संप्रजानँल्लघूत्थानः प्रागवश्यं नियोगतः॥ ९६॥

今译：采取导师涅槃的卧姿，
　　　头朝愿望的方向入睡，
　　　心怀正知，事先已确定，
　　　早晨肯定会迅速起身。（96）

天译：師雖已化滅，四儀應當學，
　　　奉戒行不輕，決定獲聖果。

आचारो बोधिसत्त्वानामप्रमेय उदाहृतः।
चित्तशोधनमाचारं नियतं तावदाचरेत्॥ ९७॥

今译：经中规定的菩萨
　　　戒行无计其数，
　　　而这些净化心的
　　　戒行必须遵行。（97）

天译：菩薩行無量，所說無有邊，
　　　當以清淨心，決定而奉行。

रात्रिंदिवं च त्रिस्कन्धं त्रिष्कालं च प्रवर्तयेत्।
शेषापत्तिशमस्तेन बोधिचित्तजिनाश्रयात्॥ ९८॥

今译：夜晚白天各三次，
　　　应该奉行三聚戒①，
　　　依靠菩提心和佛，
　　　消除残留的罪业。（98）

天译：於一晝一夜，分之各三時，

---

① "三聚戒"（triskandha），据 P 注，指"忏悔"（pāpadeśanā）、"随喜福德"（puṇyānumodanā）和"回向菩提"（bodhipariṇāmanā）。

行道普懺悔，住佛菩提心。

या अवस्थाः प्रपद्येत स्वयं परवशोऽपि वा।
तास्ववस्थासु याः शिक्षाः शिक्षेत्ता एव यत्नतः॥ ९९॥

今译：无论处于何种情况，
　　　无论自己或依靠他人，
　　　都应该努力修习适应
　　　所处情况的菩萨学。（99）

天译：菩提心自住，亦令他獲得，
　　　佛子住學戒，一心如是持。

न हि तद्विद्यते किंचिद्यन्न शिक्ष्यं जिनात्मजैः।
न तदस्ति न यत्पुण्यमेवं विहरतः सतः॥ १००॥

今译：任何应该修习者，
　　　佛子不会不修习，
　　　这样修行的善士，
　　　也不会没有功德。（100）

天译：佛戒體清淨，不見有纖毫，
　　　恒作如是行，彼福無有量。

पारंपर्येण साक्षाद्वा सत्त्वार्थं नान्यदाचरेत्।
सत्त्वानामेव चार्थाय सर्वं बोधाय नामयेत्॥ १०१॥

今译：无论间接或直接，不为
　　　别的，只为众生而修行，
　　　所做的有一切完全用于
　　　促进众生的利益和觉醒。（101）

天译：無始為有情，行行而不別，

如是為有情，化令一切覺。

सदा कल्याणमित्रं च जीवितार्थेऽपि न त्यजेत्।
बोधिसत्त्वव्रतधरं महायानार्थकोविदम्॥ १०२॥

今译：恪守菩萨的誓愿，
　　　通晓大乘的教义，
　　　这样的善友，宁失
　　　生命，也不能舍弃。（102）

天译：當知善知識，如命不可捨，
　　　菩薩戒最上，大乘法亦尔。

श्रीसंभवविमोक्षाच्च शिक्षेद्गुरुवर्तनम्।
एतच्चान्यच्च बुद्धोक्तं ज्ञेयं सूत्रान्तवाचनात्॥ १०३॥

今译：依据《吉祥生解脱》[①]，
　　　修习如何侍奉导师；
　　　依据经中佛陀所说，
　　　修习这种那种知识。（103）

天译：解脱依師學，而能生吉祥，
　　　佛佛說智經，讀之見戒法。

शिक्षाः सूत्रेषु दृश्यन्ते तस्मात्सूत्राणि वाचयेत्।
आकाशगर्भसूत्रे च मूलापत्तीर्निरूपयेत्॥ १०४॥

今译：菩萨学见于种种经，
　　　故而应该诵读诸经，
　　　应该依据《虚空藏经》[②]，

[①] 《吉祥生解脱》（Śrīsambhavavimokṣa）见于《华严经》（Gaṇḍavyūha）。
[②] 《虚空藏经》（Ākāśagarbhasūtra），汉译佛经中有姚秦佛陀耶舍译《虚空藏经》、唐不空译《虚空藏菩萨所问经》和隋阇那崛多译《虚空孕菩萨经》等。

了解那些根本重罪。（104）

शिक्षासमुच्चयोऽवश्यं द्रष्टव्यश्च पुनः पुनः।
विस्तरेण सदाचारो यस्मात्तत्र प्रदर्शितः॥ १०५॥

今译：《菩萨学集》①肯定
　　　应该反复地阅读，
　　　因为此经详细地
　　　说明菩萨的戒行。（105）

संक्षेपेणाथवा तावत्पश्येत्सूत्रसमुच्चयम्।
आर्यनागार्जुनाबद्धं द्वितीयं च प्रयत्नतः॥ १०६॥

今译：或者可以努力阅读
　　　简明扼要的《经集》，
　　　还有圣者龙树菩萨
　　　编撰的第二部经②。（106）

यतो निवार्यते यत्र यदेव च नियुज्यते।
तल्लोकचित्तरक्षार्थं शिक्षां दृष्ट्वा समाचरेत्॥ १०७॥

今译：阅读菩萨学后，凡是
　　　经中的禁戒和规定，
　　　为了保护世人的心，
　　　都应该遵照执行。（107）

天译：若人心護戒，所行悉已見。

एतदेव समासेन संप्रजन्यस्य लक्षणम्।
यत्कायचित्तावस्थायाः प्रत्यवेक्षा मुहुर्मुहुः॥ १०८॥

今译：应该经常不断，

---

① 《菩萨学集》（Śikṣāsamuccaya），汉译有宋法护等译《大乘集菩萨学论》。
② "第二部经"可能指龙树编撰的另一部《经集》。

观察身心的状况，
简而言之，这是
正知的主要特征。（108）

天译：若身若心位，當微細觀察。

कायेनैव पठिष्यामि वाक्पाठेन तु किं भवेत्।
चिकित्सापाठमात्रेण रोगिणः किं भविष्यति॥ १०९॥

今译：我要用身体诵读，
口头诵读有何用？
若仅仅诵读药方，
试想病人会怎样？（109）

天译：口誦身不行，當得何所喻？
譬如重病人，空談於藥力。
虛空藏經中，說謨羅波底。①
如見集戒定，廣如經所說。②
聖龍樹菩薩，一心之所集，
隨所住之處，勸恒伸供養。③

---

① 这两句与梵本第 104 颂对应。"谟罗波底"是 mūlāpatti（"根本重罪"）的音译。
② 这两句与梵本第 105 颂对应。
③ 此颂与梵本第 106 颂对应。

६ क्षान्तिपारमिता नाम षष्ठः परिच्छेदः ।

今译：第六 忍辱波罗蜜品

天译：菩提心忍辱波羅蜜多品第四

सर्वमेतत्सुचरितं दानं सुगतपूजनम् ।
कृतं कल्पसहस्रैर्यत्प्रतिघः प्रदिहन्ति① तत् ॥ १ ॥

今译：布施和供奉如来，
　　　数千劫积累的善行，
　　　一旦生起嗔怒心，
　　　就会毁灭这一切。（1）

天译：奉行諸善業，施戒而先導，
　　　供養於如來，百千劫無盡。②

न च द्वेषसमं पापं न च क्षान्तिसमं तपः ।
तस्मात्क्षान्तिं प्रयत्नेन भावयेद्द्विविधैर्नयैः ॥ २ ॥

今译：罪垢莫大于憎恨，
　　　苦行莫大于忍辱，
　　　因此，应该采取各种
　　　方法，努力修习忍辱。（2）

---

① 据 P 本和 P 注，प्रदिहन्ति 应为 प्रतिहन्ति。
② 这颂实际只译出前半颂的意思，而未译出后半颂的意思。

天译：修行於羼提^①，嗔罪而不立，
　　　觀種種體空，是故一心忍。^②

**मनः शमं न गृह्णाति न प्रीतिसुखमश्नुते।
न निद्रां न धृतिं याति द्वेषशल्ये हृदि स्थिते॥ ३॥**

今译：憎恨之箭扎在心头，
　　　思想不能保持平静，
　　　无法享受幸福快乐，
　　　寝不成眠，不得安宁。（3）

天译：不得貪快樂，^③守意令平等，^④
　　　心有嗔惱病，無睡恒不足。

**पूजयत्यर्थमानैर्यान् येऽपि चैनं समाश्रिताः।
तेऽप्येनं हन्तुमिच्छन्ति स्वामिनं द्वेषदुर्भगम्॥ ४॥**

今译：即使人们前来投靠他，
　　　他也给予财物和礼遇，
　　　而他暴躁易怒，人们
　　　仍然想杀害这位主人。（4）

天译：彼此有施主，供給於利養，
　　　隨彼愛重心，無得生瞋惱。

**सुहृदोऽप्युद्विजन्तेऽस्माद् ददाति न च सेव्यते।
संक्षेपान्नास्ति तत्किंचित् क्रोधनो येन सुस्थितः॥ ५॥**

---

① "羼提"是 kṣānti（"忍辱"）的音译。
② 这颂是依据原文中的一些词语拼凑成句，而没有完整而正确地译出原意。
③ 这句中，"贪"的原词是 aśnuti，词义是"吃"或"享受"。因此，句义是"不能享受快乐"。
④ 这句中，"平等"的原词是 śamam，词义是"平静"。这里可能将 śamam（"平静"）一词误读为 samam（"平等"）。而且，这句原文是否定句。因此，句义是"不能获得平静"。

今译：即使他布施，也没有人
　　　侍奉他，朋友也厌弃他，
　　　总而言之，愤怒的人，
　　　无论如何都不得安宁。（5）

天译：凡諸親近事，不起於憎嫌，
　　　於彼無所瞋，乃得其安樂。

एवमादीनि दुःखानि करोतीत्यरिसंज्ञया।
यः क्रोधं हन्ति निर्बन्धात् स सुखीह परत्र च॥ ६॥

今译：这个敌人①会造成
　　　诸如此类的痛苦，
　　　而坚决消灭愤怒，
　　　则今生来世幸福。（6）

天译：忍如是等事，若對於冤家，
　　　於瞋若能除，世世獲安樂。

अनिष्टकरणाज्जातमिष्टस्य च विघातनात्।
दौर्मनस्याशनं प्राप्य द्वेषो दृप्तो निहन्ति माम्॥ ७॥

今译：不喜欢的事出现，
　　　喜欢的事遭破坏，
　　　在忧愁烦恼滋养下，
　　　傲慢的憎恨伤害我。（7）

天译：冤若生於心，於愛亦無喜，
　　　若飡瞋惱食，無忍善不壞。

तस्माद्विघातयिष्यामि तस्याशनमहं रिपोः।
यस्मान्न मद्घादन्यत्कृत्यमस्यास्ति वैरिणः॥ ८॥

---

① "这个敌人"指愤怒。

今译：因为除了伤害我，
　　　这个敌人无事可做，
　　　所以我要毁灭滋养
　　　这个敌人的食物。（8）

天译：彼食我大冤，於我無善利，
　　　知彼冤不食，是故忍堅牢。

अत्यनिष्टागमेनापि न क्षोभ्या मुदिता मया।
दौर्मनस्येऽपि नास्तीष्टं कुशलं त्ववहीयते॥ ९॥

今译：即使遇到极不喜欢的事，
　　　我也不受干扰，保持高兴，
　　　因为忧愁烦恼不会产生
　　　喜欢的事，反而减损善业。（9）

天译：凡見冤來去，歡喜而不瞋，
　　　於冤若起瞋，善利終滅盡。

यद्यस्त्येव प्रतीकारो दौर्मनस्येन तत्र किम्।
अथ नास्ति प्रतीकारो दौर्मनस्येन तत्र किम्॥ १०॥

今译：如果有对治法，
　　　何必为此烦恼？
　　　或者没有对治法，
　　　烦恼又有什么用？（10）

天译：忍心常若此，令瞋不得起，
　　　住忍無時節，瞋冤自不生。

दुःखं न्यक्कारपारुष्यमयशश्चेत्यनीप्सितम्।
प्रियाणामात्मनो वापि शत्रोश्चैतद्विपर्ययात्॥ ११॥

今译：不愿意亲人或自己

遭遇痛苦，蒙受侮辱，
听到恶言，损害名誉，
而对敌人则与此相反。(11)

天译：若人自保愛，不作惡口業，
　　　口業若不離，後感冤家苦。

कर्थंचिल्लभ्यते सौख्यं दुःखं स्थितमयत्नतः।
दुःखेनैव च निःसारः चेतस्तस्माद् दृढीभव॥ १२॥

今译：幸福获得十分艰难，
　　　痛苦出现轻而易举，
　　　即使出离也很痛苦，
　　　因此，心啊，要坚定！(12)

天译：畏苦不出離，不行眾苦因，
　　　是故堅忍心，獲得諸快樂。

दुर्गापुत्रककर्णाटा दाहच्छेदादिवेदनाम्।
वृथा सहन्ते मुक्त्यर्थमहं कस्मात्तु कातरः॥ १३॥

今译：难近母弟子迦那吒[①]人，
　　　即使徒劳无益，尚且能
　　　忍受火烧、刀砍等痛苦，[②]
　　　我追求解脱，为何胆怯？(13)

天译：彼訥陵誐子[③]，邪見求解脫，
　　　刀割火燒身，無利由能忍。

न किंचिदस्ति तद्वस्तु यदभ्यासस्य दुष्करम्।

[①] "迦那吒"（Karṇāṭa）是南印度的一个国名。
[②] 这里指婆罗门教难近母崇拜者的苦行方式。
[③] "訥陵誐子"也就是"难近母弟子"（durgāputraka）。

तस्मान्मृदुव्यथाभ्यासात् सोढव्यापि महाव्यथा॥ १४॥

今译：习惯成自然，世上
　　　就没有什么难事，
　　　习惯种种小痛苦，
　　　就能忍受大痛苦。（14）

天译：愚癡無正見，虛受大苦惱，
　　　我以菩提心，云何苦不忍？

उद्दंशदंशमशकक्षुत्पिपासादिवेदनाम्।
महत्कण्ड्वादिदुःखं च किमनर्थं न पश्यसि॥ १५॥

今译：你难道没有看到，
　　　虱咬、蚊叮和饥渴，
　　　大疥疮等等痛楚，
　　　已变得无足轻重？（15）

天译：蚊蚤壁虱等，常飢渴苦惱，
　　　大痒煩苦人，住忍而不見。

शीतोष्णवृष्टिवाताध्वव्याधिबन्धनताडनैः।
सौकुमार्यं न कर्तव्यमन्यथा वर्धते व्यथा॥ १६॥

今译：冷热、风雨、旅途、
　　　患病、拘禁和挨打，
　　　面对这些，不应软弱，
　　　否则，痛苦反而增长。（16）

天译：寒熱并雨風，病枷鏁搥打，
　　　被諸苦惱事，忍不求快樂。①

---

① 此处"快乐"的原词是 saukumāryam，词义是"柔软"或"软弱"。因此，这句的句义是"不应软弱"。这里可能是将 saukumāryam（"软弱"）一词误读为 saukhyam（"快乐"）。

केचित्स्वशोणितं दृष्ट्वा विक्रमन्ते विशेषतः।
परशोणितमप्येके दृष्ट्वा मूर्छां व्रजन्ति यत्॥ १७॥

今译：有些人一看到自己
　　　流血，勇气得到激发，
　　　而有些人一看到别人
　　　流血，也会顿时昏厥。（17）

天译：殺他血流迸，堅牢心勇猛，
　　　割身自見血，怕怖而驚倒。①

तच्चित्तस्य दृढत्वेन कातरत्वेन चागतम्।
दुःखदुर्योधनस्तस्माद्द्वेदभिभवेद्व्यथाम्॥ १८॥

今译：出现这两种不同情形，
　　　在于心的勇猛和怯懦，
　　　因此，应该勇敢面对
　　　痛苦，努力征服痛苦。（18）

दुःखेऽपि नैव चित्तस्य प्रसादं क्षोभयेद् बुधः।
संग्रामो हि सह क्लेशैर्युद्धे च सुलभा व्यथा॥ १९॥

今译：即使遇到痛苦，智者
　　　也不会乱了清净心，
　　　因为与烦恼进行战斗，
　　　战斗中难免遭受痛苦。（19）

天译：智者心清淨，常懼瞋惱侵，
　　　與煩惱相持，忍心恒勇猛。

उरसारातिघातान् ये प्रतीच्छन्तो जयन्त्यरीन्।
ते ते विजयिनः शूराः शेषास्तु मृतमारकाः॥ २०॥

---

① 这颂译文的意思与原意相反。

今译：挺胸承受打击，
　　　勇敢战胜敌人，
　　　这些胜者是勇士，
　　　其他人是戮尸者。（20）

天译：蛇腹行在地[①]，喻瞋伏於心，
　　　殺之謂無勇，殺彼得最勝。

गुणोऽपरश्च दुःखस्य यत्संवेगान्मदच्युतिः।
संसारिषु च कारुण्यं पापाद्भीतिर्जिने स्पृहा॥ २१॥

今译：痛苦也有好处，让人
　　　心生厌离，摆脱骄傲，
　　　怜悯轮回中的众生，
　　　惧怕罪恶，热爱佛陀。（21）

天译：如来大悲者，愍苦說輪迴，
　　　使識罪根本，住忍而不作。

पित्तादिषु न मे कोपो महादुःखकरेष्वपि।
सचेतनेषु किं कोपः तेऽपि प्रत्ययकोपिताः॥ २२॥

今译：我既然不对造成病痛的
　　　那些胆汁、粘液和风发怒，[②]
　　　又何必对有情众生发怒？
　　　他们发怒也由因缘造成。（22）

天译：父母何計心[③]，懼子遭淪溺，
　　　持心離瞋怒，自遠大苦報。

[①] 本颂中并无"蛇腹行在地"这个词组。这里可能是将 uras（"胸"）一词误读为 uraga（"蛇"）。
[②] 印度古人认为人的病痛源自体内胆汁、粘液和风失调。
[③] 本颂中并无"父母何计心"这个词组。这里可能是将 pitta（"胆汁"）一词误读为 pitṛ（"父亲"）。

अनिष्यमाणमप्येतच्छूलमुत्पद्यते यथा।
अनिष्यमाणोऽपि बलात्क्रोध उत्पद्यते तथा॥ २३॥

今译：正如这种病痛，即使
　　　不愿看到，也会产生，
　　　同样，这种愤怒，即使
　　　不愿看到，仍强行产生。（23）

天译：譬如無智人，令罪而得生，
　　　修行而無智，瞋生亦復尔。

कुप्यामीति न संचिन्त्य कुप्यति स्वेच्छया जनः।
उत्पत्स्य इत्यभिप्रेत्य क्रोध उत्पद्यते न च॥ २४॥

今译：人并不想要发怒，
　　　却自然而然发怒，
　　　而愤怒想要发怒，
　　　它也不能够产生。（24）

天译：欲住不思議，當須持自心，
　　　於此生愛重，令瞋不生起。

ये केचिदपराधाश्च पापानि विविधानि च।
सर्वं तत्प्रत्ययबलात् स्वतन्त्रं तु न विद्यते॥ २५॥

今译：无论什么错误过失，
　　　各种各样的罪恶，
　　　全都出自因缘之力，
　　　并不是自主产生。（25）

天译：若貪彼塵境，而生種種罪，
　　　因彼諸業力，而不得自由。

न च प्रत्ययसामग्र्या जनयामीति चेतना।

न चापि जनितस्यास्ति जनितोऽस्मीति चेतना॥ २६॥

今译：因缘和合并不会
　　　想到"我要产生"，
　　　所产生者也不会
　　　想到"我已产生"。（26）

天译：於境若不貪，彼集無因立，
　　　和合心無故，是故無有生。

यत्रधानं किलाभीष्टं यत्तदात्मेति कल्पितम्।
तदेव हि भवामीति न संचिन्त्योपजायते॥ २७॥

今译：那种愿望的原质，
　　　或者设想的自我，①
　　　也不是它们想到
　　　"我要产生"便产生。（27）

天译：不貪而不生，無得而自說，
　　　我得如是故，是生不思議。

अनुत्पन्नं हि तन्नास्ति क इच्छेद्भवितुं तदा।
विषयव्यापृतत्वाच्च निरोद्धुमपि नेहते॥ २८॥

今译：不出生者不存在，②
　　　那么，是谁想出生？
　　　而如果执著对象，
　　　也就不希望断灭。（28）

天译：彼無生不生，是得云何有？
　　　瞻察於彼此，滅盡得無餘。

---

① 按照数论的观点，"原质"（prakṛti）和"自我"（ātman）是万物的产生者。
② "不出生者"指原质和自我。这里意谓它们不出生，也就不存在。

नित्यो ह्यचेतनश्चात्मा व्योमवत् स्फुटमक्रियः।
प्रत्ययान्तरसङ्गेऽपि निर्विकारस्य का क्रिया॥ २९॥

今译：这个自我永远无意识，
　　　显然如同虚空无作用，
　　　即使它遇到其他因缘，
　　　也毫无变化，作用何在？（29）

天译：此心恒清淨，喻隨色摩尼①，
　　　所變悉從因，無因相何有？

यः पूर्ववत् क्रियाकाले क्रियायास्तेन किं कृतम्।
तस्य क्रियेति संबन्धे कतरत्तन्निबन्धनम्॥ ३०॥

今译：起作用时也保持原样，
　　　那么，它能起什么作用？
　　　如果这就是它的作用，
　　　两者间的联系是什么？②（30）

天译：過去行行時，彼行何所作？
　　　隨彼所行因，等因而感果。

एवं परवशं सर्वं यद्वशं सोऽपि चावशः।
निर्माणवदचेष्टेषु भावेष्वेवं क्व कुप्यते॥ ३१॥

今译：一切都依他③而存在，
　　　既然依他，就不自主；
　　　一切事物似幻化，
　　　何必对它们发怒？（31）

---

① 本颂中并无"随色摩尼"一词。这里可能将 sphuṭam（"显然"）一词误读为 sphaṭika（"玻璃珠"或"摩尼珠"）。
② "两者间的联系"指自我和作用之间的联系。
③ "依他"（paravaśa）指依靠其他因缘。

天译：一切雖由因，因善惡由心，
　　　　說求性寂靜，如是有何過？

**वारणापि न युक्तैवं कः किं वारयतीति चेत्।
युक्ता प्रतीत्यता यस्माद्दुःखस्व**①**स्योपरतिर्मता॥ ३२॥**

今译：如果认为谁能阻断
　　　什么？故而无须阻断；
　　　回答是由于存在因缘，
　　　应该阻断，以制住痛苦。②（32）

天译：若取和合因，是樂於苦惱③，
　　　　此心不可住，智人應自勸。

**तस्मादमित्रं मित्रं वा दृष्ट्वाप्यन्यायकारिणम्।
ईदृशाः प्रत्यया अस्येत्येवं मत्वा सुखी भवेत्॥ ३३॥**

今译：因此，看到敌人或
　　　朋友做事不合理，
　　　想到这些产生于
　　　因缘，就不会生气。（33）

天译：是故見冤家，想作善知識，
　　　　因行如是行，當獲得快樂。

**यदि तु स्वेच्छया सिद्धिः सर्वेषामेव देहिनाम्।
न भवेत्कस्यचिद्दुःखं न दुःखं कश्चिदिच्छति॥ ३४॥**

---

① 据 P 本和 P 注，这里的 **स्व** 应删去。
② 这里的"阻断"指阻断愤怒。愤怒由因缘产生。明白这个道理，就能阻断愤怒，以制止痛苦。
③ 这句中，与 duḥkha（"苦恼"或"痛苦"）相连的原词是 uparati（"停止"或"制住"），而非 rati（"乐于"）。

今译：如果世上一切众生
　　　都能事事称心如意，
　　　那就谁也不会有痛苦，
　　　因为谁都不愿意痛苦。（34）

天译：如是諸有情，由業不自在，
　　　自在若成就，誰肯趣於苦？

प्रमादादात्मनात्मानं बाधन्ते कण्टकादिभिः।
भक्तच्छेदादिभिः कोपादुरापरूप्यादिलिप्सया॥ ३५॥

今译：人们不小心，用荆棘
　　　等等自己刺伤自己，
　　　或因愤怒、失恋和
　　　贪欲，采取绝食等等。（35）

天译：散亂心緣塵，心被刺不覺，
　　　食斷食增瞋，於苦而返愛。

उद्बन्धनप्रपातैश्च विषापथ्यादिभक्षणैः।
निघ्नन्ति केचिदात्मानमपुण्याचरणेन च॥ ३६॥

今译：自缢、跳崖、吞食
　　　毒药或异物等等，
　　　有些人使用这些
　　　不纯洁手段自尽。（36）

天译：自若無福行，返愛纏縛業，
　　　如殢毒藥食，墮於生死崖。

यदैवं क्लेशवश्यवाद्[①] घ्नन्त्यात्मानमपि प्रियम्।
तदैषां परकायेषु परिहारः कथं भवेत्॥ ३७॥

---

① 据 P 本和 P 注，वश्यवाद् 应为 वश्यत्वाद्。

今译：一旦陷入烦恼，甚至
　　　可以杀死可爱的自己，
　　　那么，对于别人的身体，
　　　他们怎么会有所收敛？（37）

天译：自住是煩惱，誠由不自護，
　　　欲解脫他人，此事何由得？

क्लेशोन्मत्तीकृतेष्वेषु प्रवृत्तेष्वात्मघातने।
न केवलं दया नास्ति क्रोध उत्पद्यते कथम्॥ ३८॥

今译：在烦恼而痴迷的
　　　状态下，杀害自己，
　　　怎么能对此非但
　　　不同情，还要发怒？（38）

天译：煩惱迷昏濁，而致於自殺，
　　　毒盛無有悲，云何瞋不護？

यदि स्वभावो बालानां परोपद्रवकारिता।
तेषु कोपो न युक्तो मे यथाग्नौ दहनात्मके॥ ३९॥

今译：如果对他人造成危害，
　　　这出自愚夫们的本性，
　　　正如燃烧是火的属性，
　　　我不应该对他们发怒。（39）

天译：自性既愚迷，於他行嬈亂，
　　　生彼瞋無疑，如火而能燒。

अथ दोषोऽयमागन्तुः सत्त्वाः प्रकृतिपेशलाः।
तथाप्ययुक्तस्तत्कोपः कटुधूमे यथाम्बरे॥ ४०॥

今译：或者，众生本性善良，

只是偶尔疏失犯错，
犹如天空出现烟雾，
也不应该对他们发怒。（40）

天译：有情性愚时，所行諸過失，
愚迷故若此，如煙熏虛空。

मुख्यं दण्डादिकं हित्वा प्रेरके यदि कुप्यते।
द्वेषेण प्रेरितः सोऽपि द्वेषे द्वेषोऽस्तु मे वरम्॥ ४१॥

今译：如果不责怪棍杖等等，
而对那个打人者发怒，
那么，他受憎恨驱使，
我宁可憎恨这憎恨。（41）

天译：若人瞋不護，愚迷無智故，
喻持杖勸人，而增彼瞋惱。

मयापि पूर्वं सत्त्वानामीदृश्येव व्यथा कृता।
तस्मान्मे युक्तमेवैतत्सत्त्वोपद्रवकारिणः॥ ४२॥

今译：我自己在前生曾经给
众生造成这样的痛苦，
因此，我这危害众生者
应该遭受同样的痛苦。（42）

天译：我於過去生，苦惱諸有情，
是故於今身，被苦惱能忍。

तच्छस्त्रं मम कायश्च द्वयं दुःखस्य कारणम्।
तेन शस्त्रं मया कायो गृहीतः कुत्र कुप्यते॥ ४३॥

今译：他的武器和我的身体，

两者都是痛苦的原因，
他执持武器，我执持
身体，应该向谁发怒？（43）

天译：我身喻於鐵，受彼燒鎚鍛，
如彼鐵持身，何得有其苦？

गण्डोऽयं प्रतिमाकारो गृहीतो घट्टनासहः।
तृष्णान्धेन मया तत्र व्यथायां कुत्र कुप्यते॥ ४४॥

今译：我贪婪盲目，执持的
这个身体如同脓包，
不堪打击，陷入痛苦，
我又应该向谁发怒？（44）

天译：我今看此身，如無情形像，
雖被諸苦惱，而瞋無所起。

दुःखं नेच्छामि दुःखस्य हेतुमिच्छामि बालिशः।
स्वापराधागते दुःखे कस्मादन्यत्र कुप्यते॥ ४५॥

今译：我这愚人不喜欢痛苦，
却喜欢这痛苦的原因①，
由于自己的过失，陷入
痛苦，为何向别人发怒？（45）

天译：愚迷起愛業，不知其苦本，
得苦緣自過，云何生瞋惱？

असिपत्रवनं यद्वद्यथा नारकपक्षिणः।
मत्कर्मजनिता एव तथेदं कुत्र कुप्यते॥ ४६॥

---

① "这痛苦的原因"指身体。

今译：正如地狱中的剑叶林，
　　　以及各种可怕的猛禽，
　　　这一切都由自己的业
　　　造成，应该向谁发怒？（46）

天译：喻受地狱苦，飛禽劍林等，
　　　知自業所生，何處有瞋惱？

**मत्कर्मचोदिता एव जाता मय्यपकारिणः।
येन यास्यन्ति नरकान्मयैवामी हता ननु॥ ४७॥**

今译：在我的恶业驱动下，
　　　其他的人对我作恶，
　　　他们由此堕入地狱，
　　　我岂不是害了他们？（47）

天译：我得如是業，此過知所起，
　　　設令入地獄，不由他所作。

**एतानाश्रित्य मे पापं क्षीयते क्षमतो बहु।
मामाश्रित्य तु यान्त्येते नरकान् दीर्घवेदनान्॥ ४८॥**

今译：缘于他们，我忍辱，
　　　消除了许多罪业，
　　　缘于我，他们堕入
　　　地狱，长期受苦。（48）

天译：欲盡我之業，無量無有邊，
　　　我業既如是，長時受地獄。

**अहमेवापकार्येषां ममैते चोपकारिणः।
कस्माद्विपर्ययं कृत्वा खलचेतः प्रकुप्यसि॥ ४९॥**

今译：我曾经危害他们，

而他们施恩于我,
卑劣的心啊,为何
你颠倒是非要发怒?(49)

天译:我此過如是,彼實我冤家①,
云何分別知,愚迷瞋造作?

भवेन्ममाशयगुणो न यामि नरकान् यदि।
एषामत्र किमायातं यद्यात्मा रक्षितो मया॥ ५०॥

今译:如果靠心愿和功德,
我没有堕入地狱,
但我自己保护自己,
那么,他们怎么办?(50)

天译:若人自護持,對冤忍不恚,
是心功德生,地獄云何入?

अथ प्रत्यपकारी स्यां तथाप्येते न रक्षिताः।
हीयते चापि मे चर्या नस्मान्② ष्टास्तपस्विनः॥ ५१॥

今译:如果我以怨报怨,
他们得不到保护,
我的菩提行也减损,
可怜众生会毁灭。(51)

天译:盡我之所行,得因如彼時,
不忍瞋不護,破壞於修行。

मनो हन्तुममूर्तत्वान्न शक्यं केनचित्कचित्।

---

① 与"冤家"对应的的原词是 upakārin("施恩者")。这里可能是将 upakārin 一词误读为 apakārin("冤家")。

② 据 P 本,नस्मान् 应为 तस्मान्。

शरीराभिनिवेशात्तु चित्तं दुःखेन बाध्यते॥५२॥

今译：心没有形体，无人
　　　能在哪儿伤害它，
　　　只因为它执著身体，
　　　故而遭受痛苦折磨。（52）

天译：意無相無形，散亂即破壞，
　　　由身護持故，身苦當忍受。

न्यकारः परुषं वाक्यमयशश्चेत्ययं गणः।
कायं न बाधते तेन चेतः कस्मात्प्रकुप्यसि॥ ५३॥

今译：蒙受侮辱，听到恶言，
　　　损害名誉，诸如此类，
　　　并不伤害身体，因此，
　　　心啊，你为何发怒？（53）

天译：我於口惡業，眾過而不作，
　　　身不被眾苦，云何心有瞋？

मय्यप्रसादो योऽन्येषां स मां किं भक्षयिष्यति।
इह जन्मान्तरे वापि येनासौ मेऽनभीप्सितः॥ ५४॥

今译：其他人不喜欢我，
　　　这在今生或来世，
　　　对我有什么伤害，
　　　以至我会不乐意？（54）

天译：我於今生中，淨心行利行，
　　　於利益既無，何事於食飲？

लाभान्तरायकारित्वाद् यद्यसौ मेऽनभीप्सितः।
नङ्क्ष्यतीहैव मे लाभः पापं तु स्थास्यति ध्रुवम्॥ ५५॥

今译：如果鉴于妨碍获得
　　　财物，我不希望这样，
　　　那么，财物在今生会
　　　毁灭，罪业却会留存。（55）

天译：凡所作為事，要在於利他，
　　　彼無利非愛，定獲罪無疑。

वरमद्यैव मे मृत्युर्न मिथ्याजीवितं चिरम्।
यस्माच्चिरमपि स्थित्वा मृत्युदुःखं तदेव मे॥ ५६॥

今译：我宁可今日就死去，
　　　也不愿意长久苟活，
　　　因为即使活得很久，
　　　依然遭受死亡痛苦。（56）

天译：不如今殞沒，無貪邪壽命，
　　　邪命住雖久，死當墮苦趣。

स्वप्ने वर्षशतं सौख्यं भुक्त्वा यश्च विबुध्यते।
मुहूर्तमपरो यश्च सुखी भूत्वा विबुध्यते॥ ५७॥

今译：这个人在梦中享受
　　　百年快乐后醒来，
　　　那个人在梦中享受
　　　片刻快乐后醒来。（57）

天译：譬如在夢中，百年受快樂，
　　　如真實得樂，覺已知暫非。

ननु निवर्तेते सौख्यं द्वयोरपि विबुद्धयोः।
सैवोपमा मृत्युकाले चिरजीव्यल्पजीविनोः॥ ५८॥

今译：这两个人梦醒后，

快乐难道会返回？
这如同面临死亡，
长命短命都一样。(58)

天译：喻彼時無常，壽命之延促，
覺此二事已，彼何得快樂？

लब्ध्वापि च बहू①ल्लाभान् चिरं भुक्त्वा सुखान्यपि।
रिक्तहस्तश्च नग्नश्च यास्यामि मुषितो यथा॥ ५९॥

今译：纵然获得许多财物，
长期享受种种快乐，
我将赤身空手逝去，
犹如遭到盗贼洗劫。(59)

天译：久處於歡娛，自謂得多益，
如行人被劫，裸形復空手。

पापक्षयं च पुण्यं च लाभाजीवन् करोमि चेत्।
पुण्यक्षयश्च पापं च लाभार्थं क्रुध्यतो ननु॥ ६०॥

今译：如果我活着获取财物，
行善积德，消除罪业，
那么，为获取财物发怒，
岂不是作恶，毁坏功德？（60）

天译：福利隨過減，罪根還復生，
福盡罪不生，為獲不瞋利。

यदर्थमेव जीवामि तदेव यदि नश्यति।
किं तेन जीवितेनापि केवलाशुभकारिणा॥ ६१॥

---

① 据 P 本，बहू 应为 बहू。

今译：我为那个目的而活，
　　　如果它遭到了毁灭，
　　　那么，只能作恶的
　　　这个生命又有何用？（61）

天译：彼何為活命，一向作不善？
　　　如是不思惟，無善不破壞。

अवर्णवादिनि द्वेषः सत्त्वान्नाशयतीति चेत्।
परायशस्करेऽप्येवं कोपस्ते किं न जायते॥ ६२॥

今译：如果想到会危害众生，
　　　而憎恨诽谤你的人，
　　　那么，别人受到诽谤，
　　　你为何不同样愤怒？（62）

天译：無得讚於瞋，破壞有情故，
　　　如是心利他，彼瞋無由生。

परायत्ताप्रसादत्वादप्रसादिषु ते क्षमा।
क्लेशोत्पादपरायत्ते क्षमा नावर्णवादिनि॥ ६३॥

今译：如果嫌弃事关他人，
　　　你能忍受这些嫌弃，
　　　却不能忍受他人出自
　　　烦恼而对你的诽谤。（63）

天译：為彼修心人，於忍不住故，
　　　見彼煩惱生，是讚忍功德。

प्रतिमास्तूपसद्धर्मनाशकाक्रोशकेषु च।
न युज्यते मम द्वेषो बुद्धादीनां न हि व्यथा॥ ६४॥

今译：对那些破坏和诋毁
　　　佛像、佛塔和佛法者，

我不憎恨他们,因为
这不造成佛等等痛苦。(64)

天译:塔像妙法等,有謗及破壞,
　　　佛等無苦惱,我於彼不瞋。

गुरुसालोहितादीनां प्रियाणां चापकारिषु।
पूर्ववत्प्रत्ययोत्पादं दृष्ट्वा कोपं निवारयेत्॥ ६५॥

今译:对那些伤害可爱的
　　　老师和亲友等等者,
　　　如上所述,想到因缘,
　　　就不必对他们发怒。(65)

天译:於師并眷屬,不作於愛業,
　　　今因過去生,見之而自勉。

चेतनाचेतनकृता देहिनां नियता व्यथा।
सा व्यथा चेतने दृष्टा क्षमस्वैनां व्यथामतः॥ ६६॥

今译:有情物和无情物肯定
　　　都会造成众生痛苦,
　　　因此,看到有情物造成
　　　痛苦,你要忍受这痛苦。(66)

天译:覺心觀有情,恒在眾苦惱,
　　　見彼如是已,於苦惱能忍。

मोहादेकेऽपराध्यन्ति कुप्यन्त्यन्ये विमोहिताः।
ब्रूमः कमेषु निर्दोषं कं वा ब्रूमोऽपराधिनम्॥ ६७॥

今译:一些人愚痴而害人,
　　　另一些人愚痴而发怒,
　　　我们能说哪个无错?

或者能说哪个有错？（67）

天译：瞋恚与愚癡，分别過一等，
於此毒過咎，何得說無過？

**कस्मादेवं कृतं पूर्वं येनैवं बाध्यसे परैः।
सर्वे कर्मपरायत्ताः कोऽहमत्रान्यथाकृतौ॥ ६८॥**

今译：为何以前造下这种业，
由此如今受别人伤害？
这一切都由业造成，
我又怎么能改变它？（68）

天译：云何於過去，而作害他業？
如是諸業因，間斷此何作？

**एवं बुद्ध्वा तु पुण्येषु तथा यत्नं करोम्यहम्।
येन सर्वे भविष्यन्ति मैत्रचित्ताः परस्परम्॥ ६९॥**

今译：但是知道这些后，
我会努力做善事，
由此所有人都会
互相怀有仁慈心。（69）

天译：如佛[①]福亦然，我今一心作，
與一切有情，慈心互相覩。

**दह्यमाने गृहे यद्दह्यग्निर्गत्वा गृहान्तरम्।
तृणादौ यत्र सज्येत तदाकृष्यापनीयते॥ ७०॥**

今译：犹如火烧着这间屋，
正在移向另一间屋，

[①] 本颂中并无"佛"这个词。与第 5 品第 84 颂相同，这里是将 buddhvā（"知道"）一词误读为 buddha（"佛"）。

公引烧那里的草木，
应赶快将它们撤离。（70）

天译：喻火燒其舍，舍中而火入，
舍中若有草，彼火自延蔓。

एवं चित्तं यदासङ्गाद्दह्यते द्वेषवह्निना।
तत्क्षणं तत्परित्याज्यं पुण्यात्मोद्दाहशङ्कया॥ ७१॥

今译：同样，心有执著物，
便受憎恨之火焚烧；
赶快抛弃执著物，
以免烧毁功德身。（71）

天译：如是還喻心，和合於瞋火，
燒彼福功德，剎那無所有。

मारणीयः करं छित्त्वा मुक्तश्चेत्किमभद्रकम्।
मनुष्यदुःखैर्नरकान्मुक्तश्चेत्किमभद्रकम्॥ ७२॥

今译：如果死囚砍断手臂，
得以脱身，有何不妥？
如果忍受人间痛苦，
摆脱地狱，有何不妥？（72）

天译：若人殺在手，放之善可稱，
地獄苦能免，此善誰不讚？

यद्येतन्मात्रमेवाद्य दुःखं सोढुं न पार्यते।
तन्नारकव्यथाहेतुः क्रोधः कस्मान्न वार्यते॥ ७३॥

今译：如果这么一点儿痛苦，
你现在也不能够忍受，
那么，为何不抑止愤怒？

这是地狱受苦的原因。(73)

天译：若人在世间，少苦不能忍，
　　　地狱苦無量，瞋因何不斷？

**कोपार्थमेवमेवाहं नरकेषु सहस्रशः।
कारितोऽस्मि न चात्मार्थः परार्थो वा कृतो मया॥ ७४॥**

今译：正是愤怒造成我
　　　千百次堕入地狱，
　　　既不为自己造福，
　　　也不为他人造福。(74)

天译：我以如是苦，歷百千地獄，
　　　一一為利他，所作不自為。①

**न चेदं तादृशं दुःखं महार्थं च करिष्यति।
जगद्दुःखहरे दुःखे प्रीतिरेवात्र युज्यते॥ ७५॥**

今译：而这痛苦不像那样，
　　　旨在实现伟大目的，
　　　解除众生的苦难，
　　　痛苦中蕴含愉悦。(75)

天译：我無如是等，諸大苦惱事，
　　　以離世間故，為利如是行。

**यदि प्रीतिसुखं प्राप्तमन्यैः स्तुत्वा गुणोर्जितम्।
मनस्त्वमपि तं स्तुत्वा कस्मादेवं न तृष्यसि②॥ ७६॥**

---

① 这里原文中有一个 na（"不"），还有一个 vā（"或者"），因此，意思是"所作既不利他，也不利己"。

② 据 P 本，तृष्यसि 应为 हृष्यसि。

今译：如果称赞别人获得的
　　　快乐幸福，能增进功德，
　　　心啊，你为何不随同
　　　称赞，感受这样的喜悦？（76）

天译：離苦獲快樂，彼皆讚功德，
　　　得彼如是讚，云何而不喜？

इदं च ते हृष्टिसुखं निरवद्यं सुखोदयम्।
न वारितं च गुणिभिः परावर्जनमुत्तमम्॥ ७७॥

今译：你这样获得的喜悦，
　　　无可非议，增进幸福，
　　　有德之士们不会阻止，
　　　也是吸引众生的妙法。（77）

天译：彼既得如此，無礙之快樂，
　　　利他行最上，智者何不勉？

तस्यैव मुख①मित्येवं तदेदं② यदि न प्रियम्।
भृतिदानादिविरतेर्दृष्टादृष्टं हतं भवेत्॥ ७८॥

今译：认为这是别人的快乐，
　　　而不愿意这样做，那么，
　　　如同不支付仆从酬劳，
　　　今生来世都会受伤害。（78）

天译：如是最上行，得快樂不修，
　　　此見若不捨，破壞於正見。③

---

① 据 P 本，मुख 应为 सुख。
② 据 P 本，तदेदं 应为 तवेदं。
③ 本颂中的"此见"和"正见"的原词是 dṛṣṭādṛṣṭa（"可见和不可见"），实际是指"今生和来世"。

स्वगुणे कीर्त्यमाने च परसौख्यमपीच्छसि।
कीर्त्यमाने परगुणे स्वसौख्यमपि नेच्छसि॥ ७९॥

今译：自己的品德受称赞，
　　　你希望别人随同高兴；
　　　别人的品德受称赞，
　　　你却不愿意随同高兴。（79）

天译：若敬愛於他，以德而[①]稱讚，
　　　他德既稱讚，乃是自敬愛。

बोधिचित्तं समुत्पाद्य सर्वसत्त्वसुखेच्छया।
स्वयं लब्धसुखेष्वद्य कस्मात्सत्त्वेषु कुप्यसि॥ ८०॥

今译：既然你发起菩提心，
　　　盼望一切众生幸福，
　　　众生自己获得快乐，
　　　你为何对他们发怒？（80）

天译：當發菩提心，為一切有情，
　　　令得諸快樂，云何瞋有情？

त्रैलोक्यपूज्यं बुद्धत्वं सत्त्वानां किल वाञ्छसि।
सत्कारमित्वरं दृष्ट्वा तेषां किं परिदह्यसे॥ ८१॥

今译：你盼望众生都获得
　　　受三界崇拜的佛性，
　　　而看到他们受到了
　　　一些礼遇，为何焦躁？（81）

---

① 此处"而"字，据《中华大藏经》校勘记，"《资》、《碛》、《普》、《南》、《径》、《清》作'自'。"本颂原文中，有 sva（"自己"）一词。但无论是"而"或"自"，本颂没有正确译出原意。

天译：佛為三界供，欲有情成佛，
　　　世利得不實，彼煩惱何作？

पुष्णाति यस्त्वया पोष्यं तुभ्यमेव ददाति सः।
कुटुम्बजीविनं लब्ध्वा न हृष्यसि प्रकुप्यसि॥ ८२॥

今译：他养育原本应该由你
　　　养育者，确实有恩于你，
　　　获得这位家族供养者，
　　　你却不高兴，反而发怒。（82）

天译：若人之骨肉，乃及諸眷屬，
　　　養育與命等，不喜瞋何生？

स किं नेच्छसि① सत्त्वानां यस्तेषां बोधिमिच्छति।
बोधिचित्तं कुतस्तस्य योऽन्यसंपदि कुप्यति॥ ८३॥

今译：若盼望那些众生获得
　　　菩提，为何又不愿意？
　　　面对别人的成就发怒，
　　　这种人怎会有菩提心？（83）

天译：如彼求菩提，當用菩提心，
　　　而不愛有情，福自捨何瞋？

यदि तेन न तल्लब्धं स्थितं दानपतेर्गृहे।
सर्वथापि न तत्तेऽस्ति दत्तादत्तेन तेन किम्॥ ८४॥

今译：如果别人没有获得施舍，
　　　财物仍留在施主家中，
　　　但它全然与你无关系，
　　　何必管他施舍不施舍？（84）

---

① 据 P 本，नेच्छसि 应为 नेच्छति。

天译：若人有所求，出财大捨施，
　　　所求既不獲，不如财在舍。

किं वारयतु पुण्यानि प्रसन्नान् स्वगुणानथ।
लभमानो न गृह्णातु वद केन न कुप्यसि॥ ८५॥

今译：为何抛弃以往种种功德，
　　　抛弃自己的纯洁品德？
　　　获得了它们，不知守护，
　　　请问你为什么不发怒？（85）

天译：清淨功德福，何障而不獲？
　　　得已自不受，如住瞋修行。

न केवलं त्वमात्मानं कृतपापं न शोचसि।
कृतपुण्यैः सह स्पर्धामपरैः कर्तुमिच्छसि॥ ८६॥

今译：你不仅不为自身
　　　造下恶业忧愁悲伤，
　　　还想与其他行善
　　　积德的人攀比竞争。（86）

天译：作罪與作福，不同不隨喜，
　　　亦復不依作，當自一無得。①

जातं चेदप्रियं शत्रोस्त्वत्तुष्ट्या किं पुनर्भवेत्।
त्वदाशंसनमात्रेण न चाहेतुर्भविष्यति॥ ८७॥

今译：如果你的敌人不如意，
　　　满足了你，又怎么样？

---

① 这颂中，"作罪"（kṛtapāpam）与"自身"（ātmānam）相关联，均为单数，业格，指"作恶的自身"；"作福"（kṛtapuṇyaiḥ）与"他人"（aparaiḥ）相关联，均为复数，具格，指"行善的他人"。由于不顾及词语的语法形态，完全没有译出原意。

　　　　而并非你一厢情愿，
　　　　事情就会无端发生。（87）

天译：若愛於冤家，欲求其歡喜，
　　　復求諸讚說，此事無因得。①

अथ त्वदिच्छया सिद्धं तद्दुःखे किं सुखं तव।
अथाप्यर्थो भवेदेवमनर्थः को न्वतः परः॥ ८८॥

今译：即使凭你的意愿，让他
　　　陷入痛苦，你有什么快乐？
　　　如果这就是目的，那么，
　　　还有什么事比这更有害？（88）

天译：雖欲利圓滿，返苦而無樂，
　　　菩提心不忍，於利不成就。

एतद्धि बडिशं घोरं क्लेशबाडिशिकार्पितम्।
यतो नरकपालास्त्वां क्रीत्वा पक्ष्यन्ति कुम्भिषु॥ ८९॥

今译：因为这是烦恼渔夫
　　　安上的可怕鱼钩，
　　　地狱差吏会抓走你，
　　　投入火锅地狱烧煮。（89）

天译：煩惱之惡鉤，牽人不自在，
　　　由如地獄卒，擲人入湯火。

स्तुतिर्यशोऽथ सत्कारो न पुण्याय न चायुषे।

---

① 这颂中，"爱"的原词是 apriya（"不可爱"或"不愉快"），指"冤家不如意"。"欢喜"的原词是 tuṣṭyā（"满足"），与 tvad（"你"）组成复合词，指"满足了你"。"赞说"的原词是 āśaṃsana（"愿望"和"称赞"），与 tvad（"你"）和 mātra（"仅仅"）组成复合词，这里指"仅仅凭你的愿望"，即"一厢情愿"。

न बलार्थं न चारोग्ये न च कायसुखाय मे॥ ९०॥

今译：赞美、名声和待遇，
　　　不导向功德和长寿，
　　　不导向力量和健康，
　　　也不导向身体安乐。（90）

天译：我本求利他，何要虛稱讚？
　　　無福無壽命，無力無安樂。

एतावांश्च भवेत्स्वार्थो धीमतः स्वार्थवेदिनः।
मद्यद्यूतादि सेव्यं स्यान्मानसं सुखमिच्छता॥ ९१॥

今译：明白自己目的的智者，
　　　若以这些为自己目的，
　　　那么，想要快乐也可以
　　　依靠饮酒和赌博等等。（91）

天译：自利行不圓，智者應須覺，
　　　後後而自行，當愛樂圓滿。

यशोर्थं① हारयन्त्यर्थमात्मानं मारयन्त्यपि।
किमक्षराणि भक्ष्याणि मृते कस्य च तत्सुखम्॥ ९२॥

今译：为了声誉，失去财富，
　　　甚至失去自己生命，
　　　这些言词能充饥吗？
　　　死去后，能使谁快乐？（92）

天译：修行要稱讚，若持刃自殺，
　　　如世不實事，無益無利樂。

---

① 据 P 本，यशोर्थं 应为 यशोऽर्थं。

यथा पांशुगृहे भिन्ने रोदित्यार्तरवं शिशुः।
तथा स्तुतियशोहानौ स्वचित्तं प्रतिभाति मे॥ ९३॥

今译：沙堆的小屋倒塌后，
　　　儿童会伤心地哭泣，
　　　赞美和名声失去后，
　　　我的心也变成这样。（93）

天译：譬如破壞舍，日照內外見，
　　　亦由稱讚非，須用心明了[①]。

शब्दस्तावदचित्तत्वात् स मां स्तौतीत्यसंभवः।
परः किल मयि प्रीत इत्येतत्प्रीतिकारणम्॥ ९४॥

今译：这些言词原本无心，
　　　不可能有意赞美我，
　　　那是别人喜欢我，
　　　才成为欢喜的原因。（94）

天译：汝思惟於聲，起滅而平等，
　　　心如此利他，當行如是行。

अन्यत्र मयि वा प्रीत्या किं हि मे परकीयया।
तस्यैव तत्प्रीतिसुखं भागो नाल्पोऽपि मे ततः॥ ९५॥

今译：无论他喜欢别人和我，
　　　这与我有什么关系？
　　　这种欢喜属于赞美者，
　　　我一点也享受不到。（95）

天译：於他何所受，而行於利益，

[①] 此处"明了"的原词是 pratibhāti，词义是"发亮"、"显现"或"似乎"。因此，这句的意思是"自己的心也显得像这样"。

彼既獲快樂，我利益非虛。①

तत्सुखेन सुखित्वं चेत्सर्वत्रैव ममास्तु तत्।
कस्मादन्यप्रसादेन सुखितेषु न मे सुखम्॥ ९६॥

今译：如果别人快乐，我也快乐，
　　　我处处事事都应该这样，
　　　为何遇到别人清净快乐，
　　　我却没有同样产生快乐？（96）

天译：彼彼獲利樂，以一切讚我，
　　　云何而於我，無別威德樂？

तस्मादहं स्तुतोऽस्मीति प्रीतिरात्मनि जायते।
तत्राप्येवमसंबन्धात् केवलं शिशुचेष्टितम्॥ ९७॥

今译：想到我受人赞美，
　　　故而我心生欢喜，
　　　但这与此不相干，
　　　只是儿童的想法。②（97）

天译：彼如是讚我，以愛彼自得，
　　　彼無緣若此，如愚如迷者。

स्तुत्यादयश्च मे क्षेमं संवेगं नाशयन्त्यमी।
गुणवत्सु च मात्सर्यं संपत्कोपं च कुर्वते॥ ९८॥

今译：赞美等等会毁坏
　　　我的安乐和厌离心，
　　　使我妒忌有德者，

---

① 此处"非虚"的原词是 na alpo 'pi（"一点也不"）。因此，这句的意思是"我一点也享受不到"。

② 这里的意思是欢喜属于赞美者。这在前面第 95 颂中已说到。

忌恨他们的成就。(98)

天译：此讚我雖獲，速破而勿著，
　　　憎惡正德者，由此而瞋作。

तस्मात्स्तुत्यादिघाताय मम ये प्रत्युपस्थिताः।
अपायपातरक्षार्थं प्रवृत्ता ननु ते मम॥ ९९॥

今译：因此，一些人竭力
　　　毁坏我的美誉等等，
　　　他们岂不是正在
　　　保护我免堕恶道？（99）

天译：是讚成障礙，我令不發起，
　　　護不堕惡趣，為彼行無我。

मुक्त्यर्थिनश्चायुक्तं मे लाभसत्कारबन्धनम्।
ये मोचयन्ति मां बन्घाद्द्वेषस्तेषु कथं मम॥ १००॥

今译：我追求解脱，不应该
　　　受财物和待遇束缚，
　　　他们帮我摆脱束缚，
　　　我为何要憎恨他们？（100）

天译：若解諸有情，利養尊卑縛，
　　　令有情解脱，彼意云何瞋？

दुःखं प्रवेष्टुकामस्य ये कपाटत्वमागताः।
बुद्धाधिष्ठानत इव द्वेषस्तेषु कथं मम॥ १०१॥

今译：我想要进入痛苦，
　　　他们关门挡住我，
　　　仿佛有佛陀保佑，
　　　我为何憎恨他们？（101）

天译：若人欲捨苦，來入解脫門，①
　　　此是佛威德，云何我瞋彼？

पुण्यविघ्नः कृतोऽनेनेत्यत्र कोपो न युज्यते।
क्षान्त्या समं तपो नास्ति नन्वेतत्तदुपस्थितम्॥ १०२॥

今译：别人阻碍我的功德，
　　　我也不会对他发怒，
　　　苦行莫大于忍辱，
　　　这样的机会来临。（102）

天译：此瞋我不作，於福障礙故，
　　　修行平等忍②，彼無不獲得。

अथाहमात्मदोषेण न करोमि क्षमामिह।
मयैवात्र कृतो विघ्नः पुण्यहेतावुपस्थिते॥ १०३॥

今译：此时我不知忍辱，
　　　是我自己的过错，
　　　积德的机会来临，
　　　是我阻碍了自己。（103）

天译：自身諸過失，忍辱故不作，
　　　過失不作故，彼福而獲得。

यो हि येन विना नास्ति यस्मिंश्च सति विद्यते।
स एव कारणं तस्य स कथं विघ्न उच्यते॥ १०४॥

---

① 这里 "欲舍苦" 的原词是 duḥkham praveṣṭukāmasya, 意思是 "想要进入痛苦"；"解脱门" 的原词是 kapāṭatvam（"门" 或 "门栓"），意思是 "关门"。

② 与 "修行平等忍" 对应的原文是 kṣāntyā samam tapas, 应该读作 "与忍辱等同的苦行", 与后面的 na asti 连接, 意谓 "没有与忍辱等同的苦行", 也就是 "苦行莫大于忍辱"。与这句相同的表述, 也见于本品第 2 颂。

今译：它是功德的原因，
 没有它，没有功德，
 有了它，才有功德，
 为何说它是阻碍？（104）

天译：若人福無有，安忍而自生，
 常令安住忍，云何說障礙？

न हि कालोपपन्नेन दानविघ्नः कृतोऽर्थिना।
न च प्रव्राजके प्राप्ते प्रव्रज्याविघ्न उच्यते॥ १०५॥

今译：求告者在布施时到来，
 不会成为布施的障碍；
 出家者到来，也不会
 说成是出家法的障碍。（105）

天译：世求利益人，不於施作障，
 障礙出家故，是不得出家。

सुलभा याचका लोके दुर्लभास्त्वपकारिणः।
यतो मेऽनपराधस्य न कश्चिदपराध्यति॥ १०६॥

今译：在世间求告者易得，
 而加害于人者难得，
 因为我不加害于人，
 没有人会加害于我。（106）

天译：世間諸難得，求者而能與，
 我唯說善利，於過無所得。

अश्रमोपार्जितस्तस्माद्गृहे निधिरिवोत्थितः।
बोधिचर्यासहायत्वात् स्पृहणीयो रिपुर्मम॥ १०७॥

今译：因此，犹如在家中，

意外发掘出宝藏，
敌人有助菩提行，
为我心中所渴求。（107）

天译：以彼菩提行，遠離於所冤，①
　　　如出舍中藏，是故云不難。

मया चानेन चोपात्तं तस्मादेतत् क्षमाफलम्।
एतस्मै प्रथमं देयमेतत्पूर्वा क्षमा यतः॥ १०८॥

今译：因此，我和他一起，
　　　修成这种忍辱果，
　　　而忍辱以他为前提，
　　　此果应该先给他。（108）

天译：懺悔於業因，彼初為先導，
　　　是故於忍果，如是而得生。

क्षमासिद्ध्याशयो नास्य तेन पूज्यो न चेदरिः।
सिद्धिहेतुरचित्तोऽपि सद्धर्मः पूज्यते कथम्॥ १०९॥

今译：如果认为敌人没有成就
　　　忍辱之心，不应该受供奉，
　　　那么，正法是成就的原因，
　　　同样无心，为何受到供奉？（109）

天译：彼無我所心，此心乃住忍，
　　　成就不思議，供養於妙法。

अपकाराशयोऽस्येति शत्रुर्यदि न पूज्यते।
अन्यथा मे कथं क्षान्तिर्भिषजीव हितोद्यते॥ ११०॥

---

① 这里与"菩提行"相连的 sahāyatvāt（"有助"）一词未译出，spṛhaṇīyaḥ（"渴求"）一词也未译出，而添加了"远离"一词。

今译：如果认为他有害人之心，
　　　这样的敌人不应受供奉，
　　　那么，如果他像医生那样
　　　关心爱护，我怎么会忍辱？（110）

天译：此心為利他，乃至以壽命①，
　　　或以冤不供，云何別說忍？

एं②दुष्टाशयमेवातः प्रतीत्योत्पद्यते क्षमा।
स एवातः क्षमाहेतुः पूज्यः सद्धर्मवन्मया॥ १११॥

今译：正是缘于他的这种
　　　恶意，忍辱得以产生，
　　　作为忍辱之因，应该
　　　如同正法，受我供奉。（111）

天译：於彼彼惡心，各各與忍辱，
　　　於如是得忍，因供養妙法。

सत्त्वक्षेत्रं जिनक्षेत्रमित्यतो मुनिनोदितम्।
एतानाराध्य बहवः संपत्पारं यतो गताः॥ ११२॥

今译：因此，牟尼宣说
　　　众生田和佛田，
　　　许多人供奉他们，
　　　到达圆满彼岸。（112）

天译：佛土眾生土，大牟尼說此，
　　　於彼奉事多，能感於富貴。

---

① 本颂中并无"寿命"一词。这里可能是将 bhiṣajīva（即 bhiṣaji iva，"像医生那样"）误读为 bhiṣa-jīva，而将其中的 jīva 读作"寿命"。

② 据 P 本，ए 应为 त।

सत्त्वेभ्यश्च जिनेभ्यश्च बुद्धधर्मागमे समे।
जिनेषु गौरवं यद्वन्न सत्त्वेष्विति कः क्रमः॥ ११३॥

今译：佛法同样得自众生和
众佛，认为尊敬众生
不像尊敬众佛那样，
哪有这种等级次序？（113）

天译：如來及於法，與有情平等，
尊重於佛故，尊有情亦然。

आशयस्य च माहात्म्यं न स्वतः किं तु कार्यतः।
समं च तेन माहात्म्यं सत्त्वानां तेन ते समाः॥ ११४॥

今译：伟大不是依据心愿
本身，而是依据效果，
因此，众生的伟大
与众佛的伟大相同。（114）

天译：立意乃如是，於自無所作，
以彼大平等，平等於有情。

मैत्र्याशयश्च यत्पूज्यः सत्त्वमाहात्म्यमेव तत्।
बुद्धप्रसादाद्यत्पुण्यं बुद्धमाहात्म्यमेव तत्॥ ११५॥

今译：慈悲为怀受尊敬①，
这是众生的伟大；
敬信众佛获功德，
这是众佛的伟大。（115）

天译：大意於有情，慈心而供養，
發心如佛福，如佛福可得。

---

① 意谓众生尊敬慈悲为怀的佛。

बुद्धधर्मागमांशेन तस्मात्सत्या जिनैः समाः।
न तु बुद्धैः समाः केचिदनन्तांशैर्गुणार्णवैः॥ ११६॥

今译：作为佛法的组成，
　　　众生与众佛平等，
　　　然而，众佛作为无量
　　　功德海，众生不可比。（116）

天译：是故佛法行，佛有情平等，
　　　佛無所平等，功德海無邊。

गुणसारैकराशीनां गुणोऽणुरपि चेत्क्वचित्।
दृश्यते तस्य पूजार्थं त्रैलोक्यमपि न क्षमम्॥ ११७॥

今译：众佛由功德的精华聚成，
　　　可以看到，如果谁能具有
　　　他们的一点功德，甚至
　　　三界也不足以供奉他。（117）

天译：佛功德精純，無功德能比，
　　　雖三界供養，見之而不能。

बुद्धधर्मोदयांशास्तु श्रेष्ठः सत्त्वेषु विद्यते।
एतदंशानुरूप्येण सत्त्वपूजा कृता भवेत्॥ ११८॥

今译：众生也含有促进
　　　佛法的优秀成分，
　　　众生应该受到
　　　与此相应的尊敬。（118）

天译：佛法等之師，是最上有情，
　　　供養諸有情，當如此作意。

किं च निश्छद्मबन्धूनामप्रमेयोपकारिणाम्।
सत्त्वाराधनमुत्सृज्य निष्कृतिः का परा भवेत्॥ ११९॥

今译：而对那些毫不虚伪、
　　　施予无限恩德的亲友①，
　　　除了善待众生，还有
　　　什么更好的赎罪报答？（119）

天译：於自之眷屬，不能起利行，
　　　於他之奉事，不作得何過？

भिन्दन्ति देहं प्रविशन्त्यवीचिं
　　येषां कृते तत्र कृते कृतं स्यात्।
महापकारिष्वपि तेन सर्वं
　　कल्याणमेवाचरणीयमेषु॥ १२०॥

今译：他们为众生，甘愿舍身和
　　　入地狱，我也应该这样做，
　　　即使众生严重加害于我，
　　　也应该尽力对众生行善。（120）

天译：破壞身入無間獄，若彼作已我復作，
　　　廣大心為彼一切，如是當行於善事。

स्वयं मम स्वामिन एव तावद्
　　यदर्थमात्मन्यपि निर्व्यपेक्षाः।
अहं कथं स्वामिषु तेषु तेषु
　　करोमि मानं न तु दासभावम्॥ १२१॥

今译：既然我的众佛主人们，
　　　为众生甚至不顾惜自身，
　　　为何我对众生主人们，
　　　如此傲慢，不愿做奴仆？（121）

---

① "亲友"指众佛和众菩萨。

天译：喻世人為自住土，由於己事不稱情，
云何而為彼作子，我作非彼奴僕性？

येषां सुखे यान्ति मुदं मुनीन्द्राः
　येषां व्यथायां प्रविशन्ति मन्युम्।
तत्तोषणात्सर्वमुनीन्द्रतुष्टि
　स्तत्रापकारेऽपकृतं मुनीनाम्॥ १२२॥

今译：众生快乐，众佛也高兴，
　　　众生痛苦，众佛也难过，
　　　众生满足，众佛也满意，
　　　伤害众生，即伤害众佛。（122）

天译：喻佛入苦而無苦，如得快樂復歡喜，
　　　要歡喜彼一切佛，佛喜為彼能此作。①

आदीप्तकायस्य यथा समन्ता-
　न्न सर्वकामैरपि सौमनस्यम्।
सत्त्वव्यथायामपि तद्वदेव
　न प्रीत्युपायोऽस्ति दयामयानाम्॥ १२३॥

今译：如果全身发烧，任何
　　　享受都不能令人愉快，
　　　同样，众生受苦，没有
　　　办法让慈悲众佛高兴。（123）

天译：如身煩惱而普有，欲一切乏悉充足，
　　　於有情苦亦復然，我無方便空悲憨。

---

① 这颂中，yeṣām（复数，属格）、tad（用于复合词中，即 teṣām，复数，属格）和 tatra（相当于 tasmin，即 tad 的依格）都是代词，指称"众生"，而未译出。因此，译文完全偏离原意。

तस्मान्मया यज्जनदुःखदेन
 दुःखं कृतं सर्वमहाकृपाणाम्।
तदद्य पापं प्रतिदेशयामि
 यत्खेदितास्तन्मुनयः क्षमन्ताम्॥ १२४॥

今译：我过去造成人们痛苦，
 　　让大慈悲的众佛伤心，
 　　今天我悔罪，请伤心
 　　难过的众佛宽恕一切。（124）

天译：是故此苦我遠離，救一切苦興大悲，
 　　先嬈惱於忍辱人，彼罪我今而懺悔。

आराधनायाद्य तथागतानां
 सर्वात्मना दास्यमुपैमि लोके।
कुर्वन्तु मे मूर्ध्नि पदं जनौघा
 विघ्नन्तु वा तुष्यतु लोकनाथः॥ १२५॥

今译：今天，为了让众如来高兴，
 　　我要一心成为人间奴仆，
 　　让人们踩在我的头顶吧！
 　　伤害我吧！愿世主满意！（125）

天译：我今奉事於如來，同於世間諸僕從，
 　　眾人足蹈我頂上，受之歡喜而同佛。

आत्मीकृतं सर्वमिदं जगत्तैः
 कृपात्मभिर्नैव हि संशयोऽस्ति।
दृश्यन्त एते ननु सत्त्वरूपा-
 स्त एव नाथाः किमनादरोऽत्र॥ १२६॥

今译：毫无疑问，慈悲的众佛
 　　将这整个世界视同自己；

看到众佛形同众生，众生
即众佛，为何不尊敬他们？（126）

天译：世間一切賤能作，以悲愍故無有礙，
　　　見此一切無比色，彼如是尊誰不敬？

तथागताराधनमेतदेव स्वार्थस्य संसाधनमेतदेव।
लोकस्य दुःखापहमेतदेव तस्मान्ममास्तु व्रतमेतदेव॥ १२७॥

今译：这能让众如来高兴，
　　　这能实现自己的目的，
　　　这能消除人间的痛苦，
　　　因此，我立下这誓愿。（127）

天译：如是為奉於如來，如是為自利成就，
　　　如是為除世苦惱，如是我今乃出家。

यथैको राजपुरुषा① प्रमन्थाति महाजनम्।
विकर्तुं नैव शक्नोति दीर्घदर्शी महाजनः॥ १२८॥

今译：犹如国王的一个
　　　官吏，欺压民众，
　　　而有远见的民众
　　　对他也无可奈何。（128）

天译：譬如一王人，能調伏大眾，
　　　眾非一能調，以長親王故。

यस्मान्नैव स एकाकी तस्य राजबलं बलम्।
तथा न दुर्बलं कंचिदपराद्धं विमानयेत्॥ १२९॥

今译：因为他不是单独一人，

---

① 据 P 本和 P 注，**पुरुषा** 应为 **पुरुषः**。

他仰仗国王的力量，
同样，不能藐视任何
加害于你的弱小者。（129）

天译：彼一而非獨，蓋有王之力，
制斷不怯劣，亦無有過失。

यस्मान्नरकपालाश्च कृपावन्तश्च तद्बलम्।
तस्मादाराधयेत्सत्त्वान् भृत्यश्चण्डनृपं यथा॥ १३०॥

今译：因为他仰仗地狱
看守和众佛的力量，
所以应该取悦众生，
犹如侍从取悦暴君。（130）

天译：悲愍心住忍，力若地獄卒，
將護於有情，如事以惡王。

कुपितः किं नृपः कुर्याद्येन स्यान्नरकव्यथा।
यत्सत्त्वदौर्मनस्येन कृतेन ह्यनुभूयते॥ १३१॥

今译：国王发怒，怎么会
让人受地狱痛苦？
而冒犯众生，却会
让人受地狱痛苦。（131）

天译：瞋非王所令，如彼地獄苦，
煩惱於有情，彼苦而自受。

तुष्टः किं नृपतिर्दद्याद्यद्बुद्धत्वसमं भवेत्।
यत्सत्त्वसौमनस्येन कृतेन ह्यनुभूयते॥ १३२॥

今译：国王满意，怎么会

　　　　让人如同成佛？
　　　　而善待众生，却会
　　　　让人如同成佛。（132）

天译：喜非王所與，如得於佛等，
　　　善心於有情，此心何不受？

आस्तां भविष्यद्बुद्धत्वं सत्त्वाराधनसंभवम्।
इहैव सौभाग्ययशःसौस्थित्यं किं न पश्यसि॥ १३३॥

今译：你为什么不看到
　　　善待众生的好处？
　　　未来成佛，今生获得
　　　幸福、安乐和名誉。（133）

天译：將護於有情，後當得成佛，
　　　見感尊重稱，此善何不見？

प्रासादिकत्वमारोग्यं प्रामोद्यं चिरजीवितम्।
चक्रवर्तिसुखं स्फीतं क्षमी प्राप्नोति संसरन्॥ १३४॥

今译：即使在生死轮回中，
　　　忍辱者也能够获得
　　　清净安乐，健康长寿，
　　　转轮王的繁荣幸福。（134）

天译：無病復端嚴，快樂而長命，
　　　富貴作輪王，斯皆從忍得。

७ वीर्यपारमिता नाम सप्तमः परिच्छेदः।

今译：第七 精进波罗蜜品

天译：菩提心精進波羅蜜多品第五

एवं क्षमो भजेद्वीर्यं वीर्ये बोधिर्यतः स्थिता।
न हि वीर्यं विना पुण्यं यथा वायुं विनागतिः①॥१॥

今译：有了忍辱应该有精进，
　　　因为菩提立足于精进，
　　　没有精进便没有功德，
　　　犹如无风便没有动静。（1）

天译：智者行忍辱，菩提住精進，
　　　懈怠遠離福，如離於風行。

किं वीर्यं कुशलोत्साहस्तद्विपक्षः क उच्यते।
आलस्यं कुत्सितासक्तिर्विषादात्मावमन्यना॥२॥

今译：何为精进？努力行善；
　　　什么是阻碍精进者？
　　　懒散，执著种种恶习，
　　　沮丧消沉，怯懦自卑。（2）

---

① 据 P 本校注，विनागतिः 在 M 本中为 विना गतिः。但此处 विनागतिः 的读法也能成立，可以拆读为 विना आगतिः。

天译：精进力何解？彼要分别[1]說，
　　　懈怠不精進，如毒宜自觀[2]。

अव्यापारसुखास्वादनिद्रापाश्रयतृष्णया।
संसारदुःखानुद्वेगादालस्यमुपजायते॥३॥

今译：贪图安逸和享受，
　　　喜欢躺靠和睡眠，
　　　不厌弃轮回痛苦，
　　　这样便产生懒散。（3）

天译：貪味於睡眠，謂快樂無事，
　　　輪迴苦可嫌，而從懈怠生。

क्लेशवागुरिकाघ्रातः प्रविष्टो जन्मवागुराम्।
किमद्यापि न जानासि मृत्योर्वदनमागतः॥४॥

今译：烦恼猎人盯上了你，
　　　你已落入生死罗网，
　　　为何你至今还不知，
　　　已经到达死神嘴边？（4）

天译：煩惱之舍宅，懈怠力牽入，
　　　已到無常門，云何今不知？

स्वयूथ्यान्मार्यमाणांस्त्वं क्रमेणैव न पश्यसि।
तथापि निद्रां यास्येव चण्डालमहिषो यथा॥५॥

今译：你没有看见自己的
　　　同胞相继遭遇死亡，

---

[1] 与"分别"对应的原词是 vipakṣa，应该读作"障碍"。
[2] 与"如毒宜自观"对应的原文是 viṣāda（"沮丧"）-ātma（"自我"）-avamanyanā（"轻视"）。这里可能是将 viṣāda 一词误读为 viṣa（"毒"）。

依然这样安心入睡，
犹如屠夫刀下的牛。（5）

天译：精進為自他，此行汝不見，
　　　懈怠復睡眠，此如屠肆牛。

यमेनोद्वीक्ष्यमाणस्य बद्धमार्गस्य सर्वतः।
कथं ते रोचते भोक्तुं कथं निद्रा कथं रतिः॥६॥

今译：阎摩王已经盯上你，
　　　所有的道路已封锁，
　　　为何你还贪图享受？
　　　还贪恋欲乐和睡眠？（6）

天译：若此而不見，一切道皆斷，
　　　彼既無所得，云何樂睡眠？

यावत्संभृतसंभारं मरणं शीघ्रमेष्यति।
स①त्यज्यापि तदालस्यमकाले किं करिष्यसि॥७॥

今译：应该趁早积累功德，
　　　死亡很快就会降临，
　　　否则临时摒弃懒散，
　　　为时已晚，有何用处？（7）

天译：若得於威儀，無常而忽至，
　　　施為不可及，何以住懈怠？

इदं न प्राप्तमारब्धमिदमर्धकृतं स्थितम्।
अकस्मान्मृत्युरायातो हा हतोऽस्मीति चिन्तयन्॥८॥

今译：这事刚开始，未完成，

---

① 据 P 本，स 应为 सं。

或者已经完成一半,
死神却突然间降临,
于是想到"我完了"。(8)

天译：精進而不修，安然若精進，
　　　忽然趣無常，思惟而苦苦。

शोकवेगसमुच्छूनसाश्रुरक्तेक्षणाननान् ।
बन्धून्निराशान् संपश्यन् यमदूतमुखानि च ॥ ९ ॥

今译：看到亲友们泪流满面，
　　　眼睛红肿，悲痛至极，
　　　陷入绝望，也看到那些
　　　阎摩差吏的狰狞面孔。(9)

天译：見彼焰魔[①]門，苦惱復情急，
　　　剎那而淚下，眷屬不能救。

स्वपापस्मृतिसंतप्तः शृण्वन्नादांश्च नारकान् ।
त्रासोच्चारविलिप्ताङ्गो विह्वलः किं करिष्यसि ॥ १० ॥

今译：想起自己的罪孽而心焦，
　　　听到地狱中的可怕叫声，
　　　肢体沾满失禁的粪便，
　　　惊恐迷乱，此刻怎么办？(10)

天译：聽聞地獄聲，自念業熱惱，
　　　身住不淨處，驚怖不能極。

जीवमत्स्य इवास्मीति युक्तं भयमिहैव ते ।
किं पुनः कृतपापस्य तीव्रान्नरकदुःखतः ॥ ११ ॥

---

① "焰魔"是 Yama 一词的音译。此词又译"阎摩"或"阎罗"。

今译：在这世上遭遇的
恐惧如同网中鱼，
更何况作恶堕入
地狱的深重痛苦。（11）

天译：地狱苦極惡，惡業何復作？
如魚鼎中活，彼得如是怖。

स्पृष्ट उष्णोदकेनापि सुकुमार प्रतप्यसे।
कृत्वा च नारकं कर्म किमेवं स्वस्थमास्यते॥१२॥

今译：娇嫩的人啊，即使
接触热水也会烫手，
犯下入地狱的恶业，
你怎么还这样自在？（12）

天译：地獄業作已，乃受湯火苦，
身糜爛苦惱，如何得清淨？

निरुद्यम फलाकाङ्क्षिन् सुकुमार बहुव्यथ।
मृत्युग्रस्तोऽमराकार हा दुःखित विहन्यसे॥१३॥

今译：渴望成果，却不知努力，
娇嫩柔弱而充满痛苦，
死神吞噬，还企盼长寿，
啊，你身陷苦难遭毁灭。（13）

天译：魔王多苦人，捉人送無常，
無常苦可畏，此見懈怠果。

मानुष्यं नावमासाद्य तर दुःखमहानदीम्।
मूढ कालो न निद्राया इयं नौर्दुर्लभा पुनः॥१४॥

今译：以这个人身为船舶，
　　　渡过苦难的大河吧！
　　　愚夫啊，不能再睡了，
　　　这个船舶难以再得。（14）

天译：愚迷著睡眠，此過而不劣，
　　　入於大苦河①，復不得人身。

मुक्त्वा धर्मरतिं श्रेष्ठामनन्तरतिसंततिम्।
रतिरौद्धत्यहास्यादौ दुःखहेतौ कथं तव॥१५॥

今译：为何抛弃对正法的热爱？
　　　这无边无际的至高热爱，
　　　却热爱傲慢和嘲笑等等，
　　　这些造成你痛苦的原因。（15）

天译：除樂最上法，無邊樂種子，
　　　懈怠并戲笑，苦因汝何樂？

अविषादबलव्यूहतात्पर्यात्मविधेयता।
परात्मसमता चैव परात्मपरिवर्तनम्॥१६॥

今译：鼓起勇气，积聚力量，
　　　专心致志，控制自我，
　　　修习自己和他人平等，
　　　以及自己和他人换位。（16）

天译：見負瞋力多，知彼自精進，
　　　自他各所行，如自他平等。

नैवावसादः कर्तव्यः कुतो मे बोधिरित्यतः।

---

① 这句中，"入"的原词是 tara，动词 tṝ（"越过"或"渡过"）的命令式，意谓"渡过大苦河吧！"

यस्मात्तथागतः सत्यं सत्यवादीदमुक्तवान्॥१७॥

今译：不应该消沉，心想：
　　　"我哪能获得菩提？"
　　　因为如来宣示真理，
　　　说过这样的真实语：（17）

天译：我何得菩提，而無分別作？
　　　以如来真實，實言正解脫。

तेऽप्यासन् दंशमशका मक्षिकाः कृमयस्तथा।
यैरुत्साहवशात् प्राप्ता दुरापा बोधिरुत्तमा॥१८॥

今译："即使牛虻和蚊子，
　　　苍蝇和蛆虫，只要
　　　奋发努力，也能获得
　　　难以获得的至高菩提。"（18）

天译：彼蚊蚋虻蠅，及蟲蝦蜆等，
　　　若獲精進力，亦當得菩提。

किमुताहं नरो जात्या शक्तो ज्ञातुं हिताहितम्।
सर्वज्ञनीत्यनुत्सर्गाद्बोधिं किं नाप्नुयामहम्॥१९॥

今译：何况我生而为人，
　　　能明白利害得失，
　　　只要不背弃佛理，
　　　怎会不获得菩提？（19）

天译：彼我何生人，能知利不利，
　　　恒知諸精進，何不得菩提？

अथापि हस्तपादादि दातव्यमिति मे भयम्।
गुरुलाघवमूढत्वं तन्मे स्यादविचारतः॥२०॥

今译：如果我想到会舍弃
　　　手脚等，心生恐惧，
　　　那是我头脑愚痴，
　　　不知道权衡轻重。（20）

天译：或捨於手足，於此而生怖，
　　　愚迷違師教①，此利彼不知。

छेत्तव्यश्चास्मि भेत्तव्यो दाह्यः पाट्योऽप्यनेकशः।
कल्पकोटीरसंख्येया न च बोधिर्भविष्यति॥२१॥

今译：无量亿劫中，甚至
　　　无数次遭受宰割、
　　　砍劈、焚烧和肢解，
　　　也未能获得菩提。（21）

天译：斷壞及燒煮，無邊皆拔出，
　　　無數俱胝②劫，而未得菩提。

इदं तु मे परिमितं दुःखं संबोधिसाधनम्।
नष्टशल्यव्यथापोहे तदुत्पादनदुःखवत्॥२२॥

今译：而我这有限的痛苦，
　　　能够让我达到正觉，
　　　犹如忍受拔箭之痛，
　　　解除利箭致命之苦。（22）

天译：歷此無數苦，久久證菩提，

---

① 与"愚迷违师教"对应的原文是 guru（"重"）-lāghava（"轻"）-mūḍhatvam（"愚痴"），意谓"昧于轻重"。这里可能是将 guru-lāghava（"轻重"）误读为"轻视老师"，因为 guru 这个词也可读为"老师"。

② "俱胝"是 koṭi 一词的音译。koṭi 是个大数字，相当于千万。在汉译佛经中也译为亿或兆。

喻若毒苦傷，毒盡苦皆出。

सर्वेऽपि वैद्याः कुर्वन्ति कियादुःखैररोगताम्।
तस्माद्बह्वनि दुःखानि हन्तुं सोढव्यमल्पकम्॥२३॥

今译：所有医生治愈疾病，
　　　疗法中都带有痛苦，
　　　因此，应该承受少量
　　　痛苦，消除大量痛苦。（23）

天译：作一切醫人，救療諸病苦，
　　　是故苦消除，一切病皆少。

क्रियामिमामप्युचितां वरवैद्यो न दत्तवान्।
मधुरेणोपचारेण चिकित्सति महातुरान्॥२४॥

今译：良医甚至不采用
　　　这种通常的疗法，
　　　他采用温和疗法，
　　　治愈重大的疾病。（24）

天译：是故說救療，甜藥不利病，
　　　上醫療大病，甜藥皆不與。①

आदौ शाकादिदानेऽपि नियोजयति नायकः।
तत्करोति क्रमात्पश्चाद्यत्स्वमांसान्यपि त्यजेत्॥२५॥

今译：导师在开始时，
　　　施舍野菜等等，
　　　然后循序渐进，
　　　乃至舍弃肉体。（25）

---

① 这颂译文与原意相反。

天译：前後皆如是，智者咸所行，
　　　後後而進修，身肉而捨用。

यदा शाकेष्विव प्रज्ञा स्वमांसेऽप्युपजायते।
मांसास्थि त्यजतस्तस्य तदा किं नाम दुष्करम्॥२६॥

今译：一旦产生智慧，看待
　　　自己的肉体如同野菜，
　　　此时，舍弃肉和骨，
　　　这还会有什么困难？（26）

天译：智者觀身肉，喻菜而生有，
　　　枯謝棄糞土，是捨不名難。

न दुःखी त्यक्तपापत्वात्पण्डितत्वान्न दुर्मनाः।
मिथ्याकल्पनया चित्ते पापात्काये यतो व्यथा॥२७॥

今译：摒弃罪恶便没有痛苦，
　　　聪明睿智便没有邪念，
　　　虚妄分别则心中痛苦，
　　　犯罪作恶则身体痛苦。（27）

天译：若身所作苦，心謂其虛作，
　　　智者心非惡，彼無惡業苦。①

पुण्येन कायः सुखितः पाण्डित्येन मनः सुखि।
तिष्ठन् परार्थं संसारे कृपालुः केन खिद्यते॥२८॥

今译：具有功德则身体快乐，
　　　聪明睿智则心中快乐，
　　　为了利他而住于轮回，

---

① 这颂原文中四句的句式都是以从格或具格表示原因，体现因果关系。而这里的译文没有顾及这些，因此完全没有译出原意。

慈悲为怀，怎会厌倦？（28）

天译：知法意快樂，具福身快樂，
　　　無此虛輪迴，得苦云何悲？

क्षपयन् पूर्वपापानि प्रतीच्छन् पुण्यसागरान्।
बोधिचित्तबलादेव श्रावकेभ्योऽपि शीघ्रगः॥२९॥

今译：消除过去的罪业，
　　　获得功德似大海，
　　　凭借菩提心的威力，
　　　速度胜过声闻①乘。（29）

天译：求盡過去罪，深利他福海，
　　　此力菩提心，二乘等要急。

एवं सुखात्सुखं गच्छन् को विषीदेत्सचेतनः।
बोधिचित्तरथं प्राप्य सर्वखेदश्रमापहम्॥३०॥

今译：登上菩提心车，
　　　驱除一切厌倦，
　　　从快乐走向快乐，
　　　哪个智者会沮丧？（30）

天译：如是利不樂②，行行何得苦？
　　　菩提心輦輿，智者乘得樂。

छन्दस्थामरतिमुक्तिबलं सत्त्वार्थसिद्धये।
छन्दं दुःखभयात्कुर्यादनुशंसांश्च भावयन्॥३१॥

---

① "声闻"（Śrāvaka）是依据佛的言教修行，达到阿罗汉果位。"声闻"和"缘觉"同属小乘。

② 此处"利不乐"的原文是 sukhātsukham，与 gacchan（"走向"）组合，意谓"从快乐走向快乐"。

今译：意欲、勇猛、欢喜和舍弃，
　　　这四种力成就众生利益，
　　　应该惧怕痛苦而增强
　　　意欲，修习种种功德。（31）

天译：為成就有情，樂施方便力，
　　　身力苦怖作，觀之唯稱讚。

एवं विपक्षमुन्मूल्य यतेतोत्साहवृद्धये।
छन्दमानरतित्यागतात्पर्यवशिताबलैः॥३२॥

今译：一心依靠意欲、勇猛、
　　　欢喜和舍弃这些自在力，
　　　应该这样努力，根除
　　　种种障碍，增强勇气。（32）

天译：斷如是分別①，增長於精進，
　　　我身而能捨，超過身方便。

अप्रमेया मया दोषा हन्तव्याः स्वपरात्मनोः।
एकैकस्यापि दोषस्य यत्र कल्पार्णवैः क्षयः॥३३॥

今译：我应该消除自己和
　　　他人犯下的无数过失，
　　　即使消除其中的一个
　　　过失，也要耗尽数劫海。（33）

天译：我消除自他，無數之過失，
　　　一一之過失，若劫盡無餘。

तत्र दोषक्षयारम्भे लेशोऽपि मम नेक्ष्यते।
अप्रमेयव्यथाभाज्ये नोरः स्फुटति मे कथम्॥३४॥

---

① 与"分别"一词对应的原词是 vipakṣa，应该读作"障碍"。参阅本品第 2 颂。

今译：我开始消除过失，
　　　而丝毫未见成效，
　　　要承受无量痛苦，
　　　我的心怎会不破碎？（34）

天译：彼過一一盡，我無有纖毫，
　　　無邊苦已脫，我心云何損？

गुणा मयार्जनीयाश्च बहवः स्वपरात्मनोः।
तत्रैकैकगुणाभ्यासो भवेत्कल्पार्णवैर्न वा॥३५॥

今译：我应该为自己和他人
　　　获取大量功德，然而，
　　　修习一个功德，也必须
　　　经过数劫海，否则不行。（35）

天译：我求多功德，為利於自他，
　　　學一一功德，劫盡學無盡。

गुणलेशेऽपि नाभ्यासो मम जातः कदाचन।
वृथा नीतं मया जन्म कथंचिल्लब्धमद्भुतम्॥३६॥

今译：而任何时候，我都
　　　没有修习丝毫功德，
　　　我白白浪费难得的
　　　这一生，令人惊诧。（36）

天译：纖毫之功德，我生不曾作，
　　　或當得生處，虛度無所有。

न प्राप्तं भगवत्पूजामहोत्सवसुखं मया।
न कृता शासने कारा दरिद्राशा न पूरिता॥३७॥

今译：我没有供奉世尊而

获得节庆般的欢喜,
我没有依圣教供养,
没有满足穷人愿望。(37)

天译:我樂興大供,供養佛世尊,
為貧不能作,而願不圓滿。

भीतेभ्यो नाभयं दत्तमार्ता न सुखिनः कृताः।
दुःखाय केवलं मातुर्गतोऽस्मि गर्भशल्यताम्॥३८॥

今译:我没有赐予恐惧者无畏,
没有让受苦者获得快乐,
我只是像利箭进入母胎,
而让我的母亲承受痛苦。(38)

天译:不施怖者安,不修母快樂,
如入母胎藏,母唯病苦惱。

धर्मच्छन्दवियोगेन पौर्विकेण ममाधुना।
विपत्तिरीदृशी जाता को धर्मे छन्दमुत्सृजेत्॥३९॥

今译:只怪我以前缺乏
求法的意欲,如今,
受此苦难,有谁会
放弃求法的意欲? (39)

天译:過去為離法,我今得果報,
所生既如是,當行何法行?

कुशलानां च सर्वेषां छन्दं मूलं मुनिर्जगौ।
तस्यापि मूलं सततं विपाकफलभावना॥४०॥

今译:牟尼曾经说意欲
是一切善业之根,

而思考因果业报，
永远是意欲之根。（40）

天译：一切善心根，世間①之牟尼，
彼根恒不退，常得好果报。

दुःखानि दौर्मनस्यानि भयानि विविधानि च।
अभिलाषविघाताश्च जायन्ते पापकारिणाम्॥४१॥

今译：犯罪作恶产生
各种各样痛苦，
内心恐惧不安，
愿望遭遇打击。（41）

天译：煩惱苦纏綿，而得種種怖，
於他愛障難，生罪而自感。

मनोरथः शुभकृतां यत्र यत्रैव गच्छति।
तत्र तत्रैव तत्पुण्यैः फलार्घेणाभिपूज्यते॥४२॥

今译：行善者怀抱愿望，
无论前往哪里，
他都会凭借善业，
接受果报供奉。（42）

天译：若人於處處，能起於善願，
而感彼彼福，獲得供養果。

पापकारिसुखेच्छा तु यत्र यत्रैव गच्छति।
तत्र तत्रैव तत्पापैर्दुःखशस्त्रैर्विहन्यते॥४३॥

今译：作恶者渴望快乐，

---

① "世间"一词是将 jagau（"说"）误读为 jaga 或 jagat（"世间"）。参阅第 5 品第 8 颂。

无论前往哪里，
他都会由于恶业，
受痛苦利器伤害。（43）

天译：若人於處處，作罪取快樂，
而感彼彼報，獲得苦器侵。

विपुलसुगन्धिशीतलसरोरुहगर्भगता
मधुरजिनस्वराशनकृतोपचितद्युतयः।
मुनिकरबोधिताम्बुजविनिर्गतसद्धपुषः
सुगतसुता भवन्ति सुगतस्य पुरः कुशलैः॥४४॥

今译：在宽敞、芳香、清凉的莲花胎藏中，
享受佛陀的甜蜜法音而充满光辉，
牟尼的光芒催开莲花而展露妙身，
他们依靠善业，在佛陀前成为佛子。（44）

天译：月藏中清涼，廣博妙香潔，
佛音味第一，非修而不得，
而彼善逝子，得解善逝法，
如蓮出最上，亦如仁覺月。

यमपुरुषापनीतसकलच्छविरातेर्वो
हुतवहतापविद्रुतकताम्रनिषिक्ततनुः।
ज्वलदसिशक्तिघात①शातितमांसदलः
पततिसुतप्तलोहधरणीष्वशुभैर्बहुशः॥४५॥

今译：而犯有恶业，无数次被阎摩狱吏抓去，
打得全身脱皮，痛苦嚎叫，烈火熔化的
铜液浇灌身体，灼热的刀剑又砍又刺，

---

① 据 P 本和 P 注，此处应补上 **शत**。

全身骨肉破碎，倒在滚烫的铁板地上。（45）

天译：焰魔之獄卒，牽引於罪魂，
　　　火坑及洋銅，燒煮悉皆入，
　　　焰熾殺器杖，斷肉百千斤，
　　　墮落熱鐵地，斯由多不善。

तस्मात्कार्यः शुभच्छन्दो भावयित्वैवमादरात्।
वज्रध्वजस्थविधिना मानं त्वारभ्य भावयेत्॥४६॥

今译：因此，应该怀抱行善的
　　　意欲，虔诚恭敬地修行，
　　　而依据《金刚幢经》中的
　　　仪轨，先要修习勇猛力。（46）

天译：是故心作善，極微細觀察，
　　　依彼金剛幡，修學而作觀。

पूर्वं निरूप्य सामग्रीमारभेन्नारभेत वा।
अनारम्भो वरं नाम न त्वारभ्य निवर्तनम्॥४७॥

今译：事先要全盘考察，
　　　应该不应该开始；
　　　宁可选择不开始，
　　　不要开始后停止。（47）

天译：初學觀和合，不觀汝非學，
　　　而無最上名①，汝要迴心作。

जन्मान्तरेऽपि सोऽभ्यासः पापादुःखं च वर्धते।
अन्यच्च कार्यकालं च हीनं तच्च न साधितम्॥४८॥

---

① 与"而无最上名"对应的原文是 anārambhaḥ（"不开始"）varam（"最好"）nāma（"确实"）。这里的 nāma 一词是用作加强语气的副词（"确实"），而非用作名词的 nāman（"名"）。

今译：否则养成习惯，即便
　　　来生仍会作恶受苦，
　　　此事没有完成，完成
　　　另一事的时间也缺损。（48）

天译：生中之所作，增長於罪苦，
　　　上事業不修，彼下不求勝。

त्रिषु मानो विधातव्यः कर्मोपक्लेशशक्तिषु।
मयैवैकेन कर्तव्यमित्येषा कर्ममानिता॥४९॥

今译：应该在事业、烦恼和
　　　能力三方面保持勇猛，
　　　该做之事我独自做，
　　　这是事业上的勇猛。（49）

天译：三種事應知，由業煩惱力，
　　　將來之惡因，於此云何作？

क्लेश①स्वतन्त्रो लोकोऽयं न क्षमः स्वार्थसाधने।
तस्मान्मयैषां कर्तव्यं नाशक्तोऽहं यथा जनः॥५०॥

今译：世上的人受烦恼控制，
　　　不能成就自己的利益，
　　　因此，我要完成他们的事，
　　　不能像这些人无能为力。（50）

天译：世間之煩惱，拘人不自由，
　　　我如人不能，是故我無作。②

---

① 据 P 本校注，क्लेश 在 M 本中为 क्लेशा。
② 这里，"我如人不能，是故我无作"，其中的所有单词与原文一致，但句义读错。关键是后面一个否定词"无"（na）应用在前面，即"我不能像这些人无能为力"，接下去便是"因此，我要完成他们的事"。

第七 精进波罗蜜品

नीचं कर्म करोत्यन्यः कथं मय्यपि तिष्ठति।
मानाच्चेन्न करोम्येतन्मानो नश्यतु मे वरम्॥५१॥

今译：既然有我在，为何
　　　让别人做低贱的事？
　　　若出于骄傲我不做，
　　　我宁可毁灭这骄傲。（51）

天译：下業之所修，云何令安住？
　　　當觀我無我，而此我所作。

मृतं दुण्डुभमासाद्य काकोऽपि गरुडायते।
आपदाबाधतेऽल्पापि मनो मे यदि दुर्बलम्॥५२॥

今译：如果遇到一条死蛇，
　　　乌鸦也会变成金翅鸟①，
　　　如果我的思想软弱，
　　　小小灾难也会压倒我。（52）

天译：一滴之甘露②，烏食變金翅，
　　　我意謂微劣，能脫少苦難。

विषादकृतनिश्चेष्टे आपदः सुकरा ननु।
व्युत्थितश्चेष्टमानस्तु महतामपि दुर्जयः॥५३॥

今译：沮丧消沉无作为，
　　　灾害很容易得逞，
　　　积极努力有作为，
　　　灾害再大难得逞。（53）

---

① 金翅鸟以食蛇著称。
② 本颂中并无"甘露"一词。这里可能是将"死蛇"中的 mṛtam（"死"）一词误读为 amṛtam（"甘露"）。

天译：嗔作無心難，以不善罪故，
　　　無心見發起，廣大勝難及。

तस्माद्दृढेन चित्तेन करोम्यापदमापदः।
त्रैलोक्यविजिगीषुत्वं हास्यमापजितस्य मे॥५४॥

今译：因此，我要依靠坚韧心，
　　　消除一切灾害，如果让
　　　灾害征服我，我征服
　　　三界的愿望也就成笑话。（54）

天译：是故清淨心，頌作此文句①，
　　　使知彼三界，我遠離戲論。

मया हि सर्वं जेतव्यमहं जेयो न केनचित्।
मयैष मानो वोढव्यो जिनसिंहसुतो ह्यहम्॥५५॥

今译：我应该战胜一切，
　　　而不被任何人战胜，
　　　我要具备这种勇猛，
　　　因为我是佛狮之子。（55）

天译：我得勝一切，無人能勝我，
　　　我今而自知，是佛師子子。

ये सत्त्वा मानविजिता वरका②स्ते न मानिनः।
मानी शत्रुवशं नैति मानशत्रुवशाश्च ते॥५६॥

今译：那些被骄傲征服的人，
　　　是可怜者，不是勇猛者，

---

① 与"頌作此文句"对应的原文是 karomi āpadam āpadaḥ，直译为"我要让灾害遭灭"，也就是"我要消除一切灾害"。这里可能是将 āpadam āpadaḥ 都误读为 pada（"词"）。

② 据 P 本和 P 注，वरका 应为 वराका。

勇猛者不会受敌人控制，
　　　而那些人受骄傲敌人控制。(56)

天译：有情離我人，而彼得最上，
　　　不降懈怠冤，懈怠冤自降。

मानेन दुर्गतिं नीता मानुष्येऽपि हतोत्सवाः।
परपिण्डाशिनो दासा मूर्खा दुर्दर्शनाः कृशा॥५७॥

今译：骄傲引导他们堕入恶道，
　　　即使生为人，也失去欢乐，
　　　成为享用他人饭团的奴仆，
　　　变得愚蠢，丑陋，瘦弱。(57)

天译：以惡趣所牽，身善速破壞，
　　　由僕從愚惡，寄食而受瘦。

सर्वतः परिभूताश्च मानस्तब्धास्तपस्विनः।
तेऽपि चेन्मानिनां मध्ये दीनास्तु वद कीदृशाः॥५८॥

今译：这些骄横的可怜者，
　　　到哪里都受人轻视，
　　　若站在勇猛者中间，
　　　你说他们有多可悲！(58)

天译：彼受於一切，修行住我慢，
　　　而此得名聲，下劣云何說？

ते मानिनो विजयिनश्च त एव शूरा
**　　ये मानशत्रुविजयाय वहन्ति मानम्।**
ये तं स्फुरन्तमपि मानरिपुं निहत्य
**　　कामं जने जयफलं प्रतिपादयन्ति॥५९॥**

今译：而勇猛者是胜利的勇士，

依靠勇猛，战胜骄傲敌人，
摧毁活跃的骄傲敌人后，
让世人如愿享受胜利果。（59）

天译：如是若勇猛，自勝彼冤家，
　　　勇猛行此修，慢冤而不勝；
　　　彼慢心若起，此實我冤家，
　　　勝果雖欲生，是果悉皆捨。

संक्लेशपक्षमध्यस्थो भवेद्दत्तः सहस्रशः।
दुर्योधनः क्लेशगणैः सिंहो मृगगणैरिव॥६०॥

今译：勇猛者即使千百次处在
　　　成群的烦恼敌人中间，
　　　这些烦恼也难以战胜他，
　　　犹如群兽难以战胜狮子。（60）

天译：喻精進師子，煩惱獸中見，
　　　煩惱獸千萬，雖眾不能敵。

महत्स्वपि हि कृच्छ्रेषु न रसं चक्षुरीक्षते।
एवं कृच्छ्रमपि प्राप्य न क्लेशावशगो भवेत्॥६१॥

今译：即使身处艰难困境，
　　　眼睛也不转向美味，
　　　这样，即使遭遇困境，
　　　也不会受烦恼控制。（61）

天译：世有大苦惱，人自悉具見，
　　　煩惱不降伏，乃得如是苦。[①]

[①] 这两句中，后一句中的"得"，原词 prāpya 是独立词，在语法上表示动作发生在前。因此，这两句的语序应该先是"即使遭遇困境"，然后是"也不会受烦恼控制"。

यदेवापद्यते कर्म तत्कर्मंव्यसनी भवेत्।
तत्कर्मशौण्डोऽतृप्तात्मा क्रीडाफलसुखेप्सुवत्॥६२॥

今译：做任何该做的事，
　　　都应该沉浸其中，
　　　如痴如醉，不知满足，
　　　如同游戏，追求快乐。（62）

天译：我寧使頭落，及刳剔心腸，
　　　煩惱諸冤家，一切我不降。①
　　　因修此精進，得彼慢業盡，
　　　獲得勝果報，自感嬉戲樂。

सुखार्थं क्रियते कर्म तथापि स्यान्न वा सुखम्।
कर्मैव तु सुखं यस्य निष्कर्मा स सुखी कथम्॥६३॥

今译：为追求快乐而做事，
　　　也未必追求到快乐，
　　　而做事才有快乐，
　　　不做事哪会有快乐？（63）

天译：為快樂修因，彼却不獲得，
　　　所修不決定，亦得不殊勝。

कामैर्न तृप्तिः संसारे क्षुरधारामधूपमैः।
पुण्यामृतैः कथं तृप्तिर्विपाकमधुरैः शिवैः॥६४॥

今译：尘世中的欲乐如同刀刃，
　　　涂上蜜汁，尚且不知餍足，
　　　功德的甘露，善业的果报，
　　　甜美又吉祥，怎么会餍足？（64）

---

① 这里的四句与第 4 品第 44 颂对应。

天译：輪迴欲不足，喻貪刀刃蜜，
　　　福甘露若貪，食之後轉美。

तस्मात्कर्मावसानेऽपि निमज्जेत्तत्र कर्मणि।
यथा मध्याह्नसंतप्त आदौ प्राप्तसराः करी॥६५॥

今译：因此，即使事情临近
　　　收尾，也要沉浸其中，
　　　犹如一到炎热的中午，
　　　大象立即进入池中。（65）

天译：是故業寂靜，感妙果隨行，
　　　如日溫月寒，晝夜而相逐。

बलनाशानुबन्धे तु पुनः कर्तुं परित्यजेत्।
सुसमाप्तं च तन्मुञ्चेदुत्तरोत्तरतृष्णया॥६६॥

今译：一旦筋疲力尽，应该
　　　暂时放下，以后接着做，
　　　一旦圆满完成，应该
　　　摆脱，以便再做别的事。（66）

天译：精進之有力，能破於懈怠，
　　　獲得遠離故，深心而愛樂。

क्लेशप्रहारान् संरक्षेत् क्लेशांश्च प्रहरेद्दृढम्।
खङ्गयुद्धमिवापन्नः शिक्षितेनारिणा सह॥६७॥

今译：如同与训练有素的
　　　敌人交战，兵刃相接，
　　　应该顽强打击烦恼，
　　　而避免受烦恼打击。（67）

天译：煩惱棒堅牢，鬪彼念慧劍，

喻棒劍相持，同彼女人學。①

तत्र खड्गं यथा भ्रष्टं गृह्णीयात्सभयस्त्वरन्।
स्मृतिखड्गं तथा भ्रष्टं गृह्णीयान्नरकान् स्मरन्॥६८॥

今译：犹如手中剑落地，顿时
　　　心生惧怕，会迅速捡起，
　　　同样，失落了忆念之剑，
　　　想起地狱，会迅速捡起。（68）

天译：執劍手無力，失之而怖急，
　　　念劍失亦然，地獄而在心。

विषं रुधिरमासाद्य प्रसर्पति यथा तनौ।
तथैव च्छिद्रमासाद्य दोषश्चित्ते प्रसर्पति॥६९॥

今译：犹如毒药进入血液，
　　　就会流遍整个身体，
　　　同样，错误找到空隙，
　　　就会钻进整个心中。（69）

天译：世間知善人，不肯飲毒血，
　　　心過亦復然，心過而不作。

तैलपात्रधरो यद्वद्दसिहस्तैरधिष्ठितः।
स्खलिते मरणत्रासात्तत्परः स्यात्तथा व्रती॥७०॥

今译：犹如手持油钵，持剑者
　　　追随其后，唯恐油溢出
　　　而遭到杀戮，专心致志，
　　　持戒的人也应该如此。②（70）

---

① 与"同彼女人学"对应的原文是 sikṣitena（"训练有素的"） ariṇā（"敌人"） saha（"与"）。这里可能是将 sikṣitena 误读为 sikṣā（"学"），又将 ariṇā 与前一个词末尾的 na 合读为 nāriṇā，进而误读为 nārī（"女人"）。
② 类似故事见于西晋竺法护译《修行道地经》，也见于月天《故事海》第六卷第一章。

天译：出家精进心，喻执持油钵，
　　　钵墜必當死，墜之故驚怖。

तस्मादुत्सङ्गे सर्पे यथोत्तिष्ठति सत्वरम्।
निद्रालस्यागमे तद्वत् प्रतिकुर्वीत सत्वरम्॥७१॥

今译：犹如蛇钻进自己怀中，
　　　会立即起身，将它抖落，
　　　同样，遇到睡意和懒散，
　　　也要迅速将它们驱除。（71）

天译：著睡眠懈怠，喻毒蛇在懷，
　　　不去當被傷，去之宜須急。

एकैकस्मिंश्छले सुष्ठु परितप्य विचिन्तयेत्।
कथं करोमि येनेदं पुनर्मे न भवेदिति॥७२॥

今译：每当出现疏漏过失时，
　　　应该好好追悔和反省：
　　　"我要怎样做，以免
　　　这种情形再度发生？"（72）

天译：一一之深過，要迴心思惟，
　　　此過不可守，云何我復作？

संसर्गं कर्म वा प्राप्तमिच्छेदेतेन हेतुना।
कथं नामास्ववस्थासु स्मृत्यभ्यासो भवेदिति॥७३॥

今译：为此，应该盼望求教
　　　良师，①完成该做的事，
　　　思考在这些情况下，

---

① "求教良师"的原词是 saṃsarga（"交往"）。据P注，是指与通晓三藏的老师等等交往，即"求教良师"。

应该怎样修习忆念？（73）

天译：和合之业因，斷①以正念劍，
云何名自位②，此念而獲得？

लघुं कुर्यात्तथात्मानमप्रमादकथां स्मरन्।
कर्मागमाद्यथा पूर्वं सज्जः सर्वत्र वर्तते॥७४॥

今译：应该记住不放逸的
教诲，保持轻松自如，
犹如在开始做事前，
已经做好一切准备。（74）

天译：正念心不發，纖毫不能滅，
來業如往行，一切報皆得。

यथैव तूलकं वायोर्गमनागमने वशम्।
तथोत्साहवशं यायाद्‌द्धिश्चैवं समृध्यति॥७५॥

今译：犹如受风控制，
棉絮飘来飘去，
同样受勇气控制，
神通力获得增长。（75）

天译：如彼覩羅③綿，隨風而來往，
精進人亦然，增上如是得。

---

① 本颂中并无"断"这个词。这里可能是将 icched（"盼望"）一词误读为 cheda（"断"）。
② 与"名自位"对应的原文是 nāma āsu（"这些"）avasthāsu（"情况"）。nāma 在这里是用作加强语气的副词，而非用作名词的 nāman（"名"）。参阅本品第47颂。同时，āsu 与 avasthāsu 按照连声而读为 āsvavasthāsu，这样就有可能将 āsu 误读为 sva（"自"）。
③ "睹罗"是 tūla（"棉花"）一词的音译。

८ ध्यानपारमिता नाम अष्टमः परिच्छेदः।

今译：第八　禅定波罗蜜品

天译：菩提心静慮般若波羅蜜多品第六

वर्धयित्वैवमुत्साहं समाधौ स्थापयेन्मनः।
विक्षिप्तचित्तस्तु नरः क्लेशदंष्ट्रान्तरे स्थितः॥१॥

今译：就这样，增强勇气，
　　　让心安于沉思入定；
　　　心思散乱不定的人，
　　　处在烦恼齿缝间。（1）

天译：佛喜精進增，安住禪定意，
　　　愍彼散心人，煩惱芽①間住。

कायचित्तविवेकेन विक्षेपस्य न संभवः।
तस्माल्लोकं परित्यज्य वितर्कान् परिवर्जयेत्॥२॥

今译：身心清净安宁，
　　　不会产生散乱，
　　　因此，应该舍弃
　　　尘世，摒弃疑惑。（2）

天译：我今知身心，不生於散亂，
　　　是故遠世間，亦遠離疑惑。

---

① "芽"应为"牙"，与原词 daṃṣṭra 对应。

स्नेहान्न त्यज्यते लोको लाभादिषु च तृष्णया।
तस्मादेतत्परित्यागे विद्वानेवं विभावयेत्॥३॥

今译：出于执著，贪恋财物
　　　等等，不愿舍弃尘世，
　　　因此，智者应该这样
　　　修行，从而舍弃尘世。（3）

天译：利益行可愛，愛不離世間，
　　　智者乃思惟，是故此皆捨。

शमथेन विपश्यनासुयुक्तः
　कुरुते क्लेशविनाशमित्यवेत्य।
शमथः प्रथमं गवेषणीयः
　स च लोके निरपेक्षयाभिरत्या॥४॥

今译：知道观察与寂止①
　　　结合，能消除烦恼，
　　　应该首先追求寂止，
　　　远离尘世，心中欢喜。（4）

天译：依於奢摩他②，尾鉢奢曩③等，
　　　如是而起行，破壞於煩惱，
　　　先求奢摩他，不藉世間行。

कस्यानित्येष्वनित्यस्य स्नेहो भवितुमर्हति।
येन जन्मसहस्राणि द्रष्टव्यो न पुनः प्रियः॥५॥

今译：哪个无常之人执著
　　　无常的对象能成功？

---

① 寂止（śamatha）和观察（vipaśyanā）常常合称为"止观"。
② "奢摩他"是 śamatha（"止"）一词的音译。
③ "尾鉢奢曩"是 vipaśyanā（"观"）一词的音译。

转生千百回，也不能
再度见到心爱的人。（5）

天译：無常而恒有，於愛何得要？
若見於千生，不復起愛著。

अपश्यन्नरतिं याति समाधौ न च तिष्ठति।
न च तृप्यति दृष्ट्वापि पूर्ववद्बाध्यते तृषा॥६॥

今译：见不到也就不高兴，
不能安心沉思入定，
即使见到也不会满足，
如同以前受贪欲折磨。（6）

天译：不樂尾鉢捨①，亦不住等持，
見已不止足，是患過去渴。

न पश्यति यथाभूतं संवेगादवहीयते।
दह्यते तेन शोकेन प्रियसंगमकाङ्क्षया॥७॥

今译：他不能如实观察，
也就失去厌离心，
渴望与所爱相会，
受忧愁悲伤折磨。（7）

天译：如實而不見，安得盡煩惱？
意緣於愛集，被煩惱燒然。

तच्चिन्तया मुधा याति ह्रस्वमायुर्मुहुर्मुहुः।
अशाश्वतेन धर्मेण धर्मो भ्रश्यति शाश्वतः॥८॥

今译：生命在徒劳无益的

---

① 与"不乐尾钵捨"对应的原文是 apaśyan aratim yāti（"见不到也就不高兴"）。这里可能是将 apaśyan（"见不到"）误读为 vipaśyanā（"尾钵捨"，即"尾钵奢曩"）。

焦虑中一刻刻缩短，
这样，永恒的法也会
遭受无常的法毁坏。（8）

天译：思惟彼下墮，短命須臾住，
　　　善友不長久，堅固法不成。

बालैः सभागचरितो नियतं याति दुर्गतिम्।
नेष्यते विषभागश्च किं प्राप्तं बालसंगमात्॥९॥

今译：与愚夫结交同行，
　　　必定会堕入恶道，
　　　不同道者不为伍，
　　　结交愚夫有何用？（9）

天译：行與愚迷同，決定墮惡趣，
　　　何得同愚迷？以毒分牽故①。

क्षणाद्द्रवन्ति सुहृदो भवन्ति रिपवः क्षणात्।
तोषस्थाने प्रकुप्यन्ति दुराराधाः पृथग्जनाः॥१०॥

今译：一会儿成为朋友，
　　　一会儿成为仇敌，
　　　本该满意却发怒，
　　　愚夫实在难伺候。（10）

天译：而於自眷屬，剎那獲怨恨，
　　　凡夫性異生，喜怒而無定，
　　　多瞋承事難，遠離於善利。

हितमुक्ताः प्रकुप्यन्ति वारयन्ति च मां हितात्।

---

① 与"以毒分牵故"对应的原文是 na iṣyate viṣabhāgaḥ（"不同类者不受欢迎"，即"不同道者不为伍"）。这里可能是将 viṣabhāgaḥ（"不同类者"）误读为 viṣa（"毒"）和 bhāga（"分"）。

अथ न श्रूयते तेषां कुपिता यान्ति दुर्गतिम्॥११॥

今译：闻听忠言会生气，
　　　也阻止我做好事，
　　　不听从他们则发怒，
　　　他们只能堕入恶道。（11）

天译：下劣心自讚，縛著憎愛罪，
　　　彼不捨於瞋，當墮於惡趣。

इ①ष्यौत्कृष्टात्समाद्द्वन्द्वो हीनान्मानः स्तुतेर्मदः।
अवर्णात्प्रतिघश्चेति कदा बालाद्धितं भवेत्॥१२॥

今译：遇高手妒忌，遇平手敌对，
　　　遇弱者狂妄，受赞扬骄傲，
　　　受批评发怒，与这种愚夫
　　　交往，怎么可能获得益处？（12）

天译：迷愚不攝心，為此無功德。

आत्मोत्कर्षः परावर्णः संसाररतिसंकथा।
इत्याद्यवश्यमशुभं किंचिद्ध्वालस्य बालतः॥१३॥

今译：抬高自己，贬低他人，
　　　热衷谈论尘世欲乐，
　　　出于愚痴，愚夫必然
　　　具有这些不良行为。（13）

天译：自讚毀謗他，輪迴樂自得，
　　　愚迷之所持，住是等不善。

एवं तस्यापि तत्सङ्गात्तेनानर्थसमागमः।

---

① 据 P 本，इ 应为ई。

एकाकी विहरिष्यामि सुखमक्लिष्टमानसः ॥१४॥

今译：这样，与愚夫交往，
　　　结果是有害无益，
　　　我宁可独自隐居，
　　　心中安乐无烦恼。（14）

天译：不善不和合，彼事皆獲得，
　　　一身我所樂，而意無所貪。

बालाद्दूरं पलायेत प्राप्तमाराधयेत्रियैः ।
न संस्तवानुबन्धेन किं तूदासीनसाधुवत् ॥१५॥

今译：应该远离愚夫，一旦
　　　遇见，则应取悦他们，
　　　但不必显得亲密无间，
　　　而应该像冷静的贤士。（15）

天译：遠離於愚迷，當得愛承事，
　　　不為於讚歎，住於何善事[①]？

धर्मार्थमात्रमादाय भृङ्गवत् कुसुमान्मधु ।
अपूर्व इव सर्वत्र विहरिष्याम्यसंस्तुतः ॥१६॥

今译：我会如同一个陌生人，
　　　游荡各地，只为求法，
　　　如同蜜蜂从花中采蜜，
　　　而不与别人亲密相处。（16）

天译：略如蜂造蜜，寂靜得成就，

---

① 与"住于何善事"对应的原文是 kim tu udāsīnasādhuvat。这里可能是将 kim tu（"而"）误读为 kim（"何"），将 udāsīna（"冷淡"）误读为 āsīna（"坐"），将 sādhuvat（"像善人"或"像贤士"）误读为"善事"。

我行一切處，如未曾有者。

लाभी च सत्कृतश्चाहमिच्छन्ति बहवश्च माम्।
इति मर्त्यस्य संप्राप्तान्मरणाज्जायते भयम्॥१७॥

今译："我获得供养，受到
　　　礼遇，人们喜欢我，"
　　　怀有这种想法的人，
　　　会惧怕死亡来临。（17）

天译：恒得於多人，讚歎而敬愛。

यत्र यत्र रतिं याति मनः सुखविमोहितम्।
तत्तत्सहस्रगुणितं दुःखं भूत्वोपतिष्ठति॥१८॥

今译：思想迷恋快乐，
　　　无论热衷什么，
　　　都会化为千倍的
　　　痛苦，紧随其后。（18）

天译：若迷於處處，得意樂快樂，
　　　以此於世間，得生死怖畏。

तस्मात्प्राज्ञो न तामिच्छेदिच्छातो जायते भयम्।
स्वयमेव च यात्येतद्धैर्यं कृत्वा प्रतीक्षताम्॥१९॥

今译：智者不应该贪恋，
　　　贪恋会带来恐惧，
　　　这一切会自动离去，
　　　保持坚定，耐心等待。（19）

天译：是故彼智者，怖畏於生死，
　　　知千種苦惱，住之決定受。

बहवो लाभिनोऽभूवन् बहवश्च यशस्विनः।
सह लाभयशोभिस्ते न ज्ञाताः क्व गता इति॥२०॥

今译：许多人获得财富，
　　　许多人获得名声，
　　　带着财富和名声，
　　　不知他们去了哪里？（20）

天译：若於剎那頃，自修於進精[1]，
　　　獲得好名稱，亦復多利養。

मामेवान्ये जुगुप्सन्ति किं प्रहृष्याम्यहं स्तुतः।
मामेवान्ये प्रशंसन्ति किं विषीदामि निन्दितः॥२१॥

今译：若其他人都嫌弃我，
　　　我受赞扬，怎会高兴？
　　　若其他人都称赞我，
　　　我受指责，怎会沮丧？（21）

天译：以彼同利人，毀我非功德，
　　　若此加毀謗，我謂讚歡喜，
　　　雖毀謗不瞋，稱讚亦不喜。

नानाधिमुक्तिकाः सत्त्वा जिनैरपि न तोषिताः।
किं पुनर्मादृशैरज्ञैस्तस्मात्किं लोकचिन्तया॥२२॥

今译：众生的志趣各种各样，
　　　众佛也不能满足他们，
　　　何况我这样的无知者，
　　　何必为尘世忧虑烦恼？（22）

---

[1] 此处"进精"，据《中华大藏经》校勘记，"《碛》、《普》、《南》、《径》、《清》、《丽》作'精进'。"

天译：謂佛及有情，種種皆如是，
　　　稱讚得功德，毀謗招苦報，
　　　世間不思惟，是謂愚癡故。

निन्दन्त्यलाभिनं सत्त्वमवध्यायन्ति लाभिनम्।
प्रकृत्या दुःखसंवासैः कथं तैर्जायते रतिः॥२३॥

今译：呵责没有财富的人，
　　　又忌恨有财富的人，
　　　他们天生与痛苦作伴，
　　　与他们相处，哪有快乐？（23）

天译：自性苦同住，彼生何所樂？

न बालः कस्यचिन्मित्रमिति चोक्तं तथागतैः।
न स्वार्थेन विना प्रीतिर्यस्माद्बालस्य जायते॥२४॥

今译：众如来曾经说过，
　　　愚夫成不了朋友，
　　　若自己无利可图，
　　　愚夫便不会高兴。（24）

天译：愚迷非朋友，此乃如來說。

स्वार्थद्वारेण या प्रीतिरात्मार्थं प्रीतिरेव सा।
द्रव्यनाशे यथोद्वेगः सुखहानिकृतो हि सः॥२५॥

今译：有利自己才高兴，
　　　高兴只是为自己，
　　　如同丧失财富而
　　　苦恼，他缺乏快乐。（25）

天译：若在於愚迷，自利無不愛，
　　　若入利他門，如是為自愛。

नावध्यायन्ति तरवो न चाराध्याः प्रयत्नतः
कदा तैः सुखसंवासैः सह वासो भवेन्मम॥२६॥

今译：那些树木不嫌弃人，
　　　也不竭力讨好人，
　　　我何时能与这些
　　　安住快乐者相处？（26）

天译：不毀於有情，不一心承奉，
　　　損於利物行，如煩惱壞善。

शून्यदेवकुले स्थित्वा वृक्षमूले गुहासु वा।
कदानपेक्षो यास्यामि पृष्ठतोऽनवलोकयन्॥२७॥

今译：我何时能安住在
　　　空庙、树根或洞穴，
　　　无牵无挂出行，
　　　无须回顾留恋？（27）

天译：如彼天宮殿，及於樹根舍，
　　　隨彼愛樂心，從意得為上。

अममेषु प्रदेशेषु विस्तीर्णेषु स्वभावतः।
स्वच्छन्दचार्यनिलयो विहरिष्याम्यहं कदा॥२८॥

今译：我何时能够自由
　　　自在，居无定所，
　　　生活在无所归属、
　　　天然的空旷之地？（28）

天译：自性之廣大，斯為無礙處，
　　　彼所未曾見，亦不能觀察。

मृत्पात्रमात्रविभवश्चौरासंभोगचीवरः ।
निर्भयो विहरिष्यामि कदा कायमगोपयन् ॥ २९ ॥

今译：我何时能无所畏惧，
　　　仅有的财产是土钵，
　　　窃贼也不偷的外衣，
　　　也无须保护身体？（29）

天译：富貴喻坏器，雖成不堅牢，
　　　受用然自由，苦惱而速至，
　　　如盜他人衣，分之著身上，
　　　行住不自在，苦惱當求離。①

कायभूमिं निजां गत्वा कङ्कालैरपरैः सह ।
स्वकायं तुलयिष्यामि कदा शतनधर्मिणम् ॥ ३० ॥

今译：我何时能前往坟场，
　　　那里布满别人的尸骨，
　　　我将会看到自己的
　　　身体同样属于毁灭法。（30）

天译：稱量於自身，彼實苦惱法，
　　　我此如是身，是身必當壞。

अयमेव हि कायो मे एवं पूतिर्भविष्यति ।
शृगाला अपि यद्गन्धान्नोपसर्पेयुरन्तिकम् ॥ ३१ ॥

今译：我这个身体也会
　　　成为这样的尸骨，
　　　恶臭难闻，甚至连
　　　豺狼也不愿走近。（31）

---

① 这颂译文是依据原文中的"土钵"、"窃贼"和"外衣"等词语，想当然地串联拼凑成句，完全没有译出原意。

अस्यैकस्यापि कायस्य सहजा अस्थिखण्डकाः।
पृथक् पृथग्गमिष्यन्ति किमुतान्यः प्रियो जनः॥३२॥

今译：这个身体的骨骼，
　　　生来就连成一体，
　　　现在却分崩离析，
　　　何况其他的亲人①？（32）

天译：觀察於此身，性與身相離，
　　　性然無所壞，身當為豺食。

एक उत्पद्यते जन्तुर्म्रियते चैक एव हि।
नान्यस्य तद्यथाभागः किं प्रियैर्विघ्नकारकैः॥३३॥

今译：每个人都独自出生，
　　　独自死去，别人不能
　　　分担痛苦，那些制造
　　　障碍的亲人有何用？（33）

天译：一生定一死，有情界如是，
　　　彼復見何事，諸大各分去？

अध्वानं प्रतिपन्नस्य यथावासपरिग्रहः।
तथा भवाध्वगस्यापि जन्मावासपरिग्रहः॥३४॥

今译：正如人在旅途中，
　　　需要借宿在旅舍，
　　　同样，人在轮回中，
　　　以此一生为旅舍。（34）

天译：如人遠路行，欲及於住舍，
　　　憂苦彼別無，唯求無障礙，

---

① 意谓与其他的亲人分离。

喻輪迴亦然，咸受於生住。

चतुर्भिः पुरुषैर्यावत्स न निर्धार्यते ततः।
आशोच्यमानो लोकेन तावदेव वनं व्रजेत्॥३५॥

今译：不要等到四个人
　　　用担架来抬走你，
　　　亲友们哀伤哭泣，
　　　就应该前往林中。（35）

天译：直至於四人，彼方獲遠離。

असंस्तवाविरोधाभ्यामेक एव शरीरकः।
पूर्वमेव मृतो लोके म्रियमाणो न शोचति॥३६॥

今译：独自孤身一个人，
　　　无亲友，无仇敌，
　　　早已在世上死去，
　　　死时便不会忧伤。[①]（36）

天译：如是之一身，寃家所不讚，
　　　直至如是成，不厭患世間，
　　　過去世間時，生死無悔恨。

न चान्तिकचराः केचिच्छोचन्तः कुर्वते व्यथाम्।
बुद्धाद्यनुस्मृतिं चास्य विक्षिपन्ति न केचन॥३७॥

今译：身边没有哀伤者，
　　　不会引起他悲痛；
　　　没有人会干扰他，
　　　一心忆念佛和法。（37）

[①] 意谓独自隐居林中，与世隔绝，仿佛早已死去。

天译：所行行不近，能離世間苦，
　　　念佛心口同，無有人嫌毀。

तस्मादेकाकिता रम्या निरायासा शिवोदया।
सर्वविक्षेपशमनी सेवितव्या मया सदा॥३८॥

今译：因此，我应该经常
　　　独自一人，舒适愉悦，
　　　轻松自在，吉祥安宁，
　　　止息一切烦恼散乱心。（38）

天译：是故身意調，寂靜無煩擾，
　　　如是我恒行，滅盡諸煩惱。

सर्वान्यचिन्तानिर्मुक्तः स्वचित्तैकाग्रमानसः।
समाधानाय चित्तस्य प्रयतिष्ये दमाय च॥३९॥

今译：摆脱其他一切心思，
　　　全神贯注修习自心，
　　　我要努力调伏心，
　　　让它保持沉思入定。（39）

天译：解脫於自心，復解脫一切，
　　　得此心平等，

कामा ह्यनर्थजनका इह लोके परत्र च।
इह बन्धवधोच्छेदैर्नरकादौ परत्र च॥४०॥

今译：无论今生或来世，
　　　欲望产生恶果，
　　　今生遭囚禁杀戮，
　　　来世堕入地狱。（40）

天译：於今世後世，斷彼苦惱縛，

乃至地獄等。

यदर्थं दूतदूतीनां कृताञ्जलिरनेकधा।
न च पापमकीर्तिर्वा यदर्थं गणिता पुरा॥४१॥

今译：为了女人，一次次
　　　合掌恳求男女使者，
　　　为了女人，无数次
　　　犯罪和丧失名誉。（41）

天译：若有男女等，合掌多恭敬，
　　　善利非算數，無罪可稱說。

प्रक्षिप्तश्च भयेऽप्यात्मा द्रविणं च व्ययीकृतम्।
यान्येव च परिष्वज्य बभूवोत्तमनिर्वृतिः॥४२॥

今译：即使陷身恐怖，
　　　或者散尽财物，
　　　一旦拥抱妇女，
　　　销魂如同涅槃。（42）

天译：有善用自金，遠離棄擲怖，
　　　此行若能行，得最上寂靜。

तान्येवास्थीनि नान्यानि स्वाधीनान्यमना①नि च।
प्रकामं संपरिष्वज्य किं न गच्छसि निर्वृतिम्॥४३॥

今译：她们只是一堆白骨，
　　　独立自主，不属于我，
　　　为何你喜欢拥抱她们，
　　　而不愿意追求涅槃？（43）

---

① 据P本，ना应为मा。

天译：彼人有此獲，我自得無異，
　　　明了如是行，何不趣寂靜？

उन्नाम्यमानं यत्नादायन्त्रीयमानमधो ह्रिया।
पुरा दृष्टमदृष्टं वा मुखं जालिकयावृतम्॥४४॥

今译：面纱遮住这张脸，
　　　无论以前见未见，
　　　你都努力掀面纱，
　　　而她羞涩往下拉。（44）

天译：一心住貪愛，此為下趣牽，
　　　業感焰魔門，前見見可怖。

तन्मुखं त्वत्परिक्लेशमसहद्भिरिवाधुना।
गृध्रैर्व्यक्तीकृतं पश्य किमिदानीं पलायसे॥४५॥

今译：你为之烦恼的这张脸，
　　　如今，那些兀鹰仿佛
　　　迫不及待已将它揭开，
　　　请看吧！你却为何躲开？（45）

天译：彼門是汝冤，煩惱今不同，
　　　分明住貪愛，今見何能脫？

परचक्षुर्निपातेभ्योऽप्यासीद्यत्परिरक्षितम्।
तदद्य भक्षितं यावत् किमीर्ष्यालो न रक्षसि॥४६॥

今译：以前你保护这张脸，甚至
　　　不允许别人的目光接触，
　　　如今它遭到兀鹰们叼啄，
　　　妒忌者啊，你为何不保护？（46）

天译：過咎自藏護，一一他眼見，

彼今所貪嗽，始忌何不護？

मांसोच्छ्रयमिमं दृष्ट्वा गृध्रैरन्यैश्च भक्षितम्।
आहारः पूज्यतेऽन्येषां स्रक्चन्दनविभूषणैः॥४७॥

今译：看到兀鹰等等禽兽，
　　　以这一堆肉为食物，
　　　你为何还要用花环、
　　　檀香膏和饰品供奉？（47）

天译：飛鷲常所貪，唯愛此肥肉，
　　　復以血莊嚴，此食徧①所重。

निश्चलादपि ते त्रासः कङ्कालादेवमीक्षितात्।
वेतालेनेव केनापि चाल्यमानाद्द्वयं न किम्॥४८॥

今译：看到尸骨不动弹，
　　　你也会感到害怕，
　　　僵尸鬼附身活动时，
　　　你为何不感到害怕？（48）

天译：喻見鬼形容，枯瘦及行動，
　　　相貌既如是，覩之堪可怖。

एकस्मादशनादेषां लालामेध्यं च जायते।
तत्रामेध्यमनिष्टं ते लालापानं कथं प्रियम्॥४९॥

今译：她们的口水和粪便，
　　　同样都产生于食物，
　　　你为何喜欢啜饮口水，
　　　而不喜欢啜饮粪便？（49）

---

① 此处"徧"字，据《中华大藏经》校勘记，"《丽》作'偏'。"

天译：口吻及牙涎，皆從不淨生，
　　　不淨非所堪，食飲彼何愛？

तूलगर्भैर्मृदुस्पर्शै रमन्ते नोपधानकैः।
दुर्गन्धं न स्रवन्तीति कामिनोऽमेध्यमोहिताः॥५०॥

今译：丝绵枕头触感柔软，
　　　只因为不散发臭味，
　　　那些情人并不喜欢，
　　　确实已被粪便搅昏。（50）

天译：靚羅綿藏觸，細滑樂嬉戲，
　　　臭穢豈不漏？慾者心自迷。

यत्र च्छन्नेऽप्ययं रागस्तदच्छन्नं किमप्रियम्।
न चेत्प्रयोजनं तेन कस्माच्छन्नं विमृद्यते॥५१॥

今译：她著衣时，你尚且贪恋，
　　　现在裸露，为何不喜爱？
　　　如果这样不合你的意，
　　　为何过去拼命追逐她？（51）

天译：此貪謂若蓋，迷者堅樂著，
　　　無著即無事，云何而不離？

यदि ते नाशुचौ रागः कस्मादालिङ्गसेऽपरम्।
मांसकर्दमसंलिप्तं स्नायुबद्धास्थिपञ्जरम्॥५२॥

今译：如果你不贪恋污秽物，
　　　为何拥抱这种污秽物？
　　　这一堆由筋腱连接的
　　　骨骼，涂抹着血肉泥土。（52）

天译：衰老相隨生，肉泥加飾染，

不識彼空幻，而復樂歇吻。

स्वमेव बह्वमेध्यं ते तेनैव धृतिमाचर।
अमेध्यभक्षामपरां गूथघस्मर विस्मर॥५३॥

今译：你自己身上已有很多
　　　污秽物，应该满足了！
　　　你这贪吃污秽物的人，
　　　忘掉别人的臭皮囊吧！（53）

天译：如袋不淨滿，迷人不思惟，
　　　不淨如是多，彼汝何喜行？

मांसप्रियोऽहमस्येति द्रष्टुं स्प्रष्टुं च वाञ्छसि।
अचेतनं स्वभावेन मांसं त्वं कथमिच्छसि॥५४॥

今译：你感到这种肉可爱，
　　　想要看到和触摸它，
　　　其实这种肉无知觉，
　　　你为何会喜欢它？（54）

天译：身肉非淨成，愚智而皆見，
　　　自性元無心，云何妄愛肉？

यदिच्छसि न तच्चित्तं द्रष्टुं स्प्रष्टुं च शक्यते।
यच्च शक्यं न तद्वेत्ति किं तदालिङ्गसे मुधा॥५५॥

今译：即使你想要，也不能
　　　看到和接触到它的心，
　　　你能感受，而它无知觉，
　　　为何还要徒劳拥抱它？（55）

天译：若彼無愛心，是得分明見，
　　　若能無彼此，自不見歇吻。

नामेध्यमयमन्यस्य कायं वेत्सीत्यनद्भुतम्।
स्वामेध्यमयमेव त्वं तं नावैषीति विस्मयः॥५६॥

今译：你不知道别人的身体
　　　充满污秽，这并不稀奇，
　　　若不知道自己的身体
　　　充满污秽，则令人惊讶。（56）

天译：别有非不淨，而自不希有，
　　　如是不自淨，彼汝非希有。

विघ्नार्कांशुविकचं मुक्त्वा तरुणपङ्कजम्।
अमेध्यशौण्डचित्तस्य का रतिर्गूथपञ्जरे॥५७॥

今译：为何抛弃明朗阳光
　　　催开的娇嫩莲花，
　　　而一心迷恋污秽物，
　　　喜爱这个臭皮囊？（57）

天译：愚迷不淨心，體喻於蓮花，
　　　慧日照開敷，非淨身何愛？

मृदाद्यमेध्यलिप्तत्वाद्यदि न स्प्रष्टुमिच्छसि।
यतस्तन्निर्गतं कायात्तं स्प्रष्टुं कथमिच्छसि॥५८॥

今译：如果你不愿意接触
　　　沾有污秽物的泥土，
　　　为何会喜欢接触
　　　这个身体的排泄处？（58）

天译：不淨令無常，染愛令不正，
　　　欲出正淨身，云何由染愛？

यदि ते नाशुचौ रागः कस्मादालिङ्गसे परम्।
अमेध्यक्षेत्रसंभूतं तद्बीजं तेन वर्धितम्॥५९॥

今译：如果你不贪恋污秽物，
　　　为何拥抱这个污秽物？
　　　那是精子，出现在充满
　　　粪便的腹中，发育成长。（59）

天译：云何歍吻他？由貪彼不淨，
　　　於彼不淨地，種子生增長。

अमेध्यभवमल्पत्वान्न वाञ्छस्यशुचिं कृमिम्।
बह्वमेध्यमयं कायममेध्यजमपीच्छसि॥६०॥

今译：生于粪便的污秽蛆虫，
　　　即使很小，你也不喜欢，
　　　你却会喜欢这种生于
　　　粪便、充满污秽的身体。（60）

天译：汝受不淨身，此身唯蟲聚，
　　　是身既非淨，非淨不可愛。

न केवलममेध्यत्वमात्मीयं न जुगुप्ससि।
अमेध्यभाण्डानपरान् गूथघस्मर वाञ्छसि॥६१॥

今译：你不仅不厌弃自己
　　　这充满污秽的身体，
　　　贪吃污秽物的人啊，
　　　还贪图别人的臭皮囊！（61）

天译：不淨而不一，而汝自不嫌，
　　　無別不淨器，此器孰多愛？

कर्पूरादिषु हृद्येषु शाल्यन्नव्यञ्जनेषु वा।
मुखक्षिप्तविसृष्टेषु भूमिरप्यशुचिर्भता॥६२॥

今译：樟脑等等，或者

味美可口的饭菜，
入口之后再吐出，
也视为弄脏地面。（62）

天译：龍腦香米等，食飲而適悅，
　　　入口味最上，是地合清淨。

यदि प्रत्यक्षमप्येतदमेध्यं नाधिमुच्यसे।
श्मशाने पतितान् घोरान् कायान् पश्यापरानपि॥६३॥

今译：如果你不能确信
眼前这个身体污秽，
请去看看坟场里，
那些可怕的身体！（63）

天译：若此甚分明，彼不淨不離，
　　　穢惡棄尸林，是身同若此。

चर्मण्युत्पाटिते यस्माद्भयमुत्पद्यते महत्।
कथं ज्ञात्वापि तत्रैव पुनरुत्पद्यते रतिः॥६४॥

今译：皮绽肉烂，令人
产生极度恐惧，
明白了这个道理，
怎么还会喜欢？（64）

天译：皮剝肉潰爛，見之得大怖，
　　　既能知彼已，復何生愛樂？

काये न्यस्तोऽप्यसौ गन्धश्चन्दनादेव नान्यतः।
अन्यदीयेन गन्धेन कस्मादन्यत्र रज्यसे॥६५॥

今译：身上的这股香气出自
檀香膏，而非别的什么，

你为何要被这股出自
身体之外的香气迷住？（65）

天译：白檀香復潔，身無如是妙，
云何殊勝香，用心而別愛？

यदि स्वभावदौर्गन्ध्यादागो नात्र शिवं ननु।
किमनर्थरुचिर्लोकस्तं गन्धेनानुलिम्पति॥६६॥

今译：如果身体天生难闻，
不贪恋它，也就平安，
为何世人喜欢多事，
还要为它涂抹香膏？（66）

天译：自性臭若貪，不樂於寂靜，
亦於法諸香，一切皆染污。

कायस्यात्र किमायातं सुगन्धि यदि चन्दनम्।
अन्यदीयेन गन्धेन कस्मादन्यत्र रज्यते॥६७॥

今译：如果是檀香膏的香气，
它怎么会出自这身体？
你为何要被这股出自
身体之外的香气迷住？（67）

यदि केशनखैर्दीर्घैर्दन्तैः समलपाण्डुरैः।
मलपङ्कधरो नग्नः कायः प्रकृतिभीषणः॥६८॥

今译：如果这个裸露的身体
天生可怕，沾有污泥，
长长的头发和指甲，
那些牙齿污垢发黄。（68）

天译：若復髮甲長，牙齒兼垢黑，

垢腻之所持，恶性身裸露。

स किं संस्क्रियते यत्नादात्मघाताय शस्त्रवत्।
आत्मव्यामोहनोद्युक्तैरुन्मत्तैराकुला मही॥६९॥

今译：为什么还要竭力装饰它，
　　　如同擦拭武器，杀害自己？
　　　这个大地确实充满疯子，
　　　他们想方设法蒙骗自己。（69）

天译：狂亂自癡迷，欲用行大地，
　　　復持諸器仗，一心待自殺。

कङ्कालान् कतिचिद्दृष्ट्वा श्मशाने किल ते घृणा।
ग्रामश्मशाने रमसे चलत्कङ्कालसंकुले॥७०॥

今译：看到坟场中这么几具
　　　骷髅，你就心生厌恶，
　　　而你却喜欢这充满
　　　活动骷髅的村镇坟场。①（70）

天译：寒林枯骨形，見乃發惡聲，
　　　聚落②枯骨動，迷人返愛樂。

एवं चामेध्यमप्येतद्विना मूल्यं न लभ्यते।
तदर्थमर्जनायासो नरकादिषु च व्यथा॥७१॥

今译：即使这样的污秽物，
　　　不付代价也得不到，
　　　为了挣钱，辛苦劳累，
　　　还要承受地狱痛苦。（71）

---

① 意谓人间充满活动的骷髅。
② "聚落"（grāma）指村庄。

天译：不淨乃如是，此苦為彼愛，
如彼那落^①中，無苦痛不受。

शिशोर्नार्जनसामर्थ्यं केनासौ यौवने सुखी।
यात्यर्जनेन तारुण्यं वृद्धः कामैः करोति किम्॥७२॥

今译：年幼没有能力挣钱，
年轻时，凭什么享乐？
为了挣钱，耗尽青春，
年老时，爱欲有何用？（72）

天译：少年貪受樂，不求勝善力，
少年如不求，老至欲何作？

केचिद्दिनान्तव्यापारैः परिश्रान्ताः कुकामिनः।
गृहमागत्य सायाह्ने शेरते स्म मृता इव॥७३॥

今译：一些人怀有低劣欲望，
整天忙碌，疲惫不堪，
傍晚时刻，回到家中，
倒头便睡，如同死人。（73）

天译：如彼日將落，為作困不就，
復如鹿獸群^②，至夜空還去。

दण्डयात्राभिरपरे प्रवासक्लेशदुःखिताः।
वत्सरैरपि नेक्षन्ते पुत्रदारांस्तदर्थिनः॥७४॥

今译：另一些人持杖远行，
受尽旅途烦恼痛苦，

---

① "那落"是 naraka（"地狱"）一词的音译。
② 与"复如鹿兽群"对应的词组是 mṛtā iva（"如同死人"）。这里可能是将 mṛtāḥ（"死人"）误读为 mṛgāḥ（"鹿兽"）。

甚至好多年见不到
妻儿，即使心中思念。(74)

天译：錫杖鉢隨行，在路而困苦，
　　　如犢①隨母行，無所畏亦尔。

**यदर्थमेव विक्रीत आत्मा कामविमोहितैः।
तन्न प्राप्तं मुधैवायुर्नीतं तु परकर्मणा॥७५॥**

今译：有些人受爱欲蒙蔽，
　　　为此目的，出卖自己，
　　　愿望还是落空，白白
　　　效劳他人，耗尽寿命。(75)

天译：若自為欲迷，自賣為僕從，
　　　彼不得自在，亦復隨業牽。

**विक्रीतस्वात्मभावानां सदा प्रेषणकारिणाम्।
प्रसूयन्ते स्त्रियोऽन्येषामटवीविटपादिषु॥७६॥**

今译：有些人出卖自己身体，
　　　经常接受各种差役，
　　　妻子怀孕无人照顾，
　　　在旷野或树下分娩。(76)

天译：如女產林野，

**रणं जीवितसंदेहं विशन्ति किल जीवितुम्।
मानार्थं दासतां यान्ति मूढाः कामविडम्बिताः॥७७॥**

今译：有些人为了维持生活，
　　　甘冒生命危险上战场，

---

① 本颂中并无"犊"这个词。这里可能是将 vatsara（"年"）一词误读为 vatsa（"犊"）。

有些傻瓜受爱欲愚弄,
为顾全面子,甘当奴仆。(77)

天译:如戰命難保,迷者為欲誑
恃我感奴僕。

छिद्यन्ते कामिनः केचिदन्ये शूलसमर्पिताः।
दह्यन्ते दह्यमानाश्च हन्यमानाश्च शक्तिभिः॥७८॥

今译:有些情人遭到砍杀,
或者被钉在尖桩上,
有些遭到烈火焚烧,
或者被长矛刺死。(78)

天译:斷欲者心淨,於苦能審察,
見彼欲火燒,復若毒槍刺。

अर्जनरक्षणनाशविषादै-
रर्थमनर्थमनन्तमवेहि।
व्यग्रतया धनसक्तमतीनां
नावसरो भवदुःखविमुक्तेः॥७९॥

今译:钱财的获取、保护和毁灭,
你要知道,带来无穷烦恼,
而一心忙于追逐财富,也就
失去摆脱轮回痛苦的机会。(79)

天译:迷人求欲境,喜獲妄守護,
無利事無邊,清淨皆破壞;
世間虛幻財,愚人忙忙貪,
輪迴往來苦,解脫於何時?

एवमादीनवो भूयानल्पास्वादस्तु कामिनाम्।

शकटं वहतो यद्वत्पशोर्घासलवग्रहः ॥८०॥

今译：这样，迷恋爱欲的人，
痛苦很多，甜头很少，
如同牲口负轭拉车，
只能吃到一些干草。（80）

天译：如是貪欲味，欲者受不少，
喻牛牽重車，至彼口無草。

तस्यास्वादलवस्यार्थे यः पशोरप्यदुर्लभः ।
हता दैवहतेनेयं क्षणसंपत्सुदुर्लभा ॥८१॥

今译：这点微不足道的甜头，
甚至牲口也不难得到，
而这个不幸者却为此
毁掉难得的幸运人身。（81）

天译：欲味與無草，見者人難得，
見已破知非，剎那覺希有。

अवश्यं गन्तुरल्पस्य नरकादिप्रपातिनः ।
कायस्यार्थे कृतो योऽयं सर्वकालं परिश्रमः ॥८२॥

今译：这点甜头必定消失，
而后堕入地狱等等，
为了满足这个身体，
辛苦劳累，永无止息。（82）

天译：而身為作此，一切時疲倦，
勝定業不修，必當墮地獄。

ततः कोटिशतेनापि श्रमभागेन बुद्धता ।
चर्यादुःखान्महदुःखं सा च बोधिर्न कामिनाम् ॥८३॥

今译：而这种辛苦，只要利用它的
　　　亿万分之一，就能成就佛性，
　　　人们迷恋爱欲，痛苦远远大于
　　　菩提行痛苦，却不能获得菩提。（83）

天译：彼百俱胝劫，分受困不覺，
　　　彼行大苦苦，不為求菩提。

न शस्त्रं न विषं नाग्निर्न प्रपातो न वैरिणः।
कामानामुपमां यान्ति नरकादिव्यथास्मृतेः॥८४॥

今译：想起那些迷恋爱欲者堕入
　　　地狱等等的痛苦，无论
　　　兵器、毒药、烈火、悬崖
　　　或仇敌，都不能相比拟。（84）

天译：無器仗毒火，無山崖冤等，
　　　離欲者若此，說離地獄苦。

एवमुद्विज्य कामेभ्यो विवेके जनयेद्रतिम्।
कलहायासशून्यासु शान्तासु वनभूमिषु॥८५॥

今译：这样，应该厌弃爱欲，
　　　而热爱寂静，生活在
　　　那些安宁静谧的林地，
　　　没有任何争吵和纷扰。（85）

天译：遠離如是欲，生愛樂分別①，
　　　愛樂非空處，而靜善林地。

धन्यैः शशाङ्ककरचन्दनशीतलेषु र
म्येषु हर्म्यविपुलेषु शिलातलेषु।

---

① 与"分别"对应的原词是 viveka，在这里应该读作"寂静"。

第八 禅定波罗蜜品

निःशब्दसौम्यवनमारुतवीज्यमानैः
चंकम्यते परहिताय विचिन्त्यते च ॥८६॥

今译：那里，月光清凉如同檀香膏，
　　　石板地可爱宽敞如同宫殿，
　　　林风吹拂，轻柔无声，这些
　　　幸运者游荡其间，思考利他。（86）

天译：善财①月光明，白檀涼香潔，
　　　廣寶樓閣間，行住甚適悅，
　　　善林聲不鬧，清淨風長扇，
　　　彼處而寂靜，思惟心爽利。

विहृत्य यत्र कचिदिष्टकालं
शून्यालये वृक्षतले गुहासु।
परिग्रहरक्षणखेदमुक्तः
चरत्यपेक्षाविरतो यथेष्टम् ॥८७॥

今译：那里，空屋、树下或洞窟，
　　　随时随地可以安住，摆脱
　　　获取和保护财富的烦恼，
　　　无牵无挂，自由自在游荡。（87）

天译：若處何可親，空舍巖樹下，
　　　捨愛離煩惱，自在護根識。

स्वच्छन्दचार्यनिलयः प्रतिबद्धो न कस्यचित्।
यत्संतोषसुखं भुङ्क्ते तदिन्द्रस्यापि दुर्लभम् ॥८८॥

今译：随意游荡，居无定所，
　　　不受任何什么约束，

---

① 与"善财"对应的原词是 dhanya，在这里应该读作"幸运者"。

享有这样的满意快乐，
甚至因陀罗①也难得。（88）

天译：是處主宰無，自在隨行住，
歡喜受快樂，何推帝釋天②？

एवमादिभिराकारैर्विवेकगुणभावनात्।
उपशान्तवितर्कः सन् बोधिचित्तं तु भावयेत्॥८९॥

今译：获得这样的快乐，
思考寂静的功德，
从而止息疑惑，
努力修习菩提心。（89）

天译：觀功德智慧，如是等諸法，
復正菩提心，消除於疑惑。

परात्मसमतामादौ भावयेदेवमादरात्।
समदुःखसुखाः सर्वे पालनीया मयात्मवत्॥९०॥

今译：首先应该努力修习
自己和他人平等，
苦乐也相同，应该
保护众生如同自己。（90）

天译：先當如是觀，重自他不二，
我自一切行，若樂③亦平等。

---

① "因陀罗"（Indra）是天王。
② 帝释天也就是因陀罗。
③ 此处"若乐"，据《中华大藏经》校勘记，"《石》、《碛》、《普》、《南》、《径》、《清》、《丽》作'苦乐'。"

हस्तादिभेदेन बहुप्रकारः
　　कायो यथैकः परिपालनीयः।
तथा जगद्भिन्नमभिन्नदुःख-
　　सुखात्मकं सर्वमिदं तथैव॥९१॥

今译：正如应该保护这一个身体，
　　　它具有手足等等许多部位，
　　　同样，世上的众生各不相同，
　　　而痛苦和快乐的性质相同。（91）

天译：手作多種事，守護如一身，
　　　世壞不壞法①，苦樂等亦尔。

यद्यप्यन्येषु देहेषु मद्दुःखं न प्रबाधते।
तथापि तद्दुःखमेव ममात्मस्नेहदुःसहम्॥९२॥

今译：尽管我自己的痛苦
　　　不会伤害别人的身体，
　　　而由于我爱怜自己，
　　　也难以忍受这痛苦。（92）

तथा यद्यप्यसंवेद्यमन्यदुःखं मयात्मना।
तथापि तस्य तद्दुःखमात्मस्नेहेन दुःसहम्॥९३॥

今译：同样，尽管我不会
　　　感受到别人的痛苦，
　　　而由于我爱怜自己，
　　　也难以忍受别人痛苦。②（93）

---

① 与"世坏不坏法"对应的原文是 jagat bhinnam abhinna。这里的 bhinnam 应该读作"各不相同"，与前面的 jagat（"世上的众生"）相关联，而 abhinna 应该读作"相同"，与后面的"痛苦和快乐的性质"相关联。

② 意谓将别人的痛苦视同自己的痛苦。

मयान्यदुःखं हन्तव्यं दुःखत्वादात्मदुःखवत्।
अनुग्राह्या मयान्येऽपि सत्त्वत्वादात्मसत्त्ववत्॥९४॥

今译：我应该消除别人的痛苦，
　　　因为别人痛苦如同我痛苦，
　　　我也应该赐予别人恩惠，
　　　因为众生和自己性质相同。（94）

天译：如己之别苦，一一皆消盡，
　　　如是我受持，為於有情等。

यदा मम परेषां च तुल्यमेव सुखं प्रियम्।
तदात्मनः को विशेषो येनात्रैव सुखोद्यमः॥९५॥

今译：如果我和其他人，
　　　同样都喜爱快乐，
　　　那么，我有什么特殊，
　　　只为自己追求快乐？（95）

天译：我若愛於他，令得平等樂，
　　　彼得快樂已，於自勝何奪？

यदा मम परेषां च भयं दुःखं च न प्रियम्।
तदात्मनः को विशेषो यत्तं रक्षामि नेतरम्॥९६॥

今译：如果我和其他人，同样
　　　都是不喜爱恐怖和痛苦，
　　　那么，我有什么特殊可言，
　　　只保护自己，不保护别人？（96）

天译：我若不愛他，彼得諸苦怖，
　　　彼苦怖不脫，於自當何勝？

तदुःखेन न मे बाधेत्यतो यदि न रक्ष्यते।
नागामिकायदुःखान्मे बाधा तत्केन रक्ष्यते॥९७॥

今译：如果认为别人的痛苦不会
　　　伤害我，而不必保护别人，
　　　那么，未来的身体痛苦目前
　　　没有伤害我，为何要防护？（97）

天译：苦害今若得，而由不愛護，
　　　未來苦害身，云何而可護？

अहमेव तदापीति मिथ्येयं परिकल्पना।
अन्य एव मृतो यस्मादन्य एव प्रजायते॥९८॥

今译：如果认为未来的我
　　　仍是我，①这是虚妄想法，
　　　因为死去的是这个人，
　　　生下的是另一个人。（98）

天译：我若住邪見，復起於我慢，
　　　如是別得生，如是別得死。

यदि तस्यैव यदुःखं रक्ष्यं तस्यैव तन्मतम्।
पाददुःखं न हस्तस्य कस्मात्तत्तेन रक्ष्यते॥९९॥

今译：如果认为别人的痛苦
　　　应该由别人自己保护，
　　　那么，脚痛而手不痛，
　　　手为何会去保护脚？（99）

天译：作罪不作罪，如彼手與足，
　　　手足苦不同，云何同說護？

---

① 意谓未来的我仍是我，故而要防护。

अयुक्तमपि चेदेतदहंकारात्प्रवर्तते।
तदयुक्तं निवर्त्यं तत्स्वमन्यच्च यथाबलम्॥ १०० ॥

今译：如果这不合理，也是
由我慢^①引起；应该
尽力摒弃不合理地
区别自己和他人。（100）

天译：以此知不合，心住於我慢，
是合當盡斷，彼自宜隨力。

संतानः समुदायश्च पङ्क्तिसेनादिवन्मृषा।
यस्य दुःखं स नास्त्यस्मात्कस्य तत्स्वं भविष्यति॥ १०१ ॥

今译：相续和聚合虚妄不实，
如同组合成军队等等，
如果痛苦的主人^②不存在，
有谁会感到自己痛苦？（101）

天译：種子集次第，排行若軍伍，
若此而無苦，彼不知何得？

अस्वामिकानि दुःखानि सर्वाण्येवाविशेषतः।
दुःखत्वादेव वार्याणि नियमस्तत्र किंकृतः॥ १०२ ॥

今译：一切痛苦都无主人，
而由于具有痛苦性，
毫无例外，都应消除，
为什么要加以限定？^③（102）

---

① "我慢"（ahaṃkāra）指自我意识。这里所说的"不合理"指以上的考虑中，区分自己和他人的痛苦。

② "痛苦的主人"指自我（ātman）。

③ 意谓不必区别自己和他人。

天译：苦本非主宰，世一切不勝，
　　　若住於尸羅①，是苦不能立。

दुःखं कस्मान्निवार्यं चेत्सर्वेषामविवादतः।
वार्यं चेत्सर्वं②मप्येवं न चेदात्मापि सत्त्ववत्॥१०३॥

今译：无须争辩为何应该
　　　消除一切人的痛苦？
　　　无论消除或不消除，
　　　我和一切众生相同。（103）

天译：若住戒清淨，能障一切苦，
　　　一切苦無因，諸苦而無有。

कृपया बहु दुःखं चेत्कस्मादुत्पद्यते बलात्।
जगदुःखं निरूप्येदं कृपादुःखं कथं बहु॥१०४॥

今译：如果认为慈悲会带来许多
　　　痛苦，为何要费力去做？
　　　那么，观察了众生的痛苦，
　　　慈悲的痛苦算得了什么？（104）

天译：悲苦云何多，何力而能生？
　　　思惟於世間，是故悲苦多。

बहूनामेकदुःखेन यदि दुःखं विगच्छति।
उपाद्य③मेव तद्दुःखं सदयेन परात्मनोः॥१०५॥

---

① "尸罗"通常是 śīla（"戒"）一词的音译。但本颂中并无此词，可能是将 niyama（"限定"）一词读作"戒"。niyama 一词虽然也可读作"戒"，但这里的意思是"限定"。
② 据 P 本和 P 注，वर्वं 应为 सर्वं。
③ 据 P 本和 P 注，उपाद्य 应为 उत्पाद्य。

今译：如果用一个人的痛苦，
　　　能消除许多人的痛苦，
　　　那么，慈悲者应该担起
　　　自己和他人的这种痛苦。（105）

天译：一苦而非多，見有情獲得，
　　　悲苦如是生，於自他平等。

अतः सुपुष्पचन्द्रेण जानतापि नृपापदम्।
आत्मदुःखं न निहतं बहूनां दुःखिनां व्ययात्॥१०६॥

今译：因此，妙花月菩萨①
　　　知道国王会加害于他，
　　　而他为解除众人痛苦，
　　　毫不顾及自己的痛苦。（106）

天译：自苦不消除，欲消除他苦，
　　　是故妙人月②，說彼有情句。

एवं भावितसंतानाः परदुःखसमप्रियाः।
अवीचिमवगाहन्ते हंसाः पद्मवनं यथा॥१०७॥

今译：连续不断这样修习，
　　　乐于与他人共患难，
　　　即使堕入无间地狱，
　　　也像天鹅飞往莲池。（107）

天译：善者如是觀，他苦平等護，
　　　設在無間中，如鵝遊蓮池。

---

① "妙花月"（Supuṣpacandra）是一位以身殉教的菩萨，事迹见《月灯三昧经》。
② 与"妙人月"对应的原词是 supuṣpacandra，应该读作"妙花月"。若读作"妙人月"，原词应为 supuruṣacandra。

मुच्यमानेषु सत्त्वेषु ये ते प्रामोद्यसागराः।
तैरेव ननु पर्याप्तं मोक्षेणारसिकेन किम्॥१०८॥

今译：如果众生获得解脱，
　　　他们的喜悦似大海，
　　　如此充盈圆满，何必
　　　独自追求无味的解脱？（108）

天译：為解脫有情，彼若歡喜海，
　　　如是恒不足，如彼解脫味。

अतः परार्यं① कृत्वापि न मदो न च विस्मयः।
न विपाकफलाकाङ्क्षा परार्थैकान्ततृष्णया॥१०९॥

今译：即使为他人做了好事，
　　　也不骄傲，也不惊诧，
　　　一心一意为了他人，
　　　而不盼望获得果报。（109）

天译：作是利他已，無我無有疑，
　　　利他無所求，果報誰云愛？

तस्माद्यथान्तशोऽवर्णादात्मानं गोपयाम्यहम्।
रक्षाचित्तं दयाचित्तं करोम्येवं परेष्वपि॥११०॥

今译：因此，正如我努力
　　　保护自己免遭指责，
　　　我也对其他人怀有
　　　爱护心和慈悲心。（110）

天译：是故我如此，無德而自謂，
　　　悲心與護心，為他如是起。

---

① परार्यं 应为 परार्थं。

अभ्यासादन्यदीयेषु शुक्रशोणितबिन्दुषु।
भवत्यहमिति ज्ञानमसत्यपि हि वस्तुनि॥१११॥

今译：认为自己产生于
别人的滴滴精血，
这是习惯的想法，
事实上并非如此。（111）

天译：智者細微知，輸羯羅①血等，
智者得了此，觀察物不實。

तथा कायोऽन्यदीयोऽपि किमात्मेति न गृह्यते।
परत्वं तु स्वकायस्य स्थितमेव न दुष्करम्॥११२॥

今译：既然这样，为何不将
别人的身体视同自己？
确定自己的身体具有
别人的性质，这并不难。②（112）

天译：是身非別作，何以自不知？
以自知他身，如是故不難。

ज्ञात्वा सदोषमात्मानं परानपि गुणोदधीन्।
आत्मभावपरित्यागं परादानं च भावयेत्॥११३॥

今译：知道自己有缺点，
而他人是功德海，
就应该修习舍弃
自身，而接受他人。（113）

天译：自知己有過，不知他功德，

---

① "输羯罗"是 śukra（"精液"）一词的音译。
② 意谓按照习惯的想法，将别人的身体视同自己，这并不难。

自性不樂捨，徒觀察他施。①

कायस्यावयवत्वेन यथाभीष्टाः करादयः।
जगतोऽवयवत्वेन तथा कस्मान्न देहिनः॥११४॥

今译：正如手足等等是身体
组成部分，互相喜爱，
每个人是世界组成
部分，为何不这样？（114）

天译：此身之和合，因緣如拍手，
此是世間緣，有情何不知？

यथात्मबुद्धिरभ्यासात्स्वकायेऽस्मिन्निरात्मके।
परेष्वपि तथात्मत्वं किमभ्यासान्न जायते॥११५॥

今译：正如按照习惯，在无我的
自己身体中认同有我，
为何不按照习惯，同样
在别人身体中认同有我？（115）

天译：云何學無生？如學而自知，
自身而非身，以自如他身。

एवं परार्थं कृत्वापि न मदो न च विस्मयः।
आत्मानं भोजयित्वैव फलाशा न च जायते॥११६॥

今译：这样，为他人做了好事，
就不会骄傲，不会惊诧，
因为是自己喂养自己，
也就不会盼望回报。（116）

---

① 这里的"不知"和"不乐舍"在原文中均无"不"字。与"他施"对应的原词是 parādānam（"接受他人"）。这里可能是将此词误读为 paradāna（"施舍他人"）。

天译：如是而利他，作已不疑慮，
　　　果熟而自受，當獲彼無生。

तस्माद्यथार्तिशोकादेरात्मानं गोप्तुमिच्छसि।
रक्षाचित्तं दयाचित्तं जगत्यभ्यस्यतां तथा॥११७॥

今译：因此，正如你盼望
　　　自己免受痛苦烦恼，
　　　就这样对众生实施
　　　爱护心和慈悲心。（117）

天译：是故世間學，悲心與護心，
　　　此愛心自蔽，深重如煩惱。

अध्यतिष्ठदतो नाथः स्वनाम्याप्यवलोकितः।
पर्षच्छारद्भयमप्यपनेतुं जनस्य हि॥११८॥

今译：因此，观自在护主
　　　甚至让自己的名字
　　　具有护持力，消除
　　　人们对大众的恐惧。①（118）

天译：知有情怖畏，為師而示學。

दुष्करान्न निवर्तेत यस्मादभ्यासशक्तितः।
यस्यैव श्रवणात्त्रासस्तेनैव न विना रतिः॥११९॥

今译：不应该回避困难，因为
　　　依靠习惯的力量，过去
　　　让人听到就会害怕的人，
　　　现在缺了他，会不高兴。（119）

---

① 意谓只要念诵或忆念观自在（或译"观世音"）菩萨的名号，就能消除恐惧。

天译：若能如是學，雖難而不退，
　　　沙門①見怖畏，彼無得護者。

आत्मानं चापरांश्चैव यः शीघ्रं त्रातुमिच्छति।
स चरेत्परमं गुह्यं परात्मपरिवर्तनम्॥१२०॥

今译：如果想要迅速地
　　　救护自己和他人，
　　　应该修习无上奥秘：
　　　自己和他人换位。（120）

天译：若自及與他，急速而當救，
　　　瞋如冤怖多，無愛怖獲少，
　　　以最上祕密，自他轉行利。

यस्मिन्नात्मन्यतिस्नेहादल्पादपि भयाद्द्वयम्।
न विद्वेषत्②कस्तमात्मानं शत्रुवद्यो भयावहः॥१२१॥

今译：由于过于爱怜自己身体，
　　　甚至惧怕轻微的危险，
　　　似敌人给自己带来恐惧，
　　　谁会不厌恨这个身体？（121）

यो मान्द्यक्षुत्पिपासादिप्रतीकारचिकीर्षया।
पक्षिमत्स्यमृगान् हन्ति परिपन्थं च तिष्ठति॥१२२॥

今译：为了解除身体的
　　　衰弱和饥渴等等，
　　　人们杀害鸟、鱼和
　　　动物，还拦路抢劫。（122）

---

① 本颂中并无"沙门"一词。这里可能是将 śravaṇa（"听到"）一词误读为 śramaṇa（"沙门"）。

② विद्वेषत् 应为 द्विषेत्。

天译：水陸與飛空，勿令人任殺，
　　　由若於今時，救度於飢渴。

यो लाभसत्क्रियाहेतोः पितरावपि मारयेत्।
रत्नत्रयस्वमादद्याद्येनावीचीन्धनो भवेत्॥ १२३॥

今译：为了财富和受人恭敬，
　　　甚至害死自己的父母，
　　　掠取三宝的财产，最终
　　　成为无间地狱的燃料。（123）

天译：若人為財利，殺父毀三寶，
　　　見世惡莊嚴，死得何鼻財[①]。

कः पण्डितस्तमात्मानमिच्छेद्रक्षेत्प्रपूजयेत्॥
न पश्येच्छत्रुवच्चैनं कश्चैनं प्रतिमानयेत्॥ १२४॥

今译：哪个智者会喜欢、
　　　爱护和供拜这个
　　　身体？不将它看作
　　　敌人？会尊敬它？（124）

天译：何有於智者，見愛而供養？
　　　見冤不欲覩，供養云何說？

यदि दास्यामि किं भोक्ष्ये इत्यात्मार्थे पिशाचता।
यदि भोक्ष्ये किं ददामीति परार्थे देवराजता॥ १२५॥

今译："如果我施舍，我吃什么？"
　　　这是利己，属于饿鬼性；

[①] 此处"何鼻財"，据《中华大藏经》校勘记，"诸本作'阿鼻財'。"与"阿鼻財"对应的原词是 avīcīndhana（"阿鼻地狱的燃料"）。这里可能是将 indhana（"燃料"）一词误读为 dhana（"财"）。

"如果我吃完，怎么施舍？"
这是利他，属于天王性。（125）

天译：斯鬼而自利，捨之而何受？
利他而不生，云何捨受用？

आत्मार्थं पीडयित्वान्यं नरकादिषु पच्यते।
आत्मानं पीडयित्वा तु परार्थं सर्वसंपदः॥१२६॥

今译：利己而折磨他人，
　　　在地狱中受煎熬；
　　　利他而折磨自己，
　　　获得所有的成就。（126）

天译：以自利害他，地狱而别生，
　　　自害而利他，諸功德具足。

दुर्गतिर्नीचता मौर्ख्यं ययैवात्मोन्नतीच्छया।
तामेवान्यत्र संक्राम्य सुगतिः सत्कृतिर्मतिः॥१२७॥

今译：一心只想抬高自己的人，
　　　堕入恶道，卑贱，愚痴；
　　　转变想法，推己及人，
　　　获得善道、尊敬和智慧。（127）

天译：作意善逝见，如是行别處，
　　　下劣不自爱，愚癡投惡趣。

आत्मार्थं परमाज्ञाप्य दासत्वादनुभूयते।
परार्थं त्वेनमाज्ञाप्य स्वामित्वाद्यनुभूयते॥१२८॥

今译：利己而差遣他人，
　　　未来会成为奴仆；
　　　利他而差遣自己，

未来会成为主人。(128)

天译：自利知微細，今當墮奴僕，
　　　利他微細知，當為自在主。

**ये केचिदुःखिता लोके सर्वे ते स्वसुखेच्छया।
ये केचित्सुखिता लोके सर्वे तेऽन्यसुखेच्छया॥१२९॥**

今译：盼望自己快乐的人，
　　　在这世上遭受痛苦；
　　　盼望别人快乐的人，
　　　在这世上获得快乐。(129)

天译：世有諸苦者，昔自迷貪愛，
　　　世諸快樂者，於他昔利樂。

बहुना वा वि①**मुक्तेन दृश्यतामिदमन्तरम्।
स्वार्थार्थिनश्च बालस्य मुनेश्चान्यार्थकारिणः॥१३०॥**

今译：这样的道理何需多说？
　　　只要看这两者的区别：
　　　追求自己利益的愚夫，
　　　为他人谋利益的牟尼。(130)

天译：何要多種說？此中間已見，
　　　愚迷樂自為，牟尼利他作。

**न नाम साध्यं बुद्धत्वं संसारेऽपि कुतः सुखम्।
स्वसुखस्यान्यदुःखेन परिवर्तमकुर्वतः॥१३१॥**

今译：不能以自己的快乐
　　　交换别人的痛苦，

---

① वि 应为 कि.

　　　　　肯定不能成就佛性，
　　　　　在轮回中也无快乐。（131）

天译：不求佛菩提，輪迴何得樂？
　　　自苦欲與他，迴轉無由得。

आस्तां तावत्परो लोके[①] **दृष्टोऽप्यर्थो न सिध्यति।
भृत्यस्याकुर्वतः कर्म स्वामिनोऽददतो भृतिम्॥१३२॥**

今译：不用说另一个世界，
　　　在现世也得不到利益，
　　　如果侍从不做工作，
　　　主人就不会供养他。（132）

天译：觀察於後世，善利不成就，
　　　於奴僕起業，主者而返受。

**त्यक्त्वान्योन्यसुखोत्पादं दृष्टादृष्टसुखोत्सवम्।
अन्योन्यदुःखनाद् घोरं दुःखं गृह्णन्ति मोहिताः॥१३३॥**

今译：抛弃互相快乐产生的
　　　种种可见不可见快乐，
　　　愚痴的人们遭受互相
　　　痛苦造成的可怕痛苦。（133）

天译：互相之利樂，迷者見而離，
　　　而返互相苦，當受惡苦報。

**उपद्रवा ये च भवन्ति लोके
　　यावन्ति दुःखानि भयानि चैव।
सर्वाणि तान्यात्मपरिग्रहेण
　　तत्किं ममानेन परिग्रहेण॥१३४॥**

[①] लोके 应为 लोको。

今译：世上存在的这些
灾难、痛苦和恐怖，
全都出于执著自我，
我为何还要执著它？（134）

天译：若得世間災，乃至驚怖苦，
彼一切自作，云何而此作？

आत्मानमपरित्यज्य दुःखं त्यक्तुं न शक्यते।
यथाग्निमपरित्यज्य दाहं त्यक्तुं न शक्यते॥१३५॥

今译：不抛弃这个自我，
就不能抛弃痛苦，
正如不熄灭火焰，
就不能制住燃烧。（135）

天译：不能捨自身，於苦不能離，
如不離於火，不能遠燒害。

तस्मात्स्वदुःखशान्त्यर्थं परदुःखशमाय च।
ददाम्यन्येभ्य आत्मानं परान् गृह्णामि चात्मवत्॥१३६॥

今译：为了克服自己的痛苦，
为了平息别人的痛苦，
我将自己献给别人，
接受别人如同自己。（136）

天译：自苦若能除，能消除他苦，
以彼自他受，是故而取喻。

अन्यसंबद्धमस्मीति निश्चयं कुरु हे मनः।
सर्वसत्त्वार्थमुत्सृज्य नान्यच्चिन्त्यं त्वयाधुना॥१३७॥

今译：心啊，你要认定：

"我已经属于别人",
除了众生的利益,
你没有其他念头。(137)

天译：汝今無別思，利益諸有情，
汝決定作意，因業有分別。

न युक्तं स्वार्थदृष्ट्यादि तदीयैश्चक्षुरादिभिः।
न युक्तं स्यन्दितुं स्वार्थमन्यदीयैः करादिभिः॥१३८॥

今译：不能利用别人的眼睛
等等为自己观看等等，
不能利用别人的手足
等等为自己谋求利益。(138)

天译：眼以見為能，所觀不為眼，
手以執為用，所持寧為手？

तेन सत्त्वपरो भूत्वा कायेऽस्मिन् यद्यदीक्षसे।
तत्तदेवापह①त्यास्मात् परेभ्यो हितमाचर॥१३९॥

今译：一心一意为了众生，
你见到自己身上无论
有什么，都可以取出，
用于为他人谋利益。(139)

天译：但為諸有情，亦不住身見，
離見乃善逝，常行如是利。

हीनादिष्वात्मतां कृत्वा परत्वमपि चात्मनि।
भावयेष्यां च मानं च निर्विकल्पेन चेतसा॥१४०॥

---

① ह应为हृ。

今译：将高、中和低的他人
　　　视同自己，也将自己
　　　视同他人，心无分别，
　　　你要反思妒忌和骄傲。（140）

天译：見彼下品人，而起自他見，
　　　雖觀彼憎愛，我心不疑惑。

एष सत्क्रियते नाहं लाभी नाहमयं यथा।
स्तूयतेऽहमहं①निन्द्यो दुःखितोऽहमयं सुखी॥१४१॥

今译：他受礼遇，我没有，
　　　我的财物不如他，
　　　他受称赞，我挨骂，
　　　我受痛苦，他享福。（141）

天译：作此善無我，獲得無我我，
　　　大毀及讚歎，無苦亦無樂。

अहं करोमि कर्माणि तिष्ठत्येष तु सुस्थितः।
अयं किल महांल्लोके नीचोऽहं किल निर्गुणः॥१४२॥

今译：我辛辛苦苦做事，
　　　他舒舒服服闲着，
　　　他在世上地位显赫，
　　　我卑贱低下无功德。（142）

天译：我所作業因，獲彼善安住，
　　　謙下世最上，無德乃有德。

किं निर्गुणेन कर्तव्यं सर्वस्यात्मा गुणान्वितः।
सन्ति ते येष्वहं नीचः सन्ति ते येष्वहं वरः॥१४३॥

---

① ऽहमहं 应为 ऽयमहं。

今译：没有功德能做什么？
　　　其实所有人都有功德；
　　　在一些人中我低劣，
　　　在另一些人中我优异。（143）

天译：以彼德不稱，一切德自有，
　　　謙下而若此，勝我由斯得。

शीलदृष्टिविपत्त्यादि①क्लेशशक्त्या न मद्वशात्।
चिकित्स्योऽहं यथाशक्ति पीडाप्यङ्गीकृता मया॥१४४॥

今译：烦恼能毁坏戒行和
　　　正见，并非我能控制，
　　　即使我为此遭受折磨，
　　　也应该尽力接受治疗。（144）

天译：離戒見煩惱，由得無我力，
　　　如醫諸病人，隨藥力痊差。

अथाहमचिकित्स्योऽस्य कस्मान्मामवमन्यसे।
किं ममैतद्गुणैः कृत्यमात्मा तु गुणवानयम्॥१४५॥

今译：我不接受他的治疗，
　　　你为何要轻视我？
　　　我自己也有功德，
　　　他的功德于我何用？（145）

天译：我如是救療，自見而云何？
　　　然自有功德，彼德我無住。

दुर्गतिव्यालवक्रस्थे②नैवास्य करुणा जने।

---

① 此处应断开。

② 此处应断开。

अपरं[①] गुणमानेन पण्डितान् विजिगीषते ॥१४६॥

今译：众生处在恶道猛兽
　　　嘴边，他毫无怜悯，
　　　却自恃功德，想要
　　　胜过其他的智者。[②]（146）

天译：地獄之惡門，於彼愁不生，
　　　以有功德故，斯乃為智者。

सममात्मानमालोक्य यतः स्वाधिक्यवृद्धये ।
कलहेनापि संसाध्यं लाभसत्कारमात्मनः ॥१४७॥

今译：看到与自己相同的人，
　　　便想一心让自己超过他，
　　　即使争吵，也要为自己
　　　争取获得财物和礼遇。（147）

天译：若自平等觀，利益自增長，
　　　自利分尊卑，鬪諍而成就。

अपि सर्वत्र मे लोके भवेयुः प्रकटा गुणाः ।
अपि नाम गुणा येऽस्य न श्रोष्यन्त्यपि केचन ॥१४८॥

今译：在这世上无论何处，
　　　让自己的功德得到
　　　彰显，至于他的功德，
　　　让任何人都听不到。（148）

天译：此一切世間，誰得見功德？
　　　若此功德名，不聞此人得。

[①] अपरं 应为 अपरान्。

[②] 以上第 141 到 146 颂是对妒忌高于自己者的反思。

छादेरन्नपि मे दोषाः स्यान्मे पूजास्य नो भवेत्।
सुलभ्या अद्य मे लाभाः पूजितोऽहमयं न तु॥ १४९॥

今译：让我的缺点得到掩盖，
　　　我受到供奉，而他没有；
　　　我很容易就获得财物，
　　　受到尊敬，而他没有。（149）

天译：罪蓋覆心寶，是不自供養，
　　　於自利益分，而總不獲得。

पश्यामो मुदितास्तावच्चिरादेनं खलीकृतम्।
हास्यं जनस्य सर्वस्य निन्द्यमानमितस्ततः॥ १५०॥

今译：我们高兴看到他
　　　长期这样处于困境，
　　　无论在哪里，受到
　　　所有人嘲笑和责难。[①]（150）

天译：有見而暫喜，久久必不喜，
　　　如是一切人，哂笑而毀訾。

अस्यापि हि वराकस्य स्पर्धा किल मया सह।
किमस्य श्रुतमेतावत् प्रज्ञा रूपं कुलं धनम्॥ १५१॥

今译：据说这个卑贱的人，
　　　竟然想要与我较量，
　　　他的学问、智慧、相貌、
　　　家族和财富算什么？（151）

天译：下劣心我慢，自勝嫌人同，
　　　誇智惠顏容，種族財富等。

[①] 以上第 147 至 150 颂是对忌恨与自己相同者的反思。

एवमात्मगुणान् श्रुत्वा कीर्त्यमानानितस्ततः।
संजातपुलको हृष्टः परिभोक्ष्ये सुखोत्सवम्॥१५२॥

今译：无论在哪里，听到
自己的功德受称赞，
我就会高兴得汗毛
竖起，享受到快乐。（152）

天译：以此為自德，常欲聞稱讚，
聞讚生勝心，歡喜而得樂。

यद्यप्यस्य भवेल्लाभो ग्राह्योऽस्माभिरसौ बलात्।
दत्वास्मै यापनामात्रमस्मत्कर्म करोति चेत्॥१५३॥

今译：即使他获得财物，
我们也要强行夺走；
如果他为我们做事，
酬劳仅仅够他活命。（153）

天译：以此為得利，自謂功德力，
宿造纖毫因，得此不正業。

सुखाच्च च्यावनीयोऽयं योज्योऽस्मद्व्यथया सदा।
अनेन शतशः सर्वे संसारव्यथिता वयम्॥१५४॥

今译：应该让他失去快乐，
因为他始终造成我们
痛苦，让我们所有人
千百次陷入轮回痛苦。[①]（154）

天译：盡此少報已，永在於輪迴，
如是輪迴中，受彼百千苦。

[①] 以上第 151 至 154 颂是反思对低于自己者的傲慢。

अप्रमेया गताः कल्पाः स्वार्थं जिज्ञासतस्तव।
श्रमेण महतानेन दुःखमेव त्वयार्जितम्॥१५५॥

今译：已经度过无量劫，
　　　你追求自己的利益；
　　　尽管你历尽艰辛，
　　　获得的却是痛苦。（155）

天译：過於無邊劫，不知其出離，
　　　被苦常大困，罪心而不覺。

मद्विज्ञप्त्या तथात्रापि प्रवर्तस्वाविचारतः।
द्रक्ष्यस्येतद्गुणान् पश्चाद्भूतं हि वचनं मुनेः॥१५६॥

今译：因此，你要毫不迟疑，
　　　按照我的吩咐去做，
　　　你以后会见到好处，
　　　因为牟尼说话真实。（156）

天译：如是不知覺，久久發善種，
　　　後見如來言，真實得功德。

अभविष्यदिदं कर्म कृतं पूर्वं यदि त्वया।
बौद्धं संपत्सुखं मुक्त्वा नाभविष्यदियं दशा॥१५७॥

今译：如果你过去就能
　　　这样做，也就不会
　　　放弃觉悟的幸福，
　　　落到这样的境地。（157）

天译：汝若見過去，不受彼惡業，
　　　菩提正快樂，此樂不得離。

तस्मादन्यदीयेषु शुक्रशोणितबिन्दुषु ।
चकर्थ त्वमहंकारं तथान्येष्वपि भावय ॥ १५८ ॥

今译：因此，正如你已将
别人的滴滴精血
认作自我，你也就
这样看待别人吧！① （158）

天译：是故而取喻，彼輸揭羅等，
汝云何更作，我慢及不善。

अन्यदीयश्वरो भूत्वा कायेऽस्मिन् यद्यदीक्षसे ।
तत्तदेवापहृत्यर्थं परेभ्यो हितमाचर ॥ १५९ ॥

今译：你可以成为别人的
探子，发现自己身上
有什么，就取出什么，
用来为别人谋利益。（159）

天译：諸行及己身，觀之而不見，
獲得如是離，利他汝常行。

अयं सुस्थः परो दुःस्थो नीचैरन्योऽयमुच्चकैः ।
परः करोत्ययं नेति कुरुष्वेर्ष्यां त्वमात्मनि ॥ १६० ॥

今译：我舒服，他艰辛，
我高贵，他低贱，
他做事，我不做，
你应该妒忌自己。（160）

天译：自樂而苦他，此行乃下劣，
汝自之一心，於他作憎愛。

---

① 意谓将别人视同自己。参阅前面第 112 颂。

सुखाच्च्यावयात्मानं परदुःखे नियोजय।
कदायं किं करोतीति छलमस्य निरूपय॥१६१॥

今译：放弃自己的快乐，
　　　承担别人的痛苦，
　　　检查自己的过失：
　　　"何时为何这样做？"（161）

天译：中間忽思惟，何時何此作？
　　　乃自捨快樂，他苦亦不行。

अन्येनापि कृतं दोषं पातयास्यैव मस्तके।
अल्पमप्यस्य दोषं च प्रकाशाय महामुनेः॥१६२॥

今译：让别人犯下的错误
　　　落到自己的头上吧！
　　　而自己犯下的小错，
　　　也要向大牟尼坦白。（162）

天译：寧自落其頭，更不造別過，
　　　乃至於小過，此大牟尼說。

अन्याधिकयशोवादैर्यशोऽस्य मलिनीकुरु।
निकृष्टदासवच्चैनं सत्त्वकार्येषु वाहय॥१६३॥

今译：宣扬提高别人的声誉，
　　　而贬损自己的声誉，
　　　差遣自己为众生做事，
　　　如同受差遣的奴仆。（163）

天译：以別勝善等，於他暗稱讚，
　　　喻僕人事主，當事於有情。

नागन्तुकगुणांशेन स्तुत्यो दोषमयो ह्ययम्।
यथा कश्चिन्न जानीयादगुणमस्य तथा कुरु॥१६४॥

今译：自己充满错误，偶尔的
　　　一点功德，不值得称道，
　　　你要做到让所有的人，
　　　都不知道自己的功德。（164）

天译：彼住於過失，無定無功德，
　　　自如不知人，作此功德意。

संक्षेपाद्यद्यदात्मार्थं परेष्वपकृतं त्वया।
तत्तदात्मनि सत्त्वार्थं व्यसनं विनिपातय॥१६५॥

今译：总之，你过去为了自己，
　　　对众生造成种种损害，
　　　现在为了众生，让它们
　　　全都落到自己的身上。（165）

天译：汝若緊迅作，自為及為他，
　　　彼緊迅若此，必苦惱自退。

नैवोत्साहोऽस्य दातव्यो येनायं मुखरो भवेत्।
स्थाप्यो नववधूवृत्तौ ह्रीतो भीतोऽथ संवृतः॥१६६॥

今译：不应该逞强好胜，
　　　口出恶言无遮拦，
　　　应该如同新媳妇，
　　　羞涩，胆怯，谨慎。（166）

天译：此修乃第一，而未得其力，
　　　喻新住威儀，以財而驚怖。

एवं कुरुष्व तिष्ठैवं न कर्तव्यमिदं त्वया।
एवमेव वशः कार्यो निग्राह्यस्तदतिक्रमे॥ १६७॥

今译：你就这样行事吧！
　　　坚持住，别再那样；
　　　应该这样控制自己，
　　　如果越规，则受罚。（167）

天译：如此受持身，降心不散亂，
　　　汝當如是住，汝此何不作？

अथैवमुच्यमानेऽपि चित्त नेदं करिष्यसि।
त्वामेव निग्रहीष्यामि सर्वदोषास्त्वदाश्रिताः॥ १६८॥

今译：心啊，我已告诫你，
　　　如果你还不这样做，
　　　由你造成一切错误，
　　　我肯定会惩罚你。（168）

天译：以是常觀察，妄心令不起，
　　　如此調伏我，息一切過失。

क यास्यसि मया दृष्टः सर्वदर्पान्निहन्मि ते।
अन्योऽसौ पूर्वकः कालस्त्वया यत्रासि नाशितः॥ १६९॥

今译：无论你去哪儿，我都会
　　　发现和灭除你的傲慢；
　　　那已经是过去的事情，
　　　当时我毁灭在你手上。（169）

天译：見我去何處，無明一切壞，
　　　同彼過去時，如汝之壞我。

अद्याप्यस्ति मम स्वार्थ इत्याशां त्यज सांप्रतम्।
त्वं विक्रीतो मयान्येषु बहुखेदमचिन्तयन्॥ १७० ॥

今译："我仍要为自己谋利益",
　　　你如今抛弃这个愿望吧！
　　　我已经将你卖给了别人,
　　　不考虑会带来种种痛苦。（170）

天译：自利我今有，此遠離不遠，
　　　如人賣於他，苦多不自在。

त्वां सत्त्वेषु न दास्यामि यदि नाम प्रमोदतः।
त्वं मां नरकपालेषु प्रदास्यसि न संशयः॥ १७१ ॥

今译：如果我不高高兴兴,
　　　坚决把你交给众生,
　　　毫无疑问, 你一定会
　　　把我交给地狱看守。（171）

天译：汝有情不與，雖名不散亂，
　　　是故如以人，付獄卒不殊。

एवं चानेकधा दत्वा त्वयाहं व्यथितश्चिरम्।
निहन्मि स्वार्थचेटं त्वां तानि वैराण्यनुस्मरन्॥ १७२ ॥

今译：不止一次被你交出,
　　　让我长期遭受痛苦,
　　　记起这些仇恨, 我要
　　　杀死你这利己的奴仆。（172）

天译：獄中種種事，被害亦長久，
　　　此得為自利，怨念彼不生。

न कर्तव्यात्मनि प्रीतिर्यद्यात्मप्रीतिरस्ति ते।
यद्यात्मा रक्षितव्योऽयं रक्षितव्यो न युज्यते॥ १७३॥

今译：如果你热爱自己，
　　　那就不要热爱自己；
　　　如果要保护自己，
　　　那就不要保护自己。（173）

天译：不作於自愛，而自愛得有，
　　　若見自護持，護持不實故。

यथा यथास्य कायस्य क्रियते परिपालनम्।
सुकुमारतरो भूत्वा पतत्येव तथा तथा॥ १७४॥

今译：你越是这么样
　　　保护自己身体，
　　　它就愈加柔弱，
　　　以致衰落倒下。（174）

天译：此身乃如如，而作於守護，
　　　得上品柔軟，到此亦復然。

अस्यैवं पतितस्यापि सर्वापीयं वसुंधरा।
नालं पूरयितुं वाञ्छां तत्कोऽस्येच्छां करिष्यति॥ १७५॥

今译：即使它衰落倒下，
　　　甚至这整个大地也
　　　不能满足它的欲望，
　　　还有谁能满足它？（175）

天译：若此而得到，如地一切受，
　　　若不能圓滿，何人求用意？

आकाङ्क्षमिच्छतः क्लेश आशाभङ्गश्च जायते।
निराशो यस्तु सर्वत्र तस्य संपद्जीर्णिका॥ १७६ ॥

今译：如果欲望不能满足，
　　　便产生烦恼和绝望，
　　　而如果能摆脱欲望，
　　　幸福便会永不衰竭。（176）

天译：愛心之煩惱，而不能破得，
　　　如彼久富貴，不能求一切。

तस्मान्न प्रसरो देयः कायस्येच्छाभिवृद्धये।
भद्रकं नाम तद्वस्तु यदिष्टत्वान्न गृह्यते॥ १७७ ॥

今译：因此，不要给身体
　　　有增长欲望的机会；
　　　只有不怀抱欲望，
　　　接受的事物才有益。（177）

天译：若貪於他物，不受於賢名，
　　　是故求增勝，身心不放逸。

भस्मनिष्ठावसानेयं निश्चेष्टान्येन चाल्यते।
अशुचिप्रतिमा घोरा कस्मादत्र ममाग्रहः॥ १७८ ॥

今译：这个身体最终化为灰，
　　　无知无觉，任人拨动，
　　　形体污秽不洁而可怕，
　　　我为何还会执著它？（178）

天译：彼愛終滅盡，此動此不覺，
　　　諸惡不淨身，此我云何執？

किं ममानेन यन्त्रेण जीविना वा मृतेन वा।
लोष्टादेः को विशेषोऽस्य हाहंकारं न नश्यसि॥१७९॥

今译：这架机械无论是活着
或死去，对我有何用？
它与土块有什么区别？
啊，这我慢，你不毁灭。（179）

天译：我此身云何？雖活而必死，
與土而無異，我見何不破？

शरीरपक्षपातेन वृक्षा① दुःखमुपार्ज्यते।
किमस्य काष्ठतुल्यस्य द्वेषेणानुनयेन वा॥१८०॥

今译：由于执著这身体，
我白白蒙受痛苦，
它如同木石，对它
或爱或恨有何用？（180）

天译：為此不實身，虛受於苦惱，
何更於無情，復起於瞋怒？

मया वा पालितस्यैवं गृध्राद्यैर्भक्षितस्य वा।
न च स्नेहो न च द्वेषस्तत्र स्नेहं करोमि किम्॥१८१॥

今译：我保护它，或者
兀鹰等等叼啄它，
它既无爱，也无恨，
我又何必爱怜它？（181）

天译：我今徒育養，終為豺鷲食，
至此無愛瞋，彼愛何能立？

---

① वृक्षा 应为 वृथा。

रोषो यस्य खलीकारात्तोषो यस्य च पूजया।
स एव चेन्न जानाति श्रमः कस्य कृतेन मे॥१८२॥

今译：受到伤害不愤怒，
　　　受到供奉不喜悦，
　　　如果它无知无觉，
　　　我何必为它操劳？（182）

天译：若彼住瞋怒，當歡喜供養，
　　　彼如是不知，何為作辛苦？

इमं ये कायमिच्छन्ति तेऽपि मे सुहृदः किल।
सर्वे स्वकायमिच्छन्ति तेऽपि कस्मान्न मे प्रियाः॥१८३॥

今译：有些人喜欢我的身体，
　　　他们确实是我的朋友，
　　　而人人喜欢自己的身体，
　　　我为何不同样热爱他们？（183）

天译：我今愛此身，乃為我所親，
　　　一切愛自身，云何我不愛？

तस्मान्मयानपेक्षेण कायस्त्यक्तो जगद्धिते।
अतोऽयं बहुदोषोऽपि धार्यते कर्मभाण्डवत्॥१८४॥

今译：因此，为了众生的利益，
　　　我毫不顾惜，舍弃身体；
　　　尽管它存在许多缺点，
　　　却能用作做事的工具。（184）

天译：是故我捨身，為捨於世間，
　　　觀此多過咎，喻如持業器。

तेनालं लोकचरितैः पण्डितानन्वयाम्यहम्।
अप्रमादकथां स्मृत्वा स्त्यानमिद्धं निवारयन्॥१८५॥

今译：世俗生活已过够，
　　　我要追随众智者，
　　　牢记不放逸教诲，
　　　防止懈怠和昏沉。（185）

天译：彼業世間行，我去而隨身，
　　　靜念不散亂，當斷於無明。

तस्मादावरणं हन्तुं समाधानं करोम्यहम्।
विमार्गाच्चित्तमाकृष्य स्वालम्बननिरन्तरम्॥१८६॥

今译：我要沉思入定，
　　　消除种种障碍，
　　　让心改邪归正，
　　　坚持随缘修行。（186）

天译：是故破煩惱，我處於禪定，
　　　邪道不牽心，自名最上住。

९ प्रज्ञापारमिता नाम नवमः परिच्छेदः

今译：第九 般若波罗蜜品

天译：菩提心般若波羅蜜多品第七

इमं परिकरं सर्वं प्रज्ञार्थं हि मुनिर्जगौ।
तस्मादुत्पादयेत्प्रज्ञां दुःखनिवृत्तिकाङ्क्षया॥१॥

今译：牟尼所说的这一切，
　　　都是为了获得智慧，
　　　因此，想要灭寂痛苦，
　　　就应该生起智慧①。（1）

天译：如來智慧仁，為一切世間②，
　　　令求遠離苦，是故智慧生。

संवृतिः परमार्थश्च सत्यद्वयमिदं मतम्।
बुद्धेरगोचरस्तत्त्वं बुद्धिः संवृतिरुच्यते॥२॥

今译：俗谛和胜义谛③，
　　　公认的两种真理，
　　　真实超越知觉领域，

---

① "智慧"（prajñā）一词的音译为"般若"。本品中阐述的智慧属于中观论（Madhyamaka）。
② "世间"一词是将 jagau（"说"）误读为 jaga 或 jagat（"世间"）。参阅第 5 品第 8 颂和第 7 品第 40 颂。
③ "俗谛"（saṃvṛti）指世俗的真理。"胜义谛"（paramārtha）指最高的、终极的真理。"胜义谛"也译"第一义谛"或"真谛"。

　　　　故而知觉称为俗谛。①（2）

天译：真如及世間②，今說此二法，
　　　　知佛真如故，說法而智慧。

तत्र लोको द्विधा दृष्टो योगी प्राकृतकस्तथा।
तत्र प्राकृतको लोको योगिलोकेन बाध्यते॥३॥

今译：可以看到两种世人，
　　　　瑜伽行者和普通人，
　　　　其中，普通人的观点，
　　　　受到瑜伽行者批驳。（3）

天译：彼世間凡夫，見二種相應③。

बाध्यन्ते धीविशेषेण योगिनोऽप्युत्तरोत्तरैः।
दृष्टान्तेनोभयेष्टेन कार्यार्थमविचारतः॥४॥

今译：而瑜伽行者们之间也有
　　　　不同意见，依次互相批驳，
　　　　采用双方都喜爱的喻证，
　　　　而不细察所达到的目的。（4）

天译：害及勝害等，乃世相應事，
　　　　彼二事見已，見之乃為智。

लोकेन भावा दृश्यन्ते कल्प्यन्ते चापि तत्त्वतः।
न तु मायावदित्यत्र विवादो योगिलोकयोः॥५॥

---

① 意谓俗谛属于知觉领域，而真实（tattva，即胜义谛认知的真实）不属于知觉领域，即超越知觉领域。"知觉"一词原文为buddhi，也可译为"智慧"。为避免与prajñā（"智慧"）一词混淆，这里译作"知觉"。

② "真如及世間"指胜义谛和俗谛。

③ 与"相应"一词对应的原词是yogin，指"瑜伽行者"（或译"修行者"）。这里所说的两种（dvidhā）是指两种世人，即"瑜伽行者"和"普通人"，而非指两种"瑜伽行者"。

今译：普通人看到种种事物，
　　　认为真实，并非如同
　　　幻觉，这样，他们也就
　　　与瑜伽行者产生分歧。①（5）

天译：智見世間性，是喻於真如，
　　　此說無去來，智者無不見。

प्रत्यक्षमपि रूपादि प्रसिद्ध्या न प्रमाणतः।
अशुच्यादिषु शुच्यादिप्रसिद्धिरिव सा मृषा॥६॥

今译：即使感知到的色等等②，
　　　也只是依据习惯的说法，
　　　而非依据量③，其虚妄不实，
　　　如同将不纯洁说成纯洁。（6）

天译：色等甚分明，乃世相應事，
　　　不淨而為淨，智者喻有利。

लोकावतारणार्थं च भावा नाथेन देशिताः।
तत्त्वतः क्षणिका नैते संवृत्या चेद्विरुध्यते॥७॥

今译：世尊为了引导众生，
　　　才这样宣示种种事物，
　　　实际上并无刹那生灭，
　　　依据俗谛则产生矛盾。④（7）

天译：為知世間故，是說世間性，
　　　為見於真如，見以剎那住。

---

① 瑜伽行者认为一切事物如同幻觉。
② "色等等"指色、声、香、味和触。
③ "量"（pramāṇa）指认识手段。
④ 意谓依据俗谛说法，有刹那生灭，则显得与胜义谛有矛盾。

न दोषो योगिसंवृत्या लोकात्ते तत्त्वदर्शिनः।
अन्यथा लोकबाधा स्यादशुचिस्त्रीनिरूपणे॥८॥

今译：瑜伽行者洞悉真实，
　　　运用俗谛并无错误，
　　　否则，确认女人不洁，
　　　也就违反世俗之见。①（8）

天译：世間行相應，此行無過失，
　　　知女人不淨，異世諸害事。

मायोपमाज्जिनात्पुण्यं सद्भावेऽपि कथं यथा।
यदि मायोपमः सत्त्वः किं पुनर्जायते मृतः॥९॥

今译：如果佛陀如同幻觉，
　　　那么，供佛哪能积德？
　　　如果众生如同幻觉，
　　　那么，死后怎会再生？（9）

天译：謂佛福虛幻，使我云何信？
　　　有情若幻境，云何復生滅？

यावत्प्रत्ययसामग्री तावन्मायापि वर्तते।
दीर्घसंतानमात्रेण कथं सत्त्वोऽस्ति सत्यतः॥१०॥

今译：只要因缘齐全，幻觉
　　　就会出现，怎么能
　　　单凭相续时间长久，
　　　众生就成为真实？②（10）

---

① 意谓瑜伽行者洞悉现象的本质，运用俗谛并无错误，但不等于认同俗谛。
② "幻觉"（māyā）也可译为"幻象"。这颂是回答上一颂提出的问题。意谓事物存在的时间有长有短，不能因为众生持续的时间较长，便认为是真实。

天译：彼因集和合，乃得於幻緣，
　　　有情種子生，云何有真實？

मायापुरुषघातादौ चित्ताभावान्न पापकम्।
चित्तमायासमेते तु पापपुण्यसमुद्भवः॥११॥

今译：杀害幻化之人①等等，
　　　因为它们无心而无罪，
　　　而对于有心的幻觉者②，
　　　依然会产生善和恶。（11）

天译：殺彼虛幻人，無心性等罪，
　　　平等心虛幻③，罪福得生起。

मन्त्रादीनामसामर्थ्यान्न मायाचित्तसंभवः।
सापि नानाविधा माया नानाप्रत्ययसंभवा।
नैकस्य सर्वसामर्थ्यं प्रत्ययस्यास्ति कुत्रचित्॥१२॥

今译：咒语等等不能
　　　产生幻化的心，
　　　各种因缘聚合，
　　　产生各种幻觉，
　　　单独一个因素，
　　　绝无这种能力。（12）

天译：真言④力等持，幻境心無著，
　　　以彼種種幻，種種因業生，

---

① "幻化之人"指用魔术幻化出来的人。
② "有心的幻觉者"指通常的人。
③ 与"平等心虚幻"对应的原文是 citta（"心"）-māyā（"幻觉"）-sameta（"具有"）。这里可能是将 sameta 一词误读为 sama（"平等"）。
④ "真言"（mantra）指咒语。

何有於一人，得於一切力？

निवृतः परमार्थेन संवृत्या यदि संसरेत्।
बुद्धोऽपि संसरेदेवं ततः किं बोधिचर्यया॥१३॥

今译：按照胜义谛应该涅槃，
　　　而按照俗谛应该轮回，
　　　如果佛陀也应该轮回，
　　　那么，何必修习菩提行？（13）

天译：若住於真如，或住於淨戒，
　　　如是即佛行，誰云菩提行？

प्रत्ययानामनुच्छेदे मायाप्युच्छिद्यते न हि।
प्रत्ययानां तु विच्छेदात्संवृत्यापि न संभवः॥१४॥

今译：只要因缘不断绝，
　　　幻觉也不会断绝；
　　　一旦因缘断绝，
　　　依俗谛也不存在。（14）

天译：因緣當斷盡，幻化不可得，
　　　因緣若斷盡，無生而自得。

यदा न भ्रान्तिरप्यस्ति माया केनोपलभ्यते॥१५॥

今译：如果连迷乱都不存在，
　　　那么，靠什么获得幻觉？[①]（15）

天译：若不住疑妄，幻境而不立。

---

① 这是唯识论（vijñaptimātra）的提问。"迷乱"指心的迷乱。意谓没有心识的迷乱，怎么会有幻觉？

यदा मायैव ते नास्ति तदा किमुपलभ्यते।
चित्तस्यैव स आकारो यद्यप्यन्योऽस्ति तत्त्वतः॥१६॥

今译：如果你认为没有幻觉，
　　　那么，你能获得什么？①
　　　即使有非真实者存在，
　　　那只是心的表现形态。②（16）

天译：幻境若彼無，一切不可得，
　　　如是即真如，得現於心體。

चित्तमेव यदा माया तदा किं केन दृश्यते।
उक्तं च लोकनाथेन चित्तं चित्तं न पश्यति।
न च्छिनन्ति यथात्मानमसिधारा तथा मनः॥१७॥

今译：如果心也是幻觉，
　　　依靠什么看什么？
　　　世界护主说过，
　　　心不能观看心，
　　　这就如同刀刃
　　　不能切割自己。（17）

天译：心如是若分，虛幻何由見？
　　　心不自見心，世尊之所說，
　　　如劍刃雖利，雖利不自斷。

आत्मभावं यथा दीपः संप्रकाशयतीति चेत्।
नैव प्रकाश्यते दीपो यस्मान्न तमसावृतः॥१८॥

---

① 这是中观论的反问。
② 这是唯识论的回答。

今译：如果你认为心如同
　　　灯火，自己照亮自己，
　　　那么，灯火未被黑暗
　　　遮住，并不照亮自己。① （18）

天译：自性由若斯，復喻如燈光，
　　　破闇然得名，而不云自照。

न हि स्फटिकवन्नीलं नीलत्वेऽन्यमपेक्षते।
तथा किंचित्परापेक्षमनपेक्षं च दृश्यते॥१९॥

今译：正如水晶本身是青色，
　　　不必依赖其他的青色，
　　　我们看到事物，有的
　　　依赖他者，有的不依赖。② （19）

天译：又若水精珠，體本唯清澈，
　　　因青而有青，影現隨眾色。

अनीलत्वे न तन्नीलं नीलहेतुर्यथेक्ष्यते।
नीलमेव हि को नीलं कुर्यादात्मानमात्मना॥२०॥

今译：若不依赖青色，它不会
　　　变成青色，应该能发现
　　　青色的原因，谁能依靠
　　　自己，使自己变成青色？（20）

天译：非青而現青，如心而自作。

दीपः प्रकाशत इति ज्ञात्वा ज्ञानेन कथ्यते।

---

① 以上两颂是中观论的回答。
② 这颂是唯识论的回答。

बुद्धिः प्रकाशत इति ज्ञात्वेदं केन कथ्यते॥२२॥[1]

今译：如果知道灯火照亮，
　　　便说这是依靠知觉，
　　　那么，知道知觉照亮，
　　　这又能说依靠什么？（22）

天译：又如彼燈光，智者知此說，
　　　智慧此開通，知者何所說？

प्रकाशा वाप्रकाशा वा यदा दृष्टा न केनचित्।
वन्ध्यादुहितृलीलेव कथ्यमानापि सा मुधा॥२३॥

今译：如果任何人都无法
　　　看到照亮或不照亮，
　　　如同描述石女[2]之女
　　　妩媚，纯属无稽之谈。[3]（23）

天译：雖開而不開，如人無所覩，
　　　石女義不生，與此義不二。

यदि नास्ति स्वसंवित्तिर्विज्ञानं स्मर्यते कथम्।
अन्यानुभूते संबन्धात् स्मृतिराखुविषं यथा॥२४॥

今译：如果没有自我知觉，
　　　怎么能够回忆知识？[4]

---

[1] 原文中的序号缺第 21。P 本校注中，录有 M 本的第 21 颂：
नीलमेव हि को नीलं कुर्यादात्मानमात्मना।
अनीलत्वे न तन्नीलं कुर्यादात्मानमात्मना॥२१॥
内容与第 20 颂类似：谁能依靠自己，使自己变成青色？若不依赖青色，它不会自己使自己变成青色。

[2] "石女"（vandhyā）指不能生育的女子。

[3] 以上三颂是中观论的回答。

[4] 这是唯识论的提问。

回忆与曾经经历的
事情相关,例如鼠毒。① (24)

天译:亦同無心識,緣念無所得,
　　　非念而別生,虛妄念如毒。

प्रत्ययान्तरयुक्तस्य दर्शनात्स्वं प्रकाशते।
सिद्धाञ्जनविधेर्दृष्टो घटो नैवाञ्जनं भवेत्॥२५॥

今译:既然能看清其他因缘,
　　　也就能照亮看清自己;②
　　　涂上神奇眼膏,能看到
　　　水罐,但是看不到眼膏。③ (25)

天译:謂若因若果,為法而自說,
　　　有談眼藥方,見瓶而無藥。

यथा दृष्टं श्रुतं ज्ञातं नैवेह प्रतिषिध्यते।
सत्यतः कल्पना त्वत्र दुःखहेतुर्निवार्यते॥२६॥

今译:这里并不是要否定
　　　所见、所闻和所知,
　　　而是要排除痛苦的
　　　原因:妄想它们真实。④ (26)

天译:若見聞覺知,此有而非有,
　　　念斷於苦因,此實念當念。

---

① 这是中观论的回答。"鼠毒"指曾遭鼠咬,后来出现有关症状,回想起曾遭鼠咬,中了鼠毒。

② 这是唯识论的回答。

③ 这是中观论的回答。

④ 这是中观论的看法,意谓心也是幻觉。

चित्तादन्या न माया चेन्नाप्यनन्येति कल्प्यते।
वस्तु चेत्सा कथं नान्यानन्या चेन्नास्ति वस्तुतः॥२७॥

今译：如果幻觉不异于心，它也被
　　　认为不同于心；①如果幻觉是
　　　事物，怎会不异于心？如果
　　　不异于心，实际就是不存在。（27）

天译：念念而無別，此心當平等，
　　　前塵常惑人，了之無所有。

असत्यपि यथा माया दृश्या द्रष्टृ तथा मनः।
वस्त्वाश्रयश्चेत्संसारः सोऽन्यथाकाशवद्भवेत्॥२८॥

今译：即使幻觉不存在，也能
　　　看到，心作为观者也同样；②
　　　如果说轮回不依靠事物，
　　　那么，它就会如同虚空。③（28）

天译：如幻而不實，妄心而自見，
　　　住塵處輪迴，喻空無所依。

वस्त्वाश्रयेणाभावस्य क्रियावत्त्वं कथं भवेत्।
असत्सहायमेकं हि चित्तमापद्यते तव॥२९॥

今译：依靠不存在的事物，
　　　又怎么能发挥作用？
　　　因为唯有你的心，
　　　没有任何协助者。（29）

---

① 这是唯识论的看法。
② 以上是中观论的看法。
③ 这是引述唯识论的看法。按原文直译是："如果说轮回依靠事物，否则，它就会如同虚空。"

天译：住塵性亦然，亦無有所得，
　　　若與不善俱①，不善汝所得。

ग्राह्यमुक्तं यदा चित्तं तदा सर्वे तथागताः ।
एवं च को गुणो लभ्यश्चित्तमात्रेऽपि कल्पिते ॥३०॥

今译：如果心能摆脱执取，
　　　那么，众生皆成如来，
　　　而依照这种唯心妄想，
　　　能够获得什么功德？②（30）

天译：若心有取捨③，施一切如來，
　　　如是用心意，而有何功德？

मायोपमत्वेऽपि ज्ञाते कथं क्लेशो निवर्तते ।
यदा मायास्त्रियां रागस्तत्कर्तुरपि जायते ॥३१॥

今译：即使知道世界如幻，
　　　又怎么能克服烦恼？
　　　甚至魔术师也会对
　　　幻影女人产生欲念。④（31）

天译：幻境一切知，煩惱云何斷？
　　　於彼幻三毒⑤，遠離而不作。

अप्रहीणा हि तत्कर्तुर्ज्ञेयसंक्लेशवासना ।

---

① 与"若与不善俱"对应的原文是 asatasahāyam（"没有协助者"）。这里的 asat 不应该读作"不善"，而应该读作"不存在"，也就是"没有"。sahāyam 应该读作"协助者"。

② 以上是中观论的看法。

③ 与"取舍"对应的原词是 grāhyamuktam，应该读作"摆脱执取"。

④ 这是唯识论的看法。

⑤ 本颂中并无"三毒"。这里的"三"可能是将 strī（"女人"）一词误读为 tri（"三"）。而"毒"可能是将 rāga（"欲念"）一词引申为"毒"。

तद्दृष्टिकाले तस्यातो दुर्बला शून्यवासना ॥ ३२ ॥

今译：因为魔术师还没有
　　　断除所知烦恼习气，①
　　　故而见到幻影女人，
　　　空性习气软弱无力。（32）

天译：知於煩惱心，彼作而未盡，
　　　於彼得見時，空有意無力。

शून्यतावासनाधानाद्धीयते भाववासना ।
किंचिन्नास्तीति चाभ्यासात्सापि पश्चात्प्रहीयते ॥ ३३ ॥

今译：依靠空性习气，
　　　消除执有习气，
　　　修习一无所有，
　　　最终消除空性。②（33）

天译：煩惱性非盡，與空而相雜，
　　　至彼無所學，彼後乃得盡。

यदा न लभ्यते भावो यो नास्तीति प्रकल्प्यते ।
तदा निराश्रयोऽभावः कथं तिष्ठेन्मतेः पुरः ॥ ३४ ॥

今译：一旦存在不可获得，
　　　也就被认为不存在，
　　　不存在也就无依靠，
　　　怎么会出现在心前？（34）

天译：彼性而無得，亦復不能見，

---

① "所知烦恼"（jñeyasaṅkleśa）指执著所知对象造成的烦恼。"习气"（vāsanā）指过去的种种经验留在意识中的潜印象。

② 意谓既消除对"有"（bhāva）的执著，也消除对"空"（śūnyatā)的执著。

彼性若無住，云何住此身？

यदा न भावो नाभावो मतेः संतिष्ठते पुरः।
तदान्यगत्यभावेन निरालम्बा प्रशाम्यति॥३५॥

今译：一旦在心前，既没有
　　　存在，也没有不存在，
　　　这样，没有其他去处，
　　　无所依傍，也就平静。（35）

天译：若性而無有，身住於無性，
　　　是性如去來，隨現而無著。

चिन्तामणिः कल्पतरुर्यथेच्छापरिपूरणः।
विनेयप्रणिधानाभ्यां जिनबिम्बं तथेक्ष्यते॥३६॥

今译：正如如意珠和如意树，
　　　能满足人的任何愿望，
　　　同样，依靠教化和誓愿，
　　　能见到胜者①佛陀形象。（36）

天译：劫樹與摩尼，能如意圓滿，
　　　佛變化亦然，當為斯行願。

यथा गारुडिकः स्तम्भं साधयित्वा विनश्यति।
स तस्मिंश्चिरनष्टेऽपि विषादीनुपशामयेत्॥३७॥

今译：正如金翅鸟匠②建起
　　　一根木柱，然后去世，
　　　即使他已去世很久，
　　　木柱仍有解毒作用。（37）

---

① "胜者"（Jina）是佛陀的称号。
② "金翅鸟匠"（gāruḍika）指擅长解治蛇毒的人。

天译：喻法呪林樹，呪成而枯壞，
　　　毒等雖久害，彼彼皆消除。

बोधिचर्यानुरूप्येण जिनस्तम्भोऽपि साधितः।
करोति सर्वकार्याणि बोधिसत्त्वेऽपि निर्वृते॥३८॥

今译：同样，菩萨靠修习
　　　菩提行，建起佛柱，
　　　即使他已经涅槃，
　　　佛柱仍发挥作用。（38）

天译：菩薩之修行，所作諸事業，
　　　菩提行最勝，佛樹能成就。

अचित्तके कृता पूजा कथं फलवती भवेत्।
तुल्यैव पठ्यते यस्मात्तिष्ठतो निर्वृतस्य च॥३९॥

今译：供奉无心的佛陀，
　　　怎么会获得果报？
　　　经中说，供奉在世或
　　　涅槃的佛，功德相同。（39）

天译：以彼平等行，而住於寂靜，
　　　及作不思議，供養得何果？

आगमाच फलं तत्र संवृत्या तत्त्वतोऽपि वा।
सत्यबुद्धे कृता पूजा सफलेति कथं यथा॥४०॥

今译：经中说，依据俗谛或
　　　胜义谛，都获得果报，
　　　这便说明为何供奉
　　　胜义谛佛，也获果报。（40）

天译：隨彼所行因，而得於彼果，

供養等真實，得果而稱實。

सत्यदर्शनतो मुक्तिः शून्यतादर्शनेन किम्।
न विनानेन मार्गेण बोधिरित्यागमो यतः॥४१॥

今译：依靠圣谛见①，就能解脱，
　　　何必还要依靠空性见？
　　　因为经中说，不依靠这条
　　　道路，就不能获得菩提。（41）

天译：云何得法空，實得解脫法？
　　　不離牟尼道，當得於菩提。

नन्वसिद्धं महायानं कथं सिद्धस्त्वदागमः।
यस्मादुभयसिद्धोऽसौ न सिद्धोऽसौ तवादितः॥४२॥

今译："大乘经不能成立。"
　　　你的经为何能成立？
　　　"因为双方都认同。"②
　　　而你最初也不认同。③（42）

天译：汝不求大乘，何法求圓滿？
　　　二乘得成就，成就非圓滿。

यत्प्रत्यया च तत्रास्था महायानेऽपि तां कुरु।
अन्योभयेष्टसत्यत्वे वेदादेरपि सत्यता॥४३॥

今译：你就按照你相信小乘经的
　　　种种理由，也相信大乘经吧！

---

① "圣谛"（satya 即 caturāryasatya，"四圣谛"）指苦谛、集谛、灭谛和道谛，是小乘的基本教义。"见"（darśana）指见解、观点、哲学或教义。
② 意谓大乘和小乘双方都认同。
③ 意谓对小乘经最初也有个认同过程。

如果双方都认同，便是真理，
那么，吠陀①等等也成为真理。（43）

天译：若彼所作因，怖畏於大乘，
别怖怖非實，此怖實名怖②。

सविवादं महायानमिति चेदागमं त्यज।
तीर्थिकैः सविवादत्वात्स्वैः परैश्चागमान्तरम्॥४४॥

今译：如果说大乘经存在争议，
那么，你也抛弃你的经吧！
因为你的经也在外道和
自己内部各派中有争议。（44）

天译：此法要當知，大乘之所論，
離此為他法，知彼外道論。

शासनं भिक्षुतामूलं भिक्षुतैव च दुःस्थिता।
सावलम्बनचित्तानां निर्वाणमपि दुःस्थितम्॥४५॥

今译：经教是比丘性的根本，
比丘性依然难以确立，
而如果心中有所依傍，
那么，涅槃也难以确立。（45）

天译：法乃僧根本，僧知法出離，
心若有著處，涅槃不可得。

क्लेशप्रहाणान्मुक्तिश्चेत्तदनन्तरमस्तु सा।
दृष्टं च तेषु सामर्थ्यं निष्क्लेशस्यापि कर्मणः॥४६॥

今译：如果消除烦恼，就能解脱，

---

① "吠陀"（Veda）指婆罗门教的经典。
② 本颂中并无"怖"这个词。这里可能是将 ubhaya（"双方"）一词误读为 bhaya（"怖"）。

那就让解脱立即实现吧！
　　　然而，即使他们消除烦恼，
　　　仍然能看到业力的作用。（46）

天译：解脱心無著，煩惱得消滅，
　　　煩惱業消除，斯由解脫力。

**तृष्णा तावदुपादानं नास्ति चेत्संप्रधार्यते।
किमक्लिष्टापि तृष्णैषां नास्ति संमोहवत् सती॥४७॥**

今译：如果说这样的贪爱并不
　　　执取再生，那么，他们
　　　为何不会产生无烦恼的
　　　贪爱，而仍然如同痴迷？（47）

天译：愛取不相緣，以此無執持，
　　　愛業而羸劣，是無有癡愛。

**वेदनाप्रत्यया तृष्णा वेदनैषां च विद्यते।
सालम्बनेन चित्तेन स्थातव्यं यत्र तत्र वा॥४८॥**

今译：贪爱以感受为原因，
　　　而他们仍然有感受，
　　　因为心有所依傍，
　　　住于这里或那里。（48）

天译：受愛得相緣，此受而有得，
　　　安住有著心，是得名處處。

**विना शून्यतया चित्तं बद्धमुत्पद्यते पुनः।
यथासंज्ञिसमापत्तौ भावयेत्तेन शून्यताम्॥४९॥**

今译：如果没有空性，
　　　心仍会受束缚，

如同在无想定①中，
因此，要修习空性。（49）

天译：若心之不空，復得名為著，
心性若云空，如識而無得②。

यत्सूत्रेऽवतरेद्वाक्यं तच्चेद्बुद्धोक्तमिष्यते।
महायानं भवत्सूत्रैः प्रायस्तुल्यं न किं मतम्॥५०॥

今译：如果认为编入经中的
话语都是佛陀所说，
大乘经与你的经大多
相同，你为何不认同？（50）

天译：如應正等覺，所說之妙法，
是義乃大乘，大乘行平等。

एकेनागम्यमानेन सकलं यदि दोषवत्।
एकेन सूत्रतुल्येन किं न सर्वं जिनोदितम्॥५१॥

今译：如果依据一部经说法
不同，而诟病所有的经，
为何不依据一部经相同，
而确认全部都是佛陀所说？（51）

天译：說法之一時，了一切過患，
一味之平等，諸佛無不說。

---

① "无想定"（asaṃjñisamāpatti）是止息一切念想的禅定。这里意谓即使修习无想定，也不能获得解脱。

② 与"如识而无得"对应的原文是 yathā（"如同"）-asaṃjñi（"无想"）-samāpatti（"定"）。这里可能是将 asaṃjñi 一词误读为 saṃjñā（"想"），引申为"识"，而将 samāpatti 一词误读为"得"。

महाकाश्यपमुख्यैश्च यद्वाक्यं नावगाह्यते।
तत्त्वयानववुद्धत्वाद्ग्राह्यां कः करिष्यति॥५२॥①

今译：以大迦叶为首的众菩萨
　　　都不能透彻理解的那些
　　　佛语，谁会因为你不理解，
　　　也就不再去理解和把握？（52）

天译：迦葉大尊者，如言之不知，
　　　彼汝云不覺，不受當何作？

सक्तित्रासात्त्वनिर्मुक्त्या संसारे सिध्यति स्थितिः।
मोहेन दुःखिनामर्थे शून्यताया इदं फलम्॥५३॥

今译：为救度愚痴受苦众生，
　　　而不摆脱执著和恐惧，
　　　仍然停留在轮回中，
　　　这便是空性的成果。②（53）

天译：解脫力若怖，輪迴得成就，
　　　迷彼苦空事，而得於此果。

तदेवं शून्यतापक्षे दूषणं नोपपद्यते।
तस्मान्निर्विचिकित्सेन भावनीयैव शून्यता॥५४॥

今译：空性并不会产生
　　　所说的这种缺点，
　　　因此，不应该怀疑，
　　　而应该修习空性。（54）

天译：迷空彼若此，不得謗於法，

---

① 以上三颂在原文中没有作为正文，而放在脚注中。
② 这是小乘的看法。

此空审观察，是故得不疑。

क्लेशज्ञेयावृतितमःप्रतिपक्षो हि शून्यता।
शीघ्रं सर्वज्ञताकामो न भावयति तां कथम्॥५५॥

今译：空性能驱除烦恼和
　　　所知笼罩的黑暗，
　　　想尽快达到全知性[①]，
　　　怎么会不修习空性？（55）

天译：離闇知煩惱，因法知於空，
　　　欲速一切知，彼言審觀察。

यदुःखजननं वस्तु त्रासस्तस्मात्प्रजायताम्।
शून्यता दुःखशमनी ततः किं जायते भयम्॥५६॥

今译：就让引发痛苦的
　　　事物产生恐惧吧！
　　　而空性能止息痛苦，
　　　怎么会产生恐惧？（56）

天译：若物生於苦，是苦怖得生，
　　　彼苦因空作，彼何得生怖？

यतस्ततो वास्तु भयं यद्यहं नाम किंचन।
अहमेव न किंचिच्चेद्भयं कस्य भविष्यति॥५७॥

今译：如果有所谓的我，
　　　处处都会有恐惧；
　　　如果没有所谓的我，
　　　那么，谁会有恐惧？（57）

---

① "全知性"（sarvajñatā）指佛性。

天译：若於彼物怖，斯即名我所，
　　　如是我無所，苦怖云何得？

**दन्तकेशनखा नाहं नास्थि नाप्यस्मि शोणितम्।
न सिंघाणं न च श्लेष्मा न पूयं लसिकापि वा॥५८॥**

今译：我不是牙齿、头发和
　　　指甲，也不是骨和血，
　　　我不是唾沫和粘液，
　　　也不是脓液和涎水。（58）

天译：牙齒髮爪甲，骨肉并血髓。

**नाहं वसा न च स्वेदो न मेदोऽन्त्राणि नाप्यहम्।
न चाहमन्त्रनिर्गुण्डी गूथमूत्रमहं न च॥५९॥**

今译：我不是骨髓和汗水，
　　　也不是脂肪和内脏，
　　　我不是大肠和小肠，
　　　也不是大便和小便。（59）

天译：鼻洟唾膿涎，脂肪及腸胃。

**नाहं मांसं न च स्नायु नोष्मा वायुरहं न च।
न च च्छिद्राण्यहं नापि षड् विज्ञानानि सर्वथा॥६०॥**

今译：我不是肌肉和筋腱，
　　　也不是体热和气息，
　　　我不是所有的孔窍①，
　　　也不是所有的六识②。（60）

天译：便痢汗熱風，九漏并六識，

---

① "所有的孔窍"指九窍，即双眼、双耳、双鼻孔、口、生殖器和肛门。
② "六识"指眼识、耳识、鼻识、舌识、身识和心识。

如是諸法等，一切皆無我。

शब्दज्ञानं यदि तदा शब्दो गृह्येत सर्वदा।
ज्ञेयं विना तु किं वेत्ति येन ज्ञानं निरुच्यते॥६१॥

今译：如果存在声识，那么，
　　　它应该永远执取声；
　　　没有所知，认知什么？
　　　识依靠所知称为识。（61）

天译：說彼智與聲，聲恒受一切，
　　　若說聲智離，彼離云何知？

अजानानं यदि ज्ञानं काष्ठं ज्ञानं प्रसज्यते।
तेनासंनिहितज्ञेयं ज्ञानं नास्तीति निश्चयः॥६२॥

今译：如果识不认知所知，
　　　那么，木头也具有识，
　　　因此，可以肯定，附近
　　　没有所知，也就没有识。（62）

天译：若智之不知，彼智難知故，
　　　彼智既決定，乃近於智智。

तदेव रूपं जानाति तदा किं न शृणोत्यपि।
शब्दस्यासंनिधानाच्चेत्ततस्तज्ज्ञानमप्यसत्॥६३॥

今译：在认知色的时候，
　　　声识为何不听取？
　　　如果附近没有声，
　　　声识也就不存在。（63）

天译：此智非聲受，彼聲何以聞？
　　　彼聲近於心，彼知色如是。

शब्दग्रहणरूपं यत्तद्रूपग्रहणं कथम्।
एकः पिता च पुत्रश्च कल्प्यते न तु तत्त्वतः॥६४॥

今译：本性只是执取声，
　　　怎么可能执取色？
　　　一人同为父和子，
　　　纯属幻想不真实。[①]（64）

天译：若受於色聲，而色復何受？
　　　如彼一父子，思惟無真實。

सत्त्वं रजस्तमो वापि न पुत्रो न पिता यतः।
शब्दग्रहणयुक्तस्तु स्वभावस्तस्य नेक्ष्यते॥६५॥

今译：善性、忧性或暗性，[②]
　　　不是儿子，不是父亲，
　　　它的本性是执取声，
　　　不能指望它执取色。（65）

天译：有情塵所翳[③]，無父亦無子，
　　　知聲色如是，亦無於自性。

तदेवान्येन रूपेण नटवत्सोऽप्यशाश्वतः।
स एवान्यस्वभावश्चेदपूर्वेयं तदेकता॥६६॥

今译：如果说它像演员扮演其他
　　　角色，那么，这成为无常；
　　　如果说这是另一种本性，
　　　这种同一性则前所未有。（66）

[①] 意谓如果父性是真实存在，就不会变成子，同样，子性是真实存在，就不会变成父。

[②] 按照数论的观点，原质（prakṛti）含有善（sattva）、忧（rajas）和暗（tamas）三性，构成人的本性。

[③] 与"有情尘所翳"对应的原文是 sattvam rajastamaḥ，应该读作"善性、忧性或暗性"。

天译：彼色如足知，喻樂暫和合，
　　　彼自性如是，彼一而言有。

अन्यद्रूपमसत्यं चेन्निजं तद्रूपमुच्यताम्।
ज्ञानता चेत्ततः सर्वपुंसामैक्यं प्रसज्यते॥६७॥

今译：如果说另一种形态不真实，
　　　那么，请说它自己的形态！
　　　如果说它就是识性，那么，
　　　一切众生都成了同一人。（67）

天译：餘色咸不實，此說色下品，
　　　彼一切智心，煩惱悉清淨。

चेतनाचेतने चैकं तयोर्येनास्तिता समा।
विशेषश्च① यदा मिथ्या कः सादृश्याश्रयस्तदा॥६८॥

今译：知觉者和无知觉者同一，
　　　两者就成为相同的存在，
　　　而如果特殊性虚妄不实，
　　　那么，共同性依据什么？（68）

天译：思惟一覺心，彼等彼若無，
　　　愛若虛不實，云何住於見？

अचेतनश्च नैवाहमचैतन्यात्पटादिवत्।
अथ ज्ञश्चेतनायोगादज्ञो नष्टः प्रसज्यते॥६९॥

今译：无知觉者必定不是我，
　　　无知觉如同布帛等等，
　　　如果它接触知觉，成为
　　　知觉者，无知觉者则毁灭。（69）

---

① 据 P 本和 P 注，विशेषश्च 应为 विशेषश्च。

天译：無我而無心，此心喻畫像①，
　　　是心智相應，清淨愚癡破。

अथाविकृत एवात्मा चैतन्येनास्य किं कृतम्।
अज्ञस्य निष्क्रियस्यैवमाकाशस्यात्मता मता॥७०॥

今译：如果说自我永不变化，
　　　那么，知觉怎能改变它？
　　　虚空无知觉而无作为，
　　　倒可说有这种自我性。（70）

天译：如是之自心，彼作云何作？
　　　彼愚癡無行，此我而虛作。

न कर्मफलसंबन्धो युक्तश्छेदात्मना विना।
कर्म कृत्वा विनष्टे हि फलं कस्य भविष्यति॥७१॥

今译：如果没有自我，
　　　业和果就无联系，
　　　作业之后死去，
　　　由谁承受业果？②（71）

天译：有行自出離，而無惡業果，
　　　破壞業若為，善果云何得？

द्वयोरप्यावयोः सिद्धे भिन्नाधारे क्रियाफले।
निर्व्यापारश्च तत्रात्मेत्यत्र वादो वृथा ननु॥७२॥

今译：我俩都确认业和
　　　果的承担者不同，
　　　其中自我不起作用，

---

① 与"画像"对应的原词是 paṭa（"布帛"）。此词也可读作"画布"，引申为"画像"。
② 婆罗门教主张有永恒的"自我"（ātman）。这是自我论者的提问。

那么，争论有何意义？（72）

天译：此二之行果，互相破成就，
　　　彼説知不虚，彼自而无事。

हेतुमान् फलयोगीति दृश्यते नैष संभवः।
संतानस्यैकमाश्रित्य कर्ता भोक्तेति देशितम्॥७३॥

今译：有因便与果有联系，
　　　并不看到这种情况，
　　　那是依据相续一致性，
　　　佛说作业者是享有者。[①]（73）

天译：因果定相應，惡見要不生，
　　　此行而實住，作受今當說。

अतीतानागतं चित्तं नाहं तद्धि न विद्यते।
अथोत्पन्नमहं चित्तं नष्टेऽस्मिन्नास्त्यहं पुनः॥७४॥

今译：过去心和未来心不是我，
　　　因为它们现在都不存在；
　　　如果现在心是我，那么，
　　　一旦它毁灭，我又不存在。（74）

天译：過去未來心，彼我無有生，
　　　此心生我破，我無復生起。

यथैव कदलीस्तम्भो न कश्चिद्भागशः कृतः।
तथाहमप्यसद्भूतो मृग्यमाणो विचारतः॥७५॥

今译：正如芭蕉秆，层层
　　　剥开，不见有什么，
　　　同样，仔细观察，

[①] 意谓佛陀是依据生死轮回中业力和五蕴（色、受、想、行和识）的相续一致，说明作业和果报，并不认为有所谓的"自我"。

自我也不存在。（75）

天译：如芭蕉作柱，無所能勝任，
　　　我心生亦然，是得善觀察。

**यदि सत्त्वो न विद्येत कस्योपरि कृपेति चेत्।
कार्यार्थमभ्युपेतेन यो मोहेन प्रकल्पितः॥७६॥**

今译：如果众生不存在，
　　　那么，对谁发慈悲？
　　　这是为了达到目的，
　　　顺应愚痴，设想存在。（76）

天译：有情若不有，此行云何為？
　　　彼行今若為，而為有癡事。

कार्यं कस्य न चेत्सत्त्वः सत्यमोहा[①] **तु मोहतः।
दुःखव्युपशमार्थं तु कार्यमोहो न वार्यते॥७७॥**

今译：众生不存在，为谁这样做？
　　　这种渴望确实出于愚痴，
　　　但是，为了消除众生痛苦，
　　　不必阻止这种愚痴的做法。[②]（77）

天译：有情何實無，癡喻其愛事？
　　　若滅於苦惱，當斷於癡事。

**दुःखहेतुरहंकार आत्ममोहात्तु वर्धते।
ततोऽपि न निवर्त्येश्चेत् वरं नैरात्म्यभावना॥७८॥**

今译：我慢是痛苦之源，

[①] 据 P 本和 P 注，**सत्यमोहा** 应为 **सत्यमीहा**。
[②] 以上两颂意谓即使没有自我，众生并非真实存在，仍要顺应世俗，运用俗谛，消除众生痛苦。

痴迷白我而增长，
如果它不可抑止，
最好是修习无我。（78）

天译：我慢為苦因，癡是得增長，
　　　彼事心不迴，觀空為最上。

कायो न पादौ न जङ्घा नौरू① कायः कटिर्न च।
नोदरं नाप्ययं पृष्ठं नोरो बाहू न चापि सः॥७९॥

今译：身体不是双脚、
　　　小腿、大腿或腰，
　　　不是肚子或背，
　　　不是胸或双臂。（79）

天译：無足無脛膝，無腰復無腿，
　　　無臂亦無肩，無臍無胸背。

न हस्तौ नाप्ययं पार्श्वौ न कक्षौ नांसलक्षणः।
न ग्रीवां② न शिरः कायः कामेऽव③ कतरः पुनः॥८०॥

今译：不是双手或双肋，
　　　不是双腋或双肩，
　　　也不是脖子或头，
　　　身体是其中什么？（80）

天译：無肋兼無脇，無手亦無鼻，
　　　無項復無頭，骨鏁等皆尔。

यदि सर्वेषु कायोऽयमेकदेशेन वर्तते।

---

① 据 P 本和 P 注，नौरू 应为 नोरू。
② 据 P 本和 P 注，ग्रीवां 应为 ग्रीवा。
③ 据 P 本和 P 注，कामेऽव 应为 कायोऽत्र。

अंशा अंशेषु वर्तन्ते स च कुत्र स्वयं स्थितः॥८१॥

今译：如果这整个身体，
　　　存在于所有各处，
　　　而各部位在各处，
　　　身体自己在何处？（81）

天译：觀此一切身，不行於一處，
　　　彼行於處處，何處自安住？

सर्वात्मना चेत्सर्वत्र स्थितः कायः करादिषु।
कायास्तावन्त एव स्युर्यावन्तस्ते करादयः॥८२॥

今译：如果这整个身体在
　　　手等等所有部位中，
　　　那就会有像手等等
　　　部位一样多的身体。（82）

天译：以彼身手等，一切處皆住，
　　　彼一身如是，乃至於手等。

नैवान्तर्न बहिः कायः कथं कायः करादिषु।
करादिभ्यः पृथङ् नास्ति कथं नु खलु विद्यते॥८३॥

今译：从里到外都没有身体，
　　　身体怎会在手等等中？
　　　如果不与手等等部位
　　　相区分，怎么会有身体？（83）

天译：無內無外身，何獨身手等？
　　　手等無分別，云何彼復有？

तन्नास्ति कायो मोहात्तु कायबुद्धिः करादिषु।
संनिवेशविशेषेण स्थाणौ पुरुषबुद्धिवत्॥८४॥

今译：并没有身体，出于愚痴，
　　　认为身体在手等等中，
　　　正如组装特殊的木柱，
　　　远远望去，以为是人。（84）

天译：彼既無癡身，寧云意手等？
　　　住已近殊勝，觀者知人喻。

यावत्प्रत्ययसामग्री तावत्कायः पुमानिव।
एवं करादौ सा यावत्तावत्कायोऽत्र दृश्यते॥८५॥

今译：只要因缘齐全，
　　　身体就仿佛像人，
　　　同样，手等等齐全，
　　　也就会看似身体。（85）

天译：若彼因和合，木人此可同，
　　　若了如是相，彼身同此見。

एवमङ्गुलिपुञ्जत्वात्पादोऽपि कतरो भवेत्।
सोऽपि पर्वसमूहत्वात् पर्वापि स्वांशभेदतः॥८६॥

今译：脚也是由脚趾组成，
　　　其中哪一个应该是脚？
　　　脚趾由关节组成，关节
　　　也有自己的不同部分。（86）

天译：如是捨足指，手指亦皆捨，
　　　彼初觀節合，後見節自離。

अंशा अप्यणुभेदेन सोऽप्यणुर्दिग्विभागतः।
दिग्विभागो निरंशत्वादाकाशं तेन नास्त्यणुः॥८७॥

今译：每部分又分成极微，

极微还可分成方位,
方位无所分而成为
虚空,故而没有极微。(87)

天译:此身破已竟,彼住分别见,
分别见此身,得喻如虚空。

**एवं स्वप्नोपमे रूपे को रज्येत विचारकः।
कायश्चैवं यदा नास्ति तदा का स्त्री पुमांश्च कः॥८८॥**

今译:这样,色如同梦幻,
哪个智者会贪恋?
一旦身体不存在,
谁是女?谁是男?(88)

天译:如是之夢色,智者何所樂?
設施若無身,何有男女等?

**यद्यस्ति दुःखं तत्त्वेन प्रह्लादान् किं न बाधते।
शोकाद्यार्तोय मृष्टादि सुखं चेत्किं न रोचते॥८९॥**

今译:如果痛苦真正存在,为何
不折磨喜悦者?如果快乐
真正存在,美味等等为何
不能让忧愁悲伤者喜悦?(89)

天译:若喜真得苦,此者何不解?
觀察此云何,愛樂深煩惱?

**बलीयसाभिभूतत्वाद्यदि तन्नानुभूयते।
वेदनात्वं कथं तस्य यस्य नानुभवात्मता॥९०॥**

今译:若被更强者压倒,
故而不能感受到,

既然缺乏感受性，
它怎能称为感受？（90）

天译：樂者之不實，如彼無執受，
　　　汝苦復云何，如彼自無得？

अस्ति सूक्ष्मतया दुःखं स्थौल्यं तस्य हृतं ननु।
तुष्टिमात्रापरा चेत्स्यात्तस्मात् साप्यस्य सूक्ष्मता॥९१॥

今译：如果粗大的痛苦被消除，
　　　细微的痛苦还存在，那么，
　　　如果那是另一种细微的
　　　满意，仍然是细微的快乐。① （91）

天译：彼有苦微細，既微而不說，
　　　以彼微細故，不說令他喜。

विरुद्धप्रत्ययोत्पत्तौ दुःखस्यानुदयो यदि।
कल्पनाभिनिवेशो हि वेदनेत्यागतं ननु॥९२॥

今译：如果缘起受阻隔，
　　　痛苦便不能出现，
　　　这恰好说明感受
　　　依靠妄想分别。② （92）

天译：因瞋而苦生，既生而有滅，
　　　若於定有見，於生自不受。

अत एव विचारोऽयं प्रतिपक्षोऽस्य भाव्यते।
विकल्पक्षेत्रसंभूतध्यानाहारा हि योगिनः॥९३॥

---

① 意谓处在极大的快乐中，不含有痛苦的感受，所谓还有细微的痛苦，实际上是细微的快乐。
② 意谓感受随缘起生灭，并非真实存在，所谓的苦乐，只是妄想分别。

今译：因此，要思考观察，
　　　修习对治的方法，
　　　瑜伽行者以思辩田
　　　产生的禅定为食粮。（93）

天译：如是而既知，如是觀因果，
　　　禪愛或相應，得生彼疑地。

**सान्तराविन्द्रियार्थौ चेत्संसर्गः कुत एतयोः।
निरन्तरत्वेऽप्येकत्वं कस्य केनास्तु संगतिः॥९४॥**

今译：如果感官和对象
　　　有间隔，怎样结合？
　　　如果无间隔，浑然
　　　一体，谁与谁结合？（94）

天译：善根之所利，皆為於何人？
　　　彼此何和合？和合而何得？

**नाणोरणौ प्रवेशोऽस्यि① निराकाशः समश्च सः।
अप्रवेशो न मिश्रत्वममिश्रत्वे न संगतिः॥९५॥**

今译：容积相同，没有空间，
　　　极微不能进入极微，
　　　不能进入，则不混合，
　　　不能混合，则不结合。（95）

天译：人喻於虛空，雖合而無入，
　　　無入而非合，是無分別行。

**निरंशस्य च संसर्गः कथं नामोपपद्यते।
संसर्गे च निरंशत्वं यदि दृष्टं निदर्शय॥९६॥**

---

① 据P本和P注，ऽस्यि应为ऽस्ति。

今译：不可分者①之间怎么
　　　可能产生结合？如果
　　　你发现有不可分者
　　　之间的结合，请指出！（96）

天译：不求和合名，若見而無見，
　　　和合彼不求，云何名得生？

विज्ञानस्य त्वमूर्तस्य संसर्गो नैव युज्यते।
समूहस्याप्यवस्तुत्वाद्यथा पूर्वं विचारितम्॥९७॥

今译：也不能与识结合，
　　　因为它没有形体；
　　　聚合也不是事物，
　　　这在前面已考察。②（97）

天译：有物非和合，如導而先知，
　　　而彼識無相，不住於和合。

तदेवं स्पर्शनाभावे वेदनासंभवः कुतः।
किमर्थमयमायासः बाधा कस्य कुतो भवेत्॥९८॥

今译：这样，没有接触，③
　　　怎么会产生感受？
　　　为何要如此劳累？
　　　哪里有谁受痛苦？（98）

天译：彼觸法如是，何受而得生？
　　　我今何所為，而得於苦害？

---

① "不可分者"实际是虚空。参阅前面第 87 颂。
② 指前面关于身体和身体各个部位关系的论述。
③ 意谓识并不与感官对象接触。

यदा न वेदकः कश्चिद्वेदना च न विद्यते।
तदावस्थामिमां दृष्ट्वा तृष्णे किं न विदीर्यसे॥९९॥

今译：没有任何感受者，
　　　也没有感受本身，
　　　贪爱啊，看到这种
　　　情况，你为何不破灭？（99）

天译：若不得所受，苦害而不覺，
　　　此位彼得見，何愛不遠離？

दृश्यते स्पृश्यते चापि स्वप्नमायोपमात्मना।
चित्तेन सहजातत्वाद्वेदना तेन नेक्ष्यते॥१००॥

今译：凡所见和所触，
　　　本质如幻似梦，
　　　感受与心同时
　　　产生，心见不到。① （100）

天译：今見此夢觸，自心之幻化，
　　　既見彼觸性，彼受汝亦得。

पूर्वं पश्चाच्च जातेन स्मर्यते नानुभूयते।
स्वात्मानं नानुभवति न चान्येनानुभूयते॥१०१॥

今译：此前此后产生的识，
　　　只能回忆，不能感受，
　　　而感受不能感受自己，
　　　也不能被他者感受②。（101）

天译：先世與後世，念念而無受，

---

① 意谓感受由眼、耳、鼻、舌和身感受，并非由心直接感受。
② "他者"指心或心识。这也就是上一颂中所说"心见不到"。

若此觀自身，受亦無所得。

न चास्ति वेदकः कश्चिद्वेदनातो न तत्त्वतः।
निरात्मके कलापेऽस्मिन् क एवं बाध्यतेऽनया॥१०२॥

今译：因此，没有任何感受者，
　　　感受也不是真实存在，
　　　对于无我的聚合体，
　　　它会造成什么痛苦？（102）

天译：所受既不實，彼即知無有，
　　　若此無自身，云何如是害？

नेन्द्रियेषु न रूपादौ नान्तराले मनः स्थितम्।
नाप्यन्तर्न बहिश्चित्तमन्यत्रापि न लभ्यते॥१०३॥

今译：心不在种种感官中，不在
　　　色等等中，不在两者之间，
　　　既不在外面，也不在里面，
　　　也不在任何其他的地方。（103）

天译：色性之自住，無根無中間，
　　　無内無外心，別處亦不得。

यन्न काये न चान्यत्र न मिश्रं न पृथक् क्वचित्।
तन्न किंचिदतः सत्त्वाः प्रकृत्या परिनिर्वृताः॥१०४॥

今译：不在身体中，也不在别处，
　　　既不混合，也不独立存在，
　　　它不是任何什么，因此，
　　　众生天性趋向于涅槃。（104）

天译：身若無異處，無合無分別，
　　　有情之自性，寂靜彼無所。

ज्ञेयात्पूर्वं यदि ज्ञानं किमालम्ब्यास्य संभवः।
ज्ञेयेन सह चेज्ज्ञानं किमालम्ब्यास्य संभवः॥१०५॥

今译：如果识先于所知，

　　　它缘于什么产生？

　　　如果识与所知同时，

　　　它又缘于什么产生？（105）

天译：智者若先知，云何而有著？

　　　智者同智故，彼生何得著？

अथ ज्ञेयाद्भवेत् पश्चात् तदा ज्ञानं कुतो भवेत्।
एवं च सर्वधर्माणामुत्पत्तिर्नावसीयते॥१०६॥

今译：如果识后于所知，

　　　它又从哪儿产生？

　　　因此，我们不能确定

　　　所有一切法的产生。（106）

天译：是智是後得，是智云何得？

　　　如是一切法，雖生而無得。

यद्येवं संवृतिर्नास्ति ततः सत्यद्वयं कुतः।
अथ साप्यन्यसंवृत्या स्यात्सत्त्वो निर्वृतः कुतः॥१०७॥

今译：如果没有俗谛，哪里

　　　会有二谛①？甚至俗谛

　　　还要依靠其他俗谛，

　　　那么，众生怎能涅槃？②（107）

天译：如是法若無，是法云何二？

---

① "二谛"（satyadvaya）指俗谛和胜义谛，意谓因为有俗谛，才会有胜义谛。
② 这颂的意思是说胜义谛的存在依据俗谛，而俗谛的存在依据妄想分别，这样，众生怎能涅槃？

彼餘法若是，有情皆寂靜。

परचित्तविकल्पोऽसौ स्वसंवृत्या तु नास्ति सः।
स पश्चान्नियतः सोऽस्ति न चेन्नास्त्येव संवृतिः॥१०८॥

今译：这是他人心中妄想分别，
　　　而不是依据自己的俗谛；
　　　它的存在要在此后确定，
　　　如果不存在，也就无俗谛。①（108）

天译：彼他心有疑，於自即無有，
　　　彼定彼後有，此法無彼此。

कल्पना कल्पितं चेति द्वयमन्योन्यनिश्रितम्।
यथाप्रसिद्धमाश्रित्य विचारः सर्व उच्यते॥१०९॥

今译：能分别和所分别，
　　　这两者互相依存，
　　　观察所得的一切，
　　　都按照习惯表达。（109）

天译：思惟於自心，是二互相住，
　　　如得於正住，一切智者說。

विचारितेन तु यदा विचारेण विचार्यते।
तदानवस्था तस्यापि विचारस्य विचारणात्॥११०॥

今译：依据观察所得，
　　　继续进行观察，
　　　观察而又观察，
　　　也就永无穷尽。（110）

---

① 这颂是回答上一颂的提问。意思是说这是他人心中妄想分别，而非涅槃者自身具有这种妄想分别。一旦达到涅槃后，就可以确定没有俗谛。

天译：若有諸智者，獲得於智智，
　　　智者得是智，彼即是無位。

विचारिते विचार्ये तु विचारस्यास्ति नाश्रयः।
निराश्रितत्वान्नोदेति तच्च निर्वाणमुच्यते॥१११॥

今译：已经观察清楚，
　　　观察便无依据，
　　　无依据则无所生，
　　　这被称为涅槃。（111）

天译：智者得是智，有得而無住，
　　　無住即無生，彼說於涅槃。

यस्य त्वेतद्द्वयं सत्यं स एवात्यन्तदुःस्थितः।
यदि ज्ञानवशादर्थो ज्ञानास्तित्वे तु का गतिः॥११२॥

今译：如果两者都是真实，
　　　无论如何难以成立，
　　　如果对象是依据识，
　　　识的存在依据什么？（112）

天译：若彼之二法，如是極難住，
　　　若法由於智，智者何因有？

अथ ज्ञेयवशाज्ज्ञानं ज्ञेयास्तित्वे तु का गतिः।
अथान्योन्यवशात्सत्त्वमभावः स्याद्द्वयोरपि॥११३॥

今译：如果识是依据所知①，
　　　所知的存在依据什么？
　　　因此，两者互相依存，

---

① "所知"（jñeya）也就是上一颂中所说的"对象"（artha）。

各自的真实不存在。(113)

天译：是智由於知，知者無所得，
　　　二法互相由，是有情無性。

पिता चेन्न विना पुत्रात्कुतः पुत्रस्य संभवः।
पुत्राभावे पिता नास्ति तथासत्त्वं तयोर्द्वयोः॥११४॥[1]

是父不会无子，
无父哪会生子？
无子不成为父，
两者皆非真实。[2]（114）

天译：無父定無子，欲子生何得？
　　　有父而有子，彼二法亦爾。

अङ्कुरो जायते बीजाद्बीजं तेनैव सूच्यते।
ज्ञेयाज्ज्ञानेन जातेन तत्सत्ता किं न गम्यते॥११५॥

今译：如同芽产生于种子，
　　　由芽说明种子存在，
　　　为何识产生于所知，
　　　不能说明所知存在？（115）

天译：芽從種子生，種子得何求？
　　　知從智所生，彼實何不行？

अङ्कुरादन्यतो ज्ञानाद्बीजमस्तीति गम्यते।
ज्ञानास्तित्वं कुतो ज्ञातं ज्ञेयं यत्तेन गम्यते॥११६॥

今译：依靠不同于芽的识，
　　　认知种子的存在，

---

[1] 本颂原文缺前面的四分之三，据 P 本补足。
[2] 这里是以父子关系比喻识和所知的关系。

而所知由识认知，
如何认知识的存在？（116）

天译：芽從智種生，知從智芽有，
若彼知不知，何得有智智？

लोकः प्रत्यक्षतस्तावत्सर्वं हेतुमुदीक्षते।
पद्मनालादिभेदो हि हेतुभेदेन जायते॥११७॥

今译：世人依据亲身经验，
知道一切皆有原因，
莲花茎秆等等不同，
产生于原因的不同。（117）

天译：一切人因緣，彼前皆已說，
因果所生起，等喻如蓮花。

किंकृतो हेतुभेदश्चेत् पूर्वहेतुप्रभेदतः।
कस्माच्चेत्फलदो हेतुः पूर्वहेतुप्रभावतः॥११८॥

今译：什么造成原因不同？
这是由于前因不同；
为何原因能产生结果？
由于前因有此能力。（118）

天译：因果何由作？皆從於過去，
此果云何得？由過去業力。

ईश्वरो जगतो हेतुः वद कस्तावदीश्वरः।
भूतानि चेद्भवत्वेवं नाममात्रेऽपि किं श्रमः॥११९॥

今译：自在天①是世界的原因，

---

① "自在天"（īśvara）指创世神。

那么，请问什么是自在天？
如果说那就是四大元素①，
那么，何必为这虚名操劳？（119）

天译：世間因自在，自在彼何說？
如是得後有，彼彼名何雜？

अपि त्वनेकेऽनित्याश्च निश्चेष्टा न च देवताः।
लङ्घ्याश्चाशुचयश्चैव क्षमादयो न स ईश्वरः॥१२०॥

今译：地等等多样，无常，
无知觉，无神性，
可以跨越，不纯洁，
它们不是自在天。（120）

天译：是事唯不定，非心非賢聖，
過惡無善報，彼何得自在？

नाकाशमीशोऽचेष्टत्वात् नात्मा पूर्वनिषेधतः।
अचिन्त्यस्य च कर्तृत्वमप्यचिन्त्यं किमुच्यते॥१२१॥

今译：虚空无知觉，不是自在天，
自我也不是，前面已否定；
或者是不可思议的作者，
那么，不可思议如何称说？（121）

天译：不見如虛空，不見自過去，
自在不思議，此理不應說。

तेन किं स्रष्टुमिष्टं च आत्मा चेत् नन्वसौ ध्रुवः।
क्षमादिस्वभाव ईशश्च ज्ञानं ज्ञेयादनादि च॥१२२॥

---

① "四大元素"（bhūtāni）指地、水、火和风。

今译：自在天想创造什么？如果
　　　是自我，它已被认为是常，
　　　而地等等的本性是自在，
　　　识无始以来产生于所知。（122）

天译：彼主何最上？彼亦自無定，
　　　善惡各自性，智者知無邊。

कर्मणः सुखदुःखे च वद किं तेन निर्मितम्।
हेतोरादिर्न चेदस्ति फलस्यादिः कुतो भवेत्॥१२३॥

今译：痛苦和快乐产生于业，
　　　请问，自在天创造什么？①
　　　如果没有原因的开始，
　　　怎么会有结果的开始？（123）

天译：因業有苦樂，彼說何等作？
　　　先因若不有，果報誰云得？

कस्मात्सदा न कुरुते न हि सोऽन्यमपेक्षते।
तेनाकृतोऽन्यो नास्त्येव तेनासौ किमपेक्षताम्॥१२४॥

今译：如果他不依靠其他，
　　　为何他不始终创造？
　　　如果无不由他创造，
　　　他还需要依靠什么？（124）

天译：云何不作恒？彼無於別見；
　　　彼作既無別，何得見彼彼？

अपेक्षते चेत्सामग्रीं हेतुर्न पुनरीश्वरः।

---

① 意谓按照婆罗门教自身的看法，自我和地等等都是永恒的存在，识产生于所知，苦乐产生于业，哪里需要自在天创造？

नाकर्तुमीशः सामग्र्यां न कर्तुं तदभावतः ॥ १२५ ॥

今译：如果他需要依靠聚合，
　　　原因就不再是自在天，
　　　有聚合，他不能不创造，
　　　没有聚合，他不能创造。（125）

天译：若見和合因，無復云自在，
　　　此和合無主，彼法乃無主。

करोत्यनिच्छन्नीशश्चेत्परायत्तः प्रसज्यते।
इच्छन्नप्यीच्छायत्तः स्यात् कुर्वतः कुत ईशता ॥ १२६ ॥

今译：如果自在天没有意欲而
　　　创造，他便是依靠其他；
　　　如果有意欲，则是依靠
　　　意欲，哪有什么自在性？① （126）

天译：彼愛不自愛，此愛而無作，
　　　所得而由他，何云自在作？

येऽपि नित्यानणूनाहुस्तेऽपि पूर्वं निवारिताः।
सांख्याः प्रधानमिच्छन्ति नित्यं श्लोकस्य② कारणम् ॥ १२७ ॥

今译：那些主张极微永恒者③，
　　　前面已经受到驳斥；④
　　　那些数论者喜爱原质，
　　　视为世界的永恒原因。（127）

---

① 以上第 119 至 126 颂是对自在天创世说的批驳。
② 据 P 本和 P 注，श्लोकस्य 应为 लोकस्य。
③ "极微"（aṇu）也可译为"微尘"或"原子"。"主张极微永恒者"指胜论（Vaiśeṣika）。
④ 参阅前面第 87 颂。

天译：彼不作過去，謂若恒不滅，
　　　愛此最上數，謂世間恒常。

सत्त्वं रजस्तमश्चेति गुणा अविषमस्थिताः।
प्रधानमिति कथ्यन्ते विषमैर्जगदुच्यते॥१२८॥

今译：善、忧和暗三性，
　　　它们处在平衡中，
　　　被称为原质，世界
　　　由它们失衡造成。（128）

天译：有情塵闇蔽①，住此惡功德，②
　　　謂此說最上③，此說世間惡。④

एकस्य त्रिस्वभावत्वमयुक्तं तेन नास्ति तत्।
एवं गुणा न विद्यन्ते प्रत्येकं तेऽपि हि त्रिधा॥१२९॥

今译：一种原质有三种性，此说
　　　不合理，故而原质不存在，
　　　甚至每种性也分成三种，
　　　因此，这些性也不存在。（129）

天译：一三之自性，不合而無有，
　　　是德無所有，彼各各三種。

---

① 与"有情尘暗蔽"对应的原文是 sattvam rajastamaḥ，应该读作"善、忧和暗"。参阅本品第 66 颂。
② 与"住此恶功德"对应的原文是 guṇā（"三性"） aviṣama（"平衡"）-sthitāḥ（"处在"），应该读作"处在平衡中的三性"。
③ "最上"的原词是 pradhānam，这里是指"原质"。数论将"原质"视为世界形成的原因。
④ "恶"的原词是 viṣayaiḥ（"不平衡"，复数，具格）。因此，这句的意思是"世界由它们失衡造成"。

गुणाभावे च शब्दादेरस्तित्वमतिदूरतः।
अचेतने च वस्त्रादौ सुखादेरप्यसंभवः॥१३०॥

今译：如果三性不存在，
　　　声等等也远离存在；
　　　布帛等等无知觉，
　　　苦乐等等[1]也不存在。（130）

天译：功德雖無聲，此聲有還遠，
　　　如衣等無心，由此生快樂。

तद्धेतुरूपा भावाश्चेन्ननु भावा विचारिताः।
सुखाद्येव च ते हेतुः न च तस्मात्पटादयः॥१३१॥

今译：如果事物以它们为原因，
　　　那么，事物已在前面考察，[2]
　　　你以苦乐等等为原因，
　　　布帛等等并不由此产生。（131）

天译：色性之亦然，觀之性無有，
　　　彼等快樂因，有無若衣等。

पटादेस्तु सुखादि स्यात्तदभावात्सुखाद्यसत्।
सुखादीनां च नित्यत्वं कदाचिन्नोपलभ्यते॥१३२॥

今译：如果苦乐等产生于布帛等，
　　　但布帛等不存在，苦乐等
　　　也不存在，故而无论何时都
　　　不能获得苦乐等的永恒性。（132）

---

[1] "苦乐等等"按照原词是"快乐等等"，据 P 注，指"快乐和痛苦"。因此，在这里是指由"三性"造成的"苦乐等等"。

[2] 前面已说明事物由因缘聚合而成，如幻似梦，并无真实本质，并非真实存在。

天译：此衣等快樂，此乃性快樂，
　　　彼等之快樂，不能得久遠。

**सत्यामेव सुखव्यक्तौ संवित्तिः किं न गृह्यते।
तदेव सूक्ष्मतां याति स्थूलं सूक्ष्मं च तत्कथम्॥१३३॥**

今译：如果快乐真正展现，
　　　怎么会不感受到它？
　　　如果说它变得细微，
　　　那么，为何它有粗细？（133）

天译：彼得是微細，云何彼麁細？
　　　快樂如是實，思惟何不受？

**स्थौल्यं त्यक्त्वा भवेत्सूक्ष्ममनित्ये स्थौल्यसूक्ष्मते।
सर्वस्य वस्तुनस्तद्वत्किं नानित्यत्वमिष्यते॥१३४॥**

今译：如果它由粗变细，
　　　粗细无常，那么，
　　　你为何不依此认同
　　　所有一切事物无常？（134）

天译：離麁得微細，微細不久遠，
　　　一切物亦然，久遠何不得？

**न स्थौल्यं चेत्सुखादन्यत् सुखस्यानित्यता स्फुटम्।
नासदुत्पद्यते किंचिदसत्त्वादिति चेन्मतम्।
व्यक्तस्यासत उत्पत्तिरकामस्यापि ते स्थिता॥१३५॥**

今译：如果粗大的快乐同样
　　　是快乐，显然快乐无常。①
　　　如果认为不存在者不会

---

① 意谓既然快乐有粗细，也就无常。

产生，因为它原本不存在，
而原本不存在的显现者
仍会出现，即使你不情愿。①（135）

天译：快樂得不麁，快樂不常定，
　　　彼無有所生，此說不真實，
　　　彼真實德生，彼得無欲住。

अन्नादोऽमेध्यभक्षः स्यात् फलं हेतौ यदि स्थितम्।
पटार्घेणैव कर्पासबीजं क्रीत्वा निवस्यताम्॥१३६॥

今译：如果果原本存在于因，
　　　吃食物就等于吃粪便，
　　　那么，就用买衣服的钱，
　　　去买棉花种子穿上吧！（136）

天译：為食不淨食，而有於因果，
　　　愛無價之衣，買覩羅種子。

मोहाच्चेन्नेक्षते लोकः तत्त्वज्ञस्यापि सा स्थितिः॥१३७॥

今译：如果世人愚痴看不见，
　　　知真实者知道它存在。②（137）

天译：不愛世間癡，彼住真如智。

लोकस्यापि च तज्ज्ञानमस्ति कस्मान्न पश्यति।
लोकाप्रमाणतायां चेत् व्यक्तदर्शनमप्यसत्॥१३८॥

今译：甚至世人也知道这样，

---

① 这是引述数论者的观点，意谓显现的果原本存在于不显现的因中。
② 以上第 128 至 136 颂是对数论的批驳。这半颂是数论者的回答。"它存在"指果存在于因。

为何他们会看不见？①
如果世人之见非准则，
所见显现者也不真实。②（138）

天译：彼智世間有，云何而不見？
　　　同彼世間量，若此分明見。

प्रमाणमप्रमाणं चेन्ननु तत्प्रमितं मृषा।
तत्त्वतः शून्यता तस्माद्भावानां नोपपद्यते॥१३९॥

今译：如果准则成不了准则，③
　　　依据准则认知便虚妄，
　　　这样也就不可能真正
　　　确认一切事物的空性。④（139）

天译：世量而非量，彼無妄言說，
　　　是故觀真如，彼空而不生。

कल्पितं भावमस्पृष्ट्वा तद्भावो न गृह्यते।
तस्माद्भावो मृषा यो हि तस्याभावः स्फुटं मृषा॥१४०॥

今译：不接触妄想分别的事物，
　　　就不能把握事物的不存在，
　　　既然事物本身虚妄，那么，
　　　它的不存在也明显虚妄。⑤（140）

天译：知性之不觸，是性而無執，
　　　彼性實非實，是故非實性。

---

① 意谓世人也知道因果关系，但他们为何看不见显现的因？
② 这颂是中论者的回答。
③ 这里的"准则"（pramāṇa）一词也可译为"量"，指认知手段。"量"通常分为现量、比量、喻量和声量。
④ 这颂是数论者的回答。
⑤ 这里的意思是"事物本身虚妄"，那么，确认"它的不存在"，这也是"虚妄"。

तस्मात्स्वप्ने सुते नष्टे स नास्तीति विकल्पना।
तद्भावकल्पनोत्पादं विबध्नाति मृषा च सा॥१४१॥

今译：这样，梦见儿子死去，
　　　儿子不存在是妄想，
　　　而这种虚妄能阻碍
　　　儿子存在的妄想产生。[1]（141）

天译：是故彼夢覺，此疑彼無有，
　　　彼性若見有，乃不實生者。

तस्मादेवं विचारेण नास्ति किंचिद्धेतुतः।
न च व्यस्तसमस्तेषु प्रत्ययेषु व्यवस्थितम्॥१४२॥

今译：因此，依靠这样的观察得知
　　　任何事物都不会无因而生，
　　　它也不安住于个别的缘起中，
　　　或者安住于集合的缘起中。（142）

天译：是故知彼性，無因即無所，
　　　一切皆無主，因緣中安住。

अन्यतो नापि चायातं न तिष्ठति न गच्छति।
मायातः को विशेषोऽस्य यन्मूढैः सत्यतः कृतम्॥१४३॥

今译：它也不来自于别处，
　　　既不留住，也不离去，
　　　它与幻觉有何区别？
　　　而愚夫们视为真实。（143）

天译：由彼無別異，不住復不去，
　　　於實彼若迷，返為世間勝。

---

[1] 意谓由此可以理解一切事物如幻似梦。对以上这两颂的理解，可以参阅本品第33颂。

मायया निर्मितं यच्च हेतुभिर्यच्च निर्मितम्।
आयाति तत्कुतः कुत्र याति चेति निरूप्यताम्॥१४४॥

今译：它由幻觉造成，
　　　它由原因造成，
　　　请仔细观察吧，
　　　来自哪里去何方？（144）

天译：為從因所生，為從幻化作，
　　　何來彼何去？了知而若此。

यदन्यसंनिधानेन दृष्टं न तदभावतः।
प्रतिबिम्बसमे तस्मिन् कृत्रिमे सत्यता कथम्॥१४५॥

今译：获得因缘便可见，
　　　不获得便不可见，
　　　它虚假如同影像，
　　　怎么会有真实性？（145）

天译：若此而了知，乃見彼無性，
　　　云何知假實？同於影像等。

विद्यमानस्य भावस्य हेतुना किं प्रयोजनम्।
अथाप्यविद्यमानोऽसौ हेतुना किं प्रयोजनम्॥१४६॥

今译：事物确实存在，
　　　原因有什么用？
　　　事物确实不存在，
　　　原因又有什么用？（146）

天译：性若云自有，是因何所立？
　　　彼若是不有，彼因故不用。

नाभावस्य विकारोऽस्ति हेतुकोटिशतैरपि।

तदपरथः कथं भावः को वान्यो भावतां गतः॥ १४७॥

今译：纵然有数百亿个原因，
　　　无也不会起任何变化，
　　　处于无中，怎会变成有？
　　　或者，别的什么变成有？（147）

天译：有無之性相，因俱胝百千，
　　　彼位云何性？何得於別性？

नाभावकाले भावश्चेत्कदा भावो भविष्यति।
नाजातेन हि भावेन सोऽभावोऽपगमिष्यति॥ १४८॥

今译：无的时候没有有，
　　　什么时候会有有？
　　　只要有没有产生，
　　　无也就不会离去。（148）

天译：彼性無性時，是性何時得？
　　　無性即無生，當依彼性行。

न चानपगतेऽभावे भावावसरसंभवः।
भावश्चाभावतां नैति द्विस्वभावप्रसङ्गतः॥ १४९॥

今译：只要这个无不离去，
　　　有就没有产生机会，
　　　而有也不会变成无，
　　　一物没有两种本性。[①]（149）

天译：性無過去性，而由性不生，
　　　無有性無性，喻幻化和合。

[①] 这句按原文直译是"依据两种本性"（即"依据一种事物有两种本性"）。而这种说法的前提是"一种事物没有两种本性"，因此，这句的实际意思是"一物没有两种本性"。

एवं न च निरोधोऽस्ति न च भावोऽस्ति सर्वदा।
अजातमनिरुद्धं च तस्मात्सर्वमिदं जगत्॥ १५०॥

今译：这样，任何时候，
　　　既无灭，也无生，
　　　因此，不生不灭，
　　　就是这一切世界。（150）

天译：一切有无性，有如是不滅，
　　　此一切世間，是故不生滅。

स्वप्नोपमास्तु गतयो विचारे कदलीसमाः।
निर्वृतानिर्वृतानां च विशेषो नास्ति वस्तुतः॥ १५१॥

今译：一切归宿皆似梦幻，
　　　仔细观察如同芭蕉，
　　　无论涅槃不涅槃，
　　　实际上没有分别。（151）

天译：知行空不實，喻夢喻芭蕉，
　　　分別滅不滅，一切不可得。

एवं शून्येषु धर्मेषु किं लभ्यं किं हृतं भवेत्।
सत्कृतः परिभूतो वा केन कः संभविष्यति॥ १५२॥

今译：这样，既然万法皆空，
　　　会获得或失去什么？
　　　谁会受到谁善待？
　　　谁又会受到谁蔑视？（152）

天译：性空乃如是，何得而何受？
　　　不實恒若斯，彼彼云何得？

कुतः सुखं वा दुःखं वा किं प्रियं वा किमप्रियम्।

का तृष्णा कुत्र सा तृष्णा मृग्यमाणा स्वभावतः॥ १५३॥

今译：哪来快乐或痛苦？
　　　有什么可爱或可憎？
　　　有什么贪爱？哪来
　　　追逐成性的贪爱？（153）

天译：何苦何快樂？何愛何不愛？
　　　彼愛何所愛？要當知自性

विचारे जीवलोकः कः को नामात्र मरिष्यति।
को भविष्यति को भूतः को बन्धुः कस्य कः सुहृत्॥ १५४॥

今译：仔细观察，在这世上，
　　　谁活着？谁将死去？
　　　谁将出生？谁已出生？
　　　谁是谁的亲人或朋友？（154）

天译：世間亦可知，何名為無上？
　　　何人何所親？何生而何得？

सर्वमाकाशसंकाशं परिगृह्णन्तु मद्विधाः।
प्रकुप्यन्ति प्रहृष्यन्ति कलहोत्सवहेतुभिः॥ १५५॥

今译：让像我这样的人们接受
　　　如同虚空的这一切吧！
　　　遇到争执纠纷，他们发怒，
　　　遇到喜庆节日，他们高兴。（155）

天译：一切喻虛空，彼此受皆失，
　　　歡喜瞋相對，因喜或鬪諍。

शोकायासैर्विषादैश्च मिथश्छेदनभेदनैः।
यापयन्ति सुकृच्छ्रेण पापैरात्मसुखेच्छवः॥ १५६॥

今译：他们依靠作恶，追求
　　　自身快乐，陷入困境，
　　　互相争斗砍杀，充满
　　　忧愁、艰辛和沮丧。（156）

天译：瞋恼诸邪行，一切令破坏，
　　　罪恶自爱乐，是得恶趣名。

मृताः पतन्त्यपायेषु दीर्घतीव्रव्यथेषु च।
आगत्यागत्य सुगतिं भूत्वा भूत्वा सुखोचिताः॥१५७॥

今译：曾经一次又一次进入
　　　善道，习惯于享受快乐，
　　　然而，死后又堕入恶道，
　　　承受长期的剧烈痛苦。（157）

天译：死即堕恶趣，得苦而无悔，
　　　或往来天中，生生而得乐。

भवे बहुप्रपातश्च तत्र चातत्त्वमीदृशम्।
तत्रान्योन्यविरोधश्च न भवेत्तत्त्वमीदृशम्॥१५८॥

今译：生死轮回充满深渊，
　　　这一切如此不真实，
　　　各种看法互相分歧，
　　　无法认知它的真实。（158）

天译：舍於多罪崖，谓真实如是，
　　　如是真无性，复互相憎爱。

तत्र चानुपमास्तीव्रा अनन्ता दुःखसागराः।
तत्रैवमल्पबलता तत्राप्यल्पत्वमायुषः॥१५९॥

今译：这痛苦剧烈无比，

如同无边的大海，
而力量如此脆弱，
寿命又如此短促。（159）

天译：說彼將來惡，溺無邊苦海，
　　　色力并壽命，彼得而唯少。

तत्रापि जीवितारोग्यव्यापारैः क्षुत्क्लमश्रमैः।
निद्रयोपद्रवैर्बालसंसर्गैर्निष्फलैस्तथा॥१६०॥

今译：为生命和健康操劳，
　　　忍受饥饿和疲倦，
　　　瞌睡和灾祸，还要
　　　与愚夫们无聊相处。（160）

天译：雖獲於快樂，而由飢困者，
　　　眠睡災昏迷，如虛幻和合。

वृथैवायुर्वहत्याशु विवेकस्तत्र दुर्लभः।
तत्राप्यभ्यस्तविक्षेपनिवारणगतिः कुतः॥१६१॥

今译：寿命很快白白耗尽，
　　　寂静却是很难获得，
　　　哪里有这样的途径，
　　　能消除顽固的迷妄？（161）

天译：當盡彼虛幻，若此而難得，
　　　彼學何所作？何行何斷除？

तत्रापि मारो यतते महापायप्रपातने।
तत्रासन्मार्गबाहुल्याद्धिचिकित्सा च दुर्जया॥१६२॥

今译：摩罗①处心积虑，
　　　设置恶道深渊，
　　　世上布满邪道，
　　　邪见难以克服。（162）

天译：彼彼諸魔事，斯為大罪崖，
　　　於彼多正道②，難勝而不行。

पुनश्च क्षणदौर्लभ्यं बुद्धोत्पादोऽतिदुर्लभः।
क्लेशौघो दुर्निवारश्चेत्यहो दुःखपरंपरा॥१६३॥

今译：而且，幸运人身难得，
　　　佛陀出世尤其难得，
　　　烦恼流也难以阻断，
　　　哎呀，痛苦绵延不绝！（163）

天译：復於剎那中，難得生覺悟，
　　　過去未來苦，難竭煩惱海。

अहो बतातिशोच्यत्वमेषां दुःखौघवर्तिनाम्।
ये नेक्षन्ते स्वदौःस्थित्यमेवमप्यतिदुःस्थिताः॥१६४॥

今译：在这痛苦之河中沉浮，
　　　处境如此痛苦，人们
　　　还不觉知自己的困境，
　　　啊，确实令人悲哀忧伤！（164）

天译：而於此苦海，我恨苦求離，
　　　如是此安住，若自不樂住。

---

① "摩罗"（Māra）指恶魔。
② "正道"的原词是 asanmārga（"邪道"）。它与 tatra 相连，合成 tatrāsanmārga，由此可能将 asanmārga（"邪道"）误读为 sanmārga（"正道"）。

स्नात्वा स्नात्वा यथा कश्चिद्द्विषेप[①] द्विर्हि मुहुर्मुहुः ।
स्वसौस्थित्यं च मन्यन्ते एवमप्यतिदुःस्थिताः ॥ १६५ ॥

今译：正如有人一次次沐浴，
又一次次烤火，自以为
舒服愉快，世上身陷
困境的人们也是这样。（165）

天译：如須臾須臾，入火而澡浴，
見如是自利，而受於此苦。

अजरामरलीलानामेवं विहरतां सताम् ।
आयास्यन्त्यापदो घोराः कृत्वा मरणमग्रतः ॥ १६६ ॥

今译：人们这样生活着，
仿佛不知老和死，
一旦死亡出现眼前，
可怕的痛苦来临。（166）

天译：無老死自在，彼行因如是，
從彼惡法來，感惡而前死。

एवं दुःखाग्नितप्तानां शान्तिं कुर्यामहं कदा ।
पुण्यमेघसमुद्भूतैः सुखोपकरणैः स्वकैः ॥ १६७ ॥

今译：我何时能用自己的
功德福云积聚的资材，
为这些遭受痛苦之火
折磨的人们带来安宁？（167）

天译：苦火熱如是，我何時得息，
自作於快樂，福雲生繚繞？

---

① 据 P 本，这里的 च 应删去。

कदोपलम्भदृष्टिभ्यो देशयिष्यामि शून्यताम्।
संवृत्यानुपलम्भेन पुण्यसंभारमादरात्॥१६८॥

今译：我何时能用功德资粮，
　　　借助俗谛，无所执著，
　　　为至今执著邪见的人们
　　　虔诚恭敬地宣示空性？（168）

天译：以我何見知，而說知慧空，
　　　稽首具足知，稽首福德重？

१० परिणामनापरिच्छेदो दशमः।

今译：第十 回向品

天译：菩提心迴向品第八

बोधिचर्यावतारं मे यद्विचिन्तयतः शुभम्।
तेन सर्वे जनाः सन्तु बोधिचर्याविभूषणाः॥ १॥

今译：我思考入菩提行，
　　　而获得吉祥功德，
　　　但愿凭此让一切
　　　众生具备菩提行。（1）

天译：菩提行若此，思惟於行福，
　　　菩提行莊嚴，一切人皆得。

सर्वासु दिक्षु यावन्तः कायचित्तव्यथातुराः।
ते प्राप्नुवन्तु मत्पुण्यैः सुखप्रामोद्यसागरान्॥ २॥

今译：但愿用我的功德，
　　　让所有一切方位
　　　身心痛苦的人们，
　　　全都达到欢乐海。（2）

天译：乃至一切處，身心苦惱者，
　　　彼得此妙福，歡喜快樂海。

आसंसारं सुखज्यानिर्मा भूतेषां कदाचन।

बोधिसत्त्वसुखं प्राप्तं भवत्वविरतं जगत्॥३॥

今译：无论何时别让他们
　　　在轮回中缺失快乐；
　　　让这世界永远不断
　　　获得菩萨的快乐。（3）

天译：若有不自在，而處輪迴者，
　　　使得世間樂，及得菩提①樂。

यावन्तो नरकाः केचिद्विद्यन्ते लोकधातुषु।
सुखावतीसुखामोदैर्मोदन्तां तेषु देहिनः॥४॥

今译：一切世界的那些地狱，
　　　有许多受苦的人们，
　　　但愿他们高兴和快乐，
　　　获得极乐世界的幸福。（4）

天译：若有世界中，乃至於地獄，
　　　而令彼等人，悉受極快樂。

शीतार्ताः प्राप्नुवन्तूष्णमुष्णार्ताः सन्तु शीतलाः।
बोधिसत्त्वमहामेघसंभवैर्जलसागरैः॥५॥

今译：让受寒冷折磨的人们
　　　获得温暖，菩萨大云
　　　降雨汇成海，让受炎热
　　　折磨的人们获得清凉。（5）

天译：寒苦得溫暖，熱苦得清涼，
　　　菩薩大雲覆，復浴法水海。

---

① 此处"菩提"，据《中华大藏经》校勘记，"《碛》、《普》、《南》、《径》、《清》作'菩萨'。"本颂原文中使用的是 Bodhisattva（"菩萨"）一词。

असिपत्रवनं तेषां स्यान्नन्दनवनद्युति।
कूटशाल्मलिवृक्षाश्च जायन्तां कल्पपादपाः ॥६॥

今译：但愿他们的剑叶林，
　　　变成明媚的欢喜园；
　　　但愿他们的尖刺树，
　　　全都变成如意宝树。① (6)

天译：鐵樹鐵山峯，劍林光閃爍，
　　　一切成劫樹，罪人喜安樂。

कादम्बकारण्डवचक्रवाक-
　　हंसादिकोलाहलरम्यशोभैः।
सरोभिरुद्दामसरोजगन्धै-
　　र्भवन्तु हृद्या नरकप्रदेशाः ॥७॥

今译：但愿那些地狱中充满喜悦，
　　　水池散发浓郁的莲花香气，
　　　灰鹅、鸭子、轮鸟和天鹅等，
　　　各种鸟禽发出可爱的鸣声。(7)

天译：喻迦那摩迦囉拏②，鴛鴦鵝鴈聲適悅，
　　　池沼清淨無濁穢，微妙諸香生喜樂。

सोऽङ्गाररशिर्मणिराशिरस्य③
　　तक्षा च भूः स्फाटिककुट्टिमं स्यात्।
भवन्तु संघातमहीधराश्च
　　पूजाविमानाः सुगतप्रपूर्णाः ॥८॥

---

① "剑叶树"和"尖刺树"都是地狱中的树木。"欢喜园"是天国的花园。

② "迦那摩"是 kādamba（"灰鹅"）一词的音译。"迦囉拏"是 kāraṇḍava（"鸭子"）一词的音译。

③ स्य 应为 स्तु。

今译：但愿火炭堆变成摩尼珠堆，
　　　灼热的地面变成水晶地面；
　　　但愿那些恐怖众合山变成
　　　座座供养殿，里面充满如来。（8）

天译：地獄爐炭聚，而得摩尼聚，
　　　熱地水精嚴，復寶山和合，
　　　以如是供養，善逝宮皆滿。

अङ्गारतप्तोपलशस्त्रवृष्टि-
　　रद्यप्रभृत्यस्य① च पुष्पवृष्टिः।
तच्छस्त्रयुद्धं च परस्परेण
　　क्रीडार्थमद्यास्तु च पुष्पयुद्धम्॥९॥

今译：但愿燃烧的火炭、石头和
　　　武器之雨，从今以后变成
　　　花雨，但愿兵戎相见变成
　　　以花为武器的战斗游戏。（9）

天译：炭火熱劍雨，今後灑花雨，
　　　彼劍互相殺，今後花互散。

पतितसकलमांसाः कुन्दवर्णास्थिदेहा
दहनसमजलायां वैतरण्यां निमग्नाः।
मम कुशलबलेन प्राप्तदिव्यात्मभावाः
सह सुरवनिताभिः सन्तु मन्दाकिनीस्थाः॥१०॥

今译：沉没在火热的吠多罗尼河②中，皮肉
　　　脱离，骨骼和躯体似白莲，但愿依靠

---

① स्य 应为 स्तु。
② "吠多罗尼河"（Vaitaraṇī）是地狱中的河。

我的功德力，让他们获得神的身体，
和天女们一起，住在曼达吉尼①河畔。（10）

天译：爛搗諸身肉，喻君那花②色，
肉骨與火同，棄墮奈河③水，
以我善力故，令得天宮殿。

त्रस्ताः पश्यन्त्वकस्मादिह यमपुरुषाः काकगृध्राश्च घोरा
ध्वान्तं ध्वस्तं समन्तात्सुखरतिजननी कस्य सौम्या प्रभेयम्।
इत्यूर्ध्वं प्रेक्षमाणा गगनतलगतं वज्रपाणिं ज्वलन्तं
दृष्ट्वा प्रामोद्यवेगाद्व्यपगतदुरिता यान्तु तेनैव सार्धम्॥११॥

今译：但愿阎摩差吏们，可怕的
乌鸦和兀鹰，突然之间看见
四周黑暗消失，惊恐不安，
那里的人们疑惑这是谁的
美妙光辉，令人快乐？抬头
望见在空中闪耀的金刚手，④
顿时欢喜踊跃，摆脱痛苦，
但愿他们与金刚手同行。（11）

天译：彼光如千日，彼滿那枳你⑤，
焰魔之獄卒，見者不驚怖，
烏鷲等飛類，悉離惡食苦，
愛彼普快樂，此得何善生？
福喻於虛空，觀此上下等，

---

① "曼达吉尼河"（Mandākinī）是天国的恒河。
② "君那花"是 kunda（"白莲"或"茉莉"）一词的音译。
③ "奈河"指吠多罗尼河（Vaitaraṇī），即地狱之河。
④ "金刚手"（Vajrapāṇi）是菩萨名，其特征是手持金刚杵。
⑤ 此处"满那枳你"可能是 Mandākinī（"曼达吉尼河"）。但此词属于上一颂。

如見金剛手，速滅除災患。

पतति कमलवृष्टिर्गन्ध्यपानीयमिश्रा-
च्छमिति(?)① नरकवह्निं दृश्यते नाशयन्ती।
किमिदमिति सुखेनाह्लादितानामकस्मा
द्भवतु कमलपाणेर्दर्शनं नारकाणाम्॥१२॥

今译：但愿莲花雨带着香水降下，
熄灭地狱之火，地狱里的
人们顿时欢喜踊跃，突然
见到莲花手②，惊诧不已。（12）

天译：降彼花香雨，破滅地獄火，
云何名快樂？云何名歡喜？
處彼地獄者，得見觀自在。

आयातायात शीघ्रं भयमपनयत भ्रातरो जीविताः स्मः
संप्राप्तोऽस्माकमेष ज्वलदभयकरः कोऽपि चीरीकुमारः।
सर्वं यस्यानुभावाद्व्यसनमपगतं प्रीतिवेगाः प्रवृत्ताः
जातं संबोधिचित्तं सकलजनपरित्राणमाता दया च॥१३॥

今译：兄弟们，同胞们，来吧！
请赶快过来，不要害怕！
有位吉利童子③，光辉的
驱除恐怖者，突然来到，
凭借他的威力，能驱除
一切灾难，获得大欢喜，
产生菩提心，如同保护

---

① 此处原文疑有误。
② "莲花手"（Kamalapāṇi 或 Padmapāṇi）指手持莲花的观自在菩萨。
③ "吉利童子"（Cīrīkumāra）指文殊菩萨。

一切众生的慈悲母亲。（13）

天译：同一切威德，俱胝髻童子，
　　　大悲菩提心，救度於一切。

पश्यन्त्वेनं भवन्तः सुरशतमुकुटैरर्च्यमानाङ्घ्रिपद्मं
　　कारुण्यादार्द्रदृष्टिं शिरसि निपतितानेकपुष्पौघवृष्टिम्।
कूटागारैर्मनोज्ञैः स्तुतिमुखरसुरस्त्रीसहस्रोपगीतै-
　　र्दृष्ट्वाग्रे मञ्जुघोषं भवतु कलकलः सांप्रतं नारकाणाम्॥१४॥

今译：但愿你们看到文殊菩萨，
　　　千百天神的顶冠拜倒在
　　　他的莲花脚下，他的眼睛
　　　因慈悲而湿润，缤纷花雨
　　　降落头顶，可爱的宫楼中，
　　　回响着千百天女的赞歌，
　　　但愿地狱中的人们看到
　　　他出现，顿时欢喜踊跃。（14）

天译：以彼天供養，天冠及天花，
　　　乃至悲心花，適悅寶樓閣，
　　　天女之言說，百千種歌詠。

इति मत्कुशलैः समन्तभद्र-
　　प्रमुखानावृतबोधिसत्त्वमेघान्।
सुखशीतसुगन्धवातवृष्टी-
　　नभिनन्दन्तु विलोक्य नारकास्ते॥१५॥

今译：这样，但愿依靠我的功德力，
　　　地狱中的人们看到周围布满
　　　普贤等等菩萨云，带来清凉、
　　　芳香的风和雨，而满心欢喜。（15）

天译：讚大聖文殊，及普賢菩薩，
　　　以此善功德，同於地獄者。

शाम्यन्तु वेदनास्तीव्रा नारकाणां भयानि च।
दुर्गतिभ्यो विमुच्यन्तां सर्वदुर्गतिवासिनः॥१६॥

今译：但愿地狱中的人们，
　　　剧烈的痛苦和恐惧
　　　得以平息！但愿陷身
　　　恶道的人们摆脱恶道！（16）

अन्योन्यभक्षणभयं तिर्यञ्चामपगच्छतु।
भवन्तु सुखिनः प्रेता यथोत्तरकुरौ नराः॥१७॥

今译：但愿牲畜中互相
　　　吞噬的恐惧消失！
　　　但愿饿鬼们也快乐，
　　　如同北俱卢洲人！① （17）

संतर्प्यन्तां प्रेताः स्नाप्यन्तां शीतला भवन्तु सदा।
आर्यावलोकितेश्वरकरगलितक्षीरधाराभिः॥१८॥

今译：愿圣观自在菩萨亲手
　　　降下乳水，让饿鬼们
　　　心满意足，也让他们
　　　获得沐浴，永远清凉。（18）

天译：大聖觀自在，觀察地獄苦，
　　　無量苦可怖，手出甘露乳，
　　　濟彼諸餓鬼，與食與洗浴，
　　　令飽滿清涼，離苦得快樂，

---

① "北俱卢洲"（Uttarakuru）是传说中的四大洲之一，那里的人们生活安乐。

如彼北洲人，色力并壽命。

अन्याः पश्यन्तु रूपाणि श्रृण्वन्तु बधिराः सदा।
गर्भिण्यश्च प्रसूयन्तां मायादेवीव निर्व्यथाः॥१९॥

今译：让盲人永远能看见，
　　　让聋子永远能听见，
　　　让孕妇像摩耶夫人，[①]
　　　分娩时毫无痛苦。（19）

天译：聾者得聞聲，盲者得見色，
　　　妊娠及產生，喻摩耶無苦。

वस्त्रभोजनपानीयं स्रक्चन्दनविभूषणम्।
मनोभिलषितं सर्वं लभन्तां हितसंहितम्॥२०॥

今译：让人们获得种种利益，
　　　满足心中的一切愿望，
　　　各种衣服、食物和饮料，
　　　花环、檀香膏和装饰品。（20）

天译：雖衣雖飲食，莊嚴而清淨，
　　　一切隨求意，得利復得益。

भीताश्च निर्भयाः सन्तु शोकार्ताः प्रीतिलाभिनः।
उद्विग्नाश्च निरुद्वेगा[②] धृतिमन्तो भवन्तु च॥२१॥

今译：让恐惧者摆脱恐惧，
　　　让忧伤者获得快乐，
　　　让烦恼者摆脱烦恼，
　　　让人们都保持坚定。（21）

[①] "摩耶夫人"（Māyādevī）是佛陀释迦牟尼的母亲。

[②] निरुद्वेगा 应为 निरुद्वेगा।

天译：怖者不受怖，不樂而得樂，
　　　煩惱得無惱，見者皆歡喜。

आरोग्यं रोगिणामस्तु मुच्यन्तां सर्वबन्धनात्।
दुर्बला बलिनः सन्तु स्निग्धचित्ताः परस्परम्॥२२॥

今译：让病人获得健康，
　　　人们摆脱一切束缚；
　　　让弱者变成了强者，
　　　人们互相充满温情。（22）

天译：病者獲安樂，解脫一切縛，
　　　無力而得力，愛心互相施。

सर्वा दिशः शिवाः सन्तु सर्वेषां पथिवर्तिनाम्।
येन कार्येण गच्छन्ति तदुपायेन सिध्यतु॥२३॥

今译：让远在四面八方的
　　　所有旅人吉祥平安，
　　　让他们出外的任务
　　　顺利地获得完成。（23）

天译：安樂於十方，行道一切至，
　　　惡事皆滅盡，當成就好事。

नौयानयात्रारूढाश्च सन्तु सिद्धमनोरथाः।
क्षेमेण कूलमासाद्य रमन्तां सह बन्धुभिः॥२४॥

今译：让乘船出航的人们，
　　　顺顺当当实现心愿，
　　　平平安安返回岸边，
　　　与亲友们欢乐团聚。（24）

天译：乘船商賈人，得滿所求意，
　　　安樂到彼岸，親等同嬉戲。

कान्तारोन्मार्गपतिता लभन्तां सार्थसंगतिम्।
अश्रमेण च गच्छन्तु चौरव्याघ्रादिनिर्भयाः ॥२५॥

今译：让在荒野险境迷途的
　　　人们遇到路过的商队，
　　　顺利前行，不知疲倦，
　　　不惧怕盗贼和猛兽。（25）

天译：飢饉時路行，得伴無所畏，
　　　不怖賊與虎，復不怖迷醉。

सुप्तमत्तप्रमत्तानां व्याध्यारण्यादिसंकटे।
अनाथाबालवृद्धानां रक्षां कुर्वन्तु देवताः ॥२६॥

今译：但愿众天神保护身陷
　　　疾病或森林险境的人们，
　　　昏睡者，癫狂者，迷妄者，
　　　孤苦无助的儿童和老人。（26）

天译：曠野無病難，耄幼無主宰，
　　　賢聖悉加護。

सर्वाक्षणविनिर्मुक्ताः श्रद्धाप्रज्ञाकृपान्विताः।
आकाराचारसंपन्नाः सन्तु जातिस्मराः सदा ॥२७॥

今译：让人们摆脱八难^①，
　　　具有信仰、智慧和
　　　慈悲，妙相和品行，

---

① "八难"（akṣaṇa，或译"八无暇"）指不能获得闻听佛法机会的八种情况：地狱、畜牲、饿鬼、长寿天、边地、六根不全、怀有邪见和生在佛陀前后。

永远获得宿命通①。

天译：諸煩惱解脫，悲愍信智慧，
　　　具足相修行，恒得宿命通。

**भवन्त्वक्षयकोशाश्च यावद्गगनगञ्जवत्।
निर्द्वन्द्वा निरुपायासाः सन्तु स्वाधीनवृत्तयः॥२८॥**

今译：让人们的库藏永不
　　　枯竭，如同虚空藏；
　　　让人们自由自在，
　　　摆脱对立和苦恼。（28）

天译：而得無盡藏，乃至虛空藏，
　　　無緣無方便，無少才不喜。

**अल्पौजसश्च ये सत्त्वास्ते भवन्तु महौजसः।
भवन्तु रूपसंपन्ना ये विरूपास्तपस्विनः॥२९॥**

今译：让缺乏光泽的人，
　　　变得光彩熠熠；
　　　让畸形的苦行者，
　　　变得容貌端庄。（29）

天译：有情乏名聞，當得大名稱，
　　　出家若醜陋，當得具色相。

**याः काश्चन स्त्रियो लोके पुरुषत्वं व्रजन्तु ताः।
प्राप्नुवन्तूच्चतां नीचा हतमाना भवन्तु च॥३०॥**

今译：让世上那些女性，
　　　得以转变成男性；

---

① "宿命通"（jātismara）指能忆念前生。

让那些卑贱者变成
高贵者，而摒弃傲慢。（30）

天译：若彼有三界，使彼得丈夫，
亦離高下品，當破我慢意。

अनेन मम पुण्येन सर्वसत्त्वा अशेषतः।
विरम्य सर्वपापेभ्यः कुर्वन्तु कुशलं सदा॥३१॥

今译：依靠我的功德力，
让一切众生毫无
例外，摒弃一切
罪恶，永远行善。（31）

天译：今我一切福，利諸有情等，
常離一切罪，恒作善利事。

बोधिचित्ताविरहिता बोधिचर्यापरायणाः।
बुद्धैः परिगृहीताश्च मारकर्मविवर्जिताः॥३२॥

今译：永不舍弃菩提心，
专心修习菩提行，
消除摩罗的恶业，
接受诸佛的恩典。（32）

天译：菩提心所行，菩提行不退，
遠離我慢業，當得佛受記①。

अप्रमेयायुषश्चैव सर्वसत्त्वा भवन्तु ते।
नित्यं जीवन्तु सुखिता मृत्युशब्दोऽपि नश्यतु॥३३॥

---

① 此处"受记"，据《中华大藏经》校勘记，"《径》、《清》作'授记'"。本颂原文中，并无 vyākaraṇa（"授记"）一词。

今译：让一切众生都享有
　　　无限寿命，永远活着，
　　　幸福快乐，死亡连同
　　　它的名字一起消失。（33）

天译：一切有情等，得無量壽命，
　　　壽命得恒長，破壞無常聲。

**रम्याः कल्पद्रुमोद्यानैर्दिशः सर्वा भवन्तु च।
बुद्धबुद्धात्मजाकीर्णा धर्मध्वनिमनोहरैः॥३४॥**

今译：让四面八方遍布
　　　可爱的如意园林，
　　　充满佛陀和佛子，
　　　回响美妙的法音。（34）

天译：劫樹苑適悅，一切方皆得，
　　　妙法而適意，同佛佛圓滿。

**शर्करादिव्यपेता च समा पणि①तलोपमा।
मृद्वी च वैडूर्यमयी भूमिः सर्वत्र तिष्ठतु॥३५॥**

今译：让所有的地面，
　　　没有砂砾等等，
　　　平坦柔软似手掌，
　　　由吠琉璃铺成。（35）

天译：彼諸高下石，如掌而平坦，
　　　柔軟瑠璃色，一切地皆得。

**बोधिसत्त्वमहापर्षन्मण्डलानि समन्ततः।
निषीदन्तु स्वशोभाभिर्मण्डयन्तु महीतलम्॥३६॥**

---

① पणि 应为 पाणि。

今译：让菩萨大众集会，
　　　围坐在那些道场，
　　　以自己的光辉，
　　　装饰这个大地。（36）

天译：諸大菩薩眾，普徧諸國土，
　　　以自住光明，莊嚴於大地。

पक्षिभ्यः सर्ववृक्षेभ्यो रश्मिभ्यो गगनादपि।
धर्मध्वनिरविश्रामं श्रूयतां सर्वदेहिभिः॥३७॥

今译：让一切众生不知
　　　疲倦，听到从鸟禽、
　　　树木和光线，甚至
　　　从空中传来的法音。（37）

天译：諸樹及飛禽，光明於虛空，
　　　說法聲不住，諸有情常聞。

बुद्धबुद्धसुतैर्नित्यं लभन्तां ते समागमम्।
पूजामेघैरनन्तैश्च पूजयन्तु जगद्गुरुम्॥३८॥

今译：让一切众生永远
　　　遇到佛陀和佛子，
　　　以无边的供品云，
　　　供奉世界的导师。（38）

天译：佛及佛子等，彼彼恒得見，
　　　無邊供養雲，供養於世尊。

देवो वर्षतु कालेन सस्यसंपत्तिरस्तु च।
स्फीतो भवतु लोकश्च राजा भवतु धार्मिकः॥३९॥

今译：让天神及时下雨，

让谷物获得丰收，
让众生繁荣昌盛，
让国王遵行正法。（39）

天译：天雨依時節，穀麥咸豐實，
　　　世間得具足，王法得依行。

शक्ता भवन्तु चौषध्यो मन्त्राः सिध्यन्तु जापिनाम्।
भवन्तु करुणाविष्टा डाकिनो①राक्षसादयः॥४०॥

今译：让药草具有疗效，
　　　让咒语具有灵验，
　　　让女鬼和罗刹等，
　　　怀有慈悲心肠。（40）

天译：藥力倍增盛，明力皆成就，
　　　羅剎拏吉你②，斯等皆悲愍。

मा कश्चिदुःखितः सत्त्वो मा पापी मा च रोगितः।
मा हीनः परिभूतो वा मा भूत्कश्चिच्च दुर्मनाः॥४१॥

今译：让任何众生不受苦，
　　　不犯罪过，不生病；
　　　让任何众生不卑贱，
　　　不受轻视，不沮丧。（41）

天译：無有苦有情，無罪復無病，
　　　不輕慢下劣，煩惱無所得。

पाठस्वाध्यायकलिला विहाराः सन्तु सुस्थिताः।
नित्यं स्यात्संघसामग्री संघकार्यं च सिध्यतु॥४२॥

---

① डाकिनो 应为 डाकिनी。
② "拏吉你"是 ḍākinī（"女鬼"）一词的音译。

今译：让寺庙安定兴旺，
　　　充满朗朗诵经声；
　　　让僧众永远和睦，
　　　一切僧事都办成。（42）

天译：讀誦而自在，隨意而行住，
　　　眾集乃恒常，成就於僧事。

विवेकलाभिनः सन्तुः शिक्षाकामाश्च भिक्षवः।
कर्मण्यचित्ता ध्यायन्तु सर्वविक्षेपवर्जिताः॥४३॥

今译：让众比丘获得寂静，
　　　乐于修习菩萨学，
　　　不思作为，潜心禅定，
　　　摒弃一切迷妄散乱。（43）

天译：苾芻住淨戒，復得一切解，
　　　觀察於心業，捨離諸煩惱。

लाभिन्यः सन्तु भिक्षुण्यः कलहायासवर्जिताः।
भवन्त्वखण्डशीलाश्च सर्वे प्रव्रजितास्तथा॥४४॥

今译：让众比丘尼获得供养，
　　　摒弃种种争吵和苦恼；
　　　让一切戒律不受破坏，
　　　所有的出家人都如此。（44）

天译：苾芻所得利，當遠離鬪諍，
　　　諸出家亦然，不得破禁戒。

दुःशीलाः सन्तु संविग्नाः पापक्षयरताः सदा।
सुगतेर्लाभिनः सन्तु तत्र चाखण्डितव्रताः॥४५॥

今译：让他们犯戒知悔恨，
　　　永远热衷消灭罪恶；
　　　让他们获得善道，
　　　永远不破坏誓愿。（45）

天译：得戒而守護，恒樂盡諸罪，
　　　若彼不破戒，得益往天趣。

पण्डिताः संस्कृताः सन्तु लाभिनः पैण्डपातिकाः।
भवन्तु शुद्धसंतानाः सर्वदिक्ख्यातकीर्तयः॥४६॥

今译：让智者得到净化，
　　　获得饭团供养；
　　　让他们保持纯洁，
　　　名声传扬十方。（46）

天译：若彼持鉢者，為得於善利，
　　　得清淨種子，名聞滿諸方。

अभुक्त्वापायिकं दुःखं विना दुष्करचर्य्यया।
दिव्येनैकेन कायेन जगद्बुद्धत्वमाप्नुयात्॥४७॥

今译：不遭受恶道痛苦，
　　　不实施艰难苦行，
　　　全都有神的身体，
　　　让众生获得佛性。（47）

天译：永不受罪苦，恒行無苦處。

पूज्यन्तां सर्वसंबुद्धाः सर्वसत्त्वैरनेकधा।
अचिन्त्यबौद्धसौख्येन सुखिनः सन्तु भूयसा॥४८॥

今译：让一切佛受到一切
　　　众生多种多样供奉；

蒙受不可思议佛福，
众生获得更多快乐。（48）

天译：無邊諸有情，供養一切佛，
當受一天身，彼成佛世間，
不思議有情，樂佛而得樂。

सिध्यन्तु बोधिसत्त्वानां जगदर्थं मनोरथाः।
यच्चिन्तयन्ति ते नाथास्तत्सत्त्वानां समृध्यतु॥४९॥

今译：让众菩萨为众生
造福的心愿实现；
让众护主对众生的
种种关怀圆满成功。（49）

天译：願為於世間，菩薩得成就，
彼尊若思惟，彼有情令得。

प्रत्येकबुद्धाः सुखिनो भवन्तु श्रावकास्तथा।
देवासुरनरैर्नित्यं पूज्यमानाः सगौरवैः॥५०॥

今译：让众缘觉和众声闻
获得快乐，永远受到
天神、阿修罗和人
满怀尊敬的供养侍奉。（50）

天译：辟支佛安樂，及得聲聞樂，
天人阿修羅，意重而恒護。

जातिस्मरत्वं प्रव्रज्यामहं च प्राप्नुयां सदा।
यावत्प्रमुदिताभूमिं मञ्जुघोषपरिग्रहात्॥५१॥

今译：但愿我永远奉行
出家，获得宿命通，

受到文殊菩萨恩惠，
能够达到欢喜地①。（51）

天译：若彼宿命通，出家此恒得，
若彼歡喜地，文殊師利住。

येन तेनास②नेनाहं यापयेयं बलान्वितः।
विवेकवाससामग्रीं प्राप्नुयां सर्वजातिषु॥५२॥

今译：但愿我在一切生中，
能获得食物，维持
生命，而且有力量，
住处寂静和安宁。（52）

天译：我若以彼位，隨力而能與，
若知和合住，得生於一切。

यदा च द्रष्टुकामः स्यां प्रष्टुकामश्च किंचन।
तमेव नाथं पश्येयं मञ्जुनाथमविघ्नतः॥५३॥

今译：一旦我想要见到，
想要请教任何问题，
我就能毫无阻碍，
见到护主文殊菩萨。（53）

天译：若有欲見者，及有欲聞者，
如是彼得見，文殊師利尊。

दशदिग्व्योमपर्यन्तसर्वसत्त्वार्थसाधने।
यथा चरति मञ्जुश्रीः सैव चर्या भवेन्मम॥५४॥

今译：正如文殊菩萨修行，

---

① "欢喜地"（Pramuditabhūmi）是菩萨修行阶位（"十地"）中的第一地。
② स 应为 श。

为实现直至虚空边际、
十方一切众生的利益，
但愿我也这样修行。（54）

天译：如日照十方，為一切有情，
彼文殊修行，我得如是行。

आकाशस्य स्थितिर्यावद्यावच्च जगतः स्थितिः।
तावन्मम स्थितिर्भूयाज्जगदुःखानि निघ्नतः॥५५॥

今译：只要空间还存在，
只要众生还存在，
为消除众生苦难，
但愿我也存在。（55）

天译：彼或住虛空，或住於世間，
今我住亦然，得壞世間苦。

यत्किंचिज्जगतो दुःखं तत्सर्वं मयि पच्यताम्।
बोधिसत्त्वशुभैः सर्वैर्जगत्सुखितमस्तु च॥५६॥

今译：让众生的一切苦难
果报都落在我身上；
让菩萨的一切功德
保佑众生幸福快乐。（56）

天译：世間若有苦，彼一切我得，
世間一切善，菩薩之樂得。

जगदुःखैकभैषज्यं सर्वसंपत्सुखाकरम्।
लाभसत्कारसहितं चिरं तिष्ठतु शासनम्॥५७॥

今译：疗治众生痛苦的药草，
一切幸福快乐的源泉，

连同受到供养和礼遇，
但愿圣教长久存在。（57）

天译：一藥救世間，一切皆富樂，
　　　一切同利養，佛教而久住。

मञ्जुघोषं नमस्यामि यत्प्रसादान्मतिः शुभे।
कल्याणमित्रं वन्देऽहं यत्प्रसादाच्च वर्धते॥५८॥

今译：我向文殊菩萨致敬，
　　　受他恩惠，怀有善心；
　　　我向这位善友致敬，
　　　受他恩惠，善心增长。（58）

天译：以善意清淨，歸命於文殊，
　　　我說善知識，清淨此增長。